Keith R. Kernspecht

Vom Zweikampf

Strategie • Taktik • Physiologie • Psychologie
Philosophie • Geschichte
der waffenlosen Selbstverteidigung

WingTsun GmbH & Co. KG
Abt. EWTO-Verlag
Hohe Straße 23
97645 Ostheim
Tel.: 09777 35809-20
E-Mail (Vertrieb): wu-shu@ewto.com

Titelbild: Leung Ting

17., überarbeitete Auflage Februar 2012

ISBN 978-3-927553-02-6

Inhalt

Der Autor mit seinen Kollegen

Von links nach rechts: Dr. Roumen Tzvetkov (Vize-Präsident des staatlichen bulgarischen Karatebundes), Prof. Dr. Ognan Saparev (ehemaliger Rektor der Staatsuniversität Hilendarski, Plovdiv), der Autor, Prof. Dr. Keith R. Kernspecht (Professor der Pädagogik an der Staatsuniversität Hilendarski und Professor der Sportwissenschaften an der Nationalen Sportakademie Sofia), und Prof. Dr. Vesselin Margaritov (Dekan der Staatsuniversität Hilendarski, Professor der Sportwissenschaften an der Nationalen Sportakademie Sofia und ehemaliger bulgarischer Sportminister).

An den Autor – statt eines Vorwortes

Nachdem ich Ihr Buch *„Vom Zweikampf“* gelesen habe und Ihren Unterricht erlebt habe, möchte ich Ihnen in Form dieses Briefes antworten. Ich bin beeindruckt von der umfassenden Darstellung dieser Thematik des waffenlosen Zweikampfes, wo Sie auf die Geschichte, die Strategie und Taktik eingehen sowie zur Psychologie, Medizin und Physiologie ausführlich Stellung nehmen.

Ich darf einige Anmerkungen machen zu Ihren Ausführungen, welche anatomische, physiologische bzw. medizinische Aspekte betreffen.

Die ideale Kraftlinie verläuft, wie in Ihrem Buch beschrieben, aufgrund der menschlichen Anatomie von der Schulter durch den gestreckten Arm zum kleinen Finger der geballten Faust. Die Kraftübertragung vom Körper über Arm und Faust auf den Gegner geschieht sehr effektiv und mit einer geringeren Verletzungsrate dadurch, dass die vertikale Faust eingesetzt wird und dabei die Aufprallfläche derselben die unteren drei Finger einschließt, da die Gesamtfläche von kleinem Finger, Ringfinger und Mittelfinger eine günstigere Druck- bzw. Energieverteilung ermöglicht, als es bei dem typischen Budo-Fauststoß möglich ist, wo mit der horizontalen Faust geschlagen wird und die Aufprallfläche lediglich die ersten beiden Knöchel einschließt. Hierbei ist eine höhere Verletzungsgefahr gegeben nach dem Prinzip, je kleiner die Fläche, auf die eine bestimmte Kraft einwirkt, desto größer wird der dabei entstehende Druck. Es ist also sinnvoll, die Schlagenergie bzw. kinetische Energie des auftreffenden Schlages mit den erwähnten drei Knöchelchen der geschlossenen, vertikalen Faust zu absorbieren und nicht diese auf den vortretenden Knöchel des Mittelfingers einwirken zu lassen, da sonst dieser den ganzen Druck zu spüren bekäme, ohne dass die Nachbarknöchelchen dies unterstützen könnten. Der Fauststoß selber geschieht am effektivsten durch eine explosive, geradlinige Energieentfaltung, wobei hinter den Fauststoß und seine kinetische Energie das Körpergewicht des Betreffenden mit hinein verladen werden sollte.

Auch der Grundsatz zum Angriff der gegnerischen Mittellinie gilt uneingeschränkt nach dem Motto des in Ihrem Buch zitierten Arztes Dr. Siegbert Tarrasch: *„Gelingt es ihm, das Zentrum zu behaupten, so erschwert er damit die Führung des Angriffs ganz ungemein.“*

Ziel muss sein, durch die keilförmige Positionierung der Arme zur eigenen bzw. gegnerischen Mittellinie hin eine Ablenkung der vom gegnerischen Arm einwirkenden Energie zur Seite hin zu bewirken. Dabei kommt dem taktilen System der Finger/Hände (Tastkörperchen in den Fingerbeeren, Druck- und Dehnungsrezeptoren in den Gelenkkapseln, in den Muskelspindeln und im Golgi-Sehnen-Apparat) eine entscheidende Bedeutung zu als Frühwarnsystem zur Einschätzung der Richtung der Gewalteinwirkung (z.B. im Dunkeln oder bei behinderter Sicht) sowie zur Groborientierung im Hinblick auf die Kraft bzw. Energie des einwirkenden Schlages. Erst eine Aktivierung des taktilen Systems vermag im subcorticalen Bereich des Zentralnervensystems (vor allem im Mittelhirn, also ohne Einschaltung der Großhirnrinde) entsprechende Reaktionsmechanismen wie Ausweichbewegungen und/oder Abwehrreflexe auszulösen. Zu diesen reflexartigen Veränderungen des Organismus gehört außerdem eine Erhöhung des Adrenalinausstoßes im Körper und eine Intensivierung der Innervation, was zu einer Erhöhung der Vigilanz und einer Steigerung der muskulären Spannung führt und damit die eigene Kraftentfaltung fördert.

Für eine effektive Gegenwehr sind daher zwei Prinzipien bedeutsam: Zum einen die von Ihnen beschriebene „vorwärts fließende Energie“ (Vorwärtsdruck, beide Arme stoßen auf der Zentrallinie nach vorne, Theorie des Keiles); zum anderen ist entscheidend ein reflexartiges Agieren mit schnellstmöglichen Reaktionsmustern auf die Aktionen des Gegners. Dabei spielt für den Erfolg im Kampf mit einem Gegner die Zeitdauer der eigenen Reflexantwort eine herausragende Rolle: Sie ist beim Eigenreflex kürzer im Vergleich zum Fremdreflex.

Rein mechanische Einwirkungen (taktile Reize) werden über Propriorezeptoren zunächst registriert: Muskelspindeln für den Tonus der Muskulatur sowie Golgi-Sehnen-Apparate für die Spannungsmessung des Muskel-Sehnen-Komplexes und damit für die Stellung von gelenkig miteinander verbundenen Extremitätenabschnitten. Anschließend werden diese Reize auf afferenten (zuführenden) Nervenbahnen dem Rückenmark bzw. dann weiter über Rückenmarksbahnen dem Hirnstamm, dem Mittelhirn (beides sind subcorticale Strukturen) und schließlich dem Großhirn zugeleitet. Bei der Transformation dieser propriorezeptiven Informationen über Bahnen des schnellen Leitungstyps, die zunächst in der weißen Substanz des Rückenmarks ankommen (Rezeptor) und dort auf eine motorische Struktur in der grauen Substanz des Rückenmarks (Effektor) geschaltet werden, erfolgt dieser Vorgang in nur einem organischen Substrat; hierbei ist lediglich eine Synapse notwendig.

Dieser monosynaptische Eigenreflex bewirkt über die von der grauen Substanz des Rückenmarks wegführenden (efferenten) und an die Skelettmuskulatur ziehenden Nervenbahnen eine sehr schnelle muskuläre Reaktion: Ein Beispiel dafür ist ein Schlag auf die Patellasehne und die (im Normalfall, d.h. beim Gesunden) sofort auftretende, unbewusste Vorwärtsbewegung des entsprechenden Unterschenkels der betreffenden Person. Bei einer Höherschaltung des von den Propriorezeptoren über die afferenten, sensiblen Nervenfasern in die weiße Substanz des Rückenmarks gelangten Inputs von letzterem zum Hirnstamm bzw. Mittelhirn oder Großhirn (sprich zum Rezeptor) sind jeweils weitere Synapsen notwendig und damit naturgemäß eine Zeitverzögerung, bis dann über den entsprechenden Effektor und die efferenten, motorischen Nervenbahnen in dem jeweiligen Erfolgsorgan eine adäquate Reaktion im Sinne eines polysynaptischen oder Fremdreflexes erfolgen kann: Ein Beispiel ist die Einwirkung eines thermischen Reizes (z.B. heiße Herdplatte) auf das propriorezeptive System der Finger und das dann erfolgende, reflektorische Zurückziehen der Hand.

Dieser unbewusst ablaufende Reflex (Fremdreflex, da Rezeptor und Effektor nicht in derselben organischen Struktur liegen – letzterer liegt in einem Hirnkern des Hirnstamms) benötigt eine längere Zeitdauer als der zuvor beschriebene Muskeleigenreflex, wo Rezeptor und Effektor in derselben organischen Struktur, sprich im Rückenmark liegen.

Wenn der Reizinput über das Auge erfolgt (wie z.B. beim Karate), geschieht die Reizbeantwortung, wie Sie in Ihrem Buch richtig beschrieben haben, stets über einen polysynaptischen Fremdreflex, wobei der Reflexbogen von der Netzhaut der Augen über die Sehnerven zum Chiasma opticum (Sehnervenkreuzung der Sehnerven beider Augen) und von dort über die zentrale Gratiolet'sche Sehbahn zur Sehrinde in der Hinterkopfregion des Gehirns verläuft, um dort dann auf efferente Nervenbahnen geschaltet zu werden, die beispielsweise eine Änderung des Pupillendurchmessers oder eine entsprechende Ausweichreaktion des Kopfes bzw. Körpers der betreffenden Person auslösen.

Das Durchlaufen des visuellen Inputs über einen polysynaptischen Fremdreflex (wie bei der Kampfsportart Karate) dauert also naturgemäß länger als das des monosynaptischen Reflexbogens (vorwiegend Eigenreflex mit fremdreflexartigen Anteilen), wie es bei der WT-Kampftechnik über den mechanisch-taktilen Input der Fall ist.
Wir sehen also, dass WT im Vergleich zu anderen Techniken sich schon bereits auf der Ebene der physiologischen Grundlagen der unterschiedlich raschen Reizreaktionsmuster als Kampfsportart durch höhere (Reaktions-)Schnelligkeit auszeichnet.

Ich gratuliere Ihnen deshalb zu dieser von Ihnen geradezu meisterhaft gelehrten Selbstverteidigungstechnik und zu der in Ihrem Buch in eindrucksvoller und für den Leser verständlichen Weise beschriebenen Kampfkunst.

Dr. Wurster
Leiter des ärztlichen Dienstes der Bereitschaftspolizeidirektion Baden-Württemberg

Geleitwort des Autors

Dies ist kein Katalog über das technische Repertoire eines Stiles mit Anatomiekarten, Gelenkigkeits- und Konditionsübungen: Hier geht es um das ***Konzept*** *einer Selbstverteidigung!*

Es gibt ein großes Angebot an Kampfkunstbüchern, in denen das technische Repertoire der diversen Stile detailliert beschrieben wird. Oft breiten sie vor dem Leser eine Palette immer wieder gleichartiger Gelenkigkeits- und Konditionsübungen aus und verwirren ihn mit einer Anatomiekarte von hundert oder mehr gefährdeten Stellen des menschlichen Körpers.

Solche Bücher sind sicherlich nötig, liefern sie doch dem Leser einen Katalog der Einzeltechniken eines bestimmten Stiles. Dies ist durchaus im Einklang mit der Tradition vieler asiatischer Fachbücher, die die Technik gerne als etwas Unumstößliches darstellen, das nicht hinterfragt werden darf und deshalb auch nicht begründet werden muss.

Wir sind aber Europäer, die sich zwar gerne mit asiatischer Weisheit auseinandersetzen, von Kindheit an aber an analytische Kritik gewöhnt sind.

Umfassende Darstellung des Phänomens Zweikampf

Was ich selbst in Büchern immer gern gelesen hätte, wäre eine umfassende Darstellung des Phänomens Zweikampf, die zwar alle Aspekte (Strategie, Taktik, Psychologie, Physiologie, Recht, Geschichte, Philosophie usw.) beinhaltet, sich aber nicht in Details verliert, sondern es wagt zu zeigen, wie das *komplexe* Kampfgeschehen die Reaktion des Verteidigers bestimmt und ihm das Gesetz seines Handelns gibt.

Zweikampf als Element des Krieges

Nur wenige Bücher beschäftigen sich mit der Theorie, mit dem *Konzept* eines Stiles oder mit der Kampfkunst überhaupt. Um diese Lücke zu schließen, begann ich schon vor Jahren mit der Materialsammlung für dieses Buch. Nach der Umkehr der Clausewitz'schen Definition, dass der Krieg ein erweiterter Zweikampf sei, versuchte ich, den Zweikampf als Element des Krieges zu sehen und zu prüfen, ob es gemeinsame Gesetzmäßigkeiten gibt. Weitere Parallelen taten sich mir in den asiatischen Philosophien auf, im Schachspiel und natürlich bei den Mannschaftskampfspielen wie z.B. Fußball, Rugby und anderen. Erkenntnisse der erfolgreichsten Ringer, Boxer, Karateka und gerichtsbekannter Schläger habe ich mit meiner eigenen fast 50-jährigen Erfahrung als Kampfkünstler, Lehrer, Polizist und Leibwächter verglichen.

... einer der ersten vierzig oder fünfzig, die in Deutschland Shotokan-Karate mit großer Begeisterung praktizierten.

Bei der Lektüre wird der Leser herausfinden, dass ich seit meiner Kindheit sehr intensiv die verschiedensten Kampfkünste aus Okzident und Orient betreibe. So war ich einer der ersten vierzig oder fünfzig, die in Deutschland Shotokan-Karate mit großer Begeisterung praktizierten.

Später gelangte ich dann nach vielen Irrfahrten zu der Kampfkunst, die zu meiner Heimat geworden ist, dem WingTsun-System. Unter allen asiatischen Selbstverteidigungskünsten ist das WT traditionsgemäß als die rationalste, aufgeklärteste und revolutionärste Richtung bekannt. So zeichnet sich unsere WT-Schule durch besonders ketzerische Kritik, aber auch konstruktive Selbstkritik aus. Wir schrecken nicht davor zurück, (auch eigene) heilige Kühe zu schlachten, sondern wir stellen scheinbar gesicherte Erkenntnisse immer wieder in Frage, so dass WT ein lebendiges, sich ständig erneuerndes und an der Realität orientiertes System bleibt.

Zwar möchte ich mir einbilden, dieses Buch streng objektiv geschrieben zu haben, aber wie kann ich meinen WT-Augen verbieten, Sachverhalte mit WT-Logik zu betrachten?

Keinesfalls will ich Ihnen Ihren Kampfsport mies machen!

Nehmen Sie es mir deshalb nicht übel, wenn ich manche Aspekte des von Ihnen praktizierten und möglicherweise geliebten Stiles nicht so einschätze wie Sie. Nehmen Sie es bitte vor allem *nicht persönlich*, denn ich kritisiere weder Sie noch die persönlichen Fähigkeiten Ihres Lehrers. Keinesfalls will ich Ihnen Ihren Kampfsport mies machen.

Sollte mein lückenhafter Beitrag aber auch nur in einem einzigen Punkt Anstoß zu einer fruchtbaren Diskussion in Ihrem Kampfkunst-Kreis sein, so wäre mein Ziel erreicht, denn ich bin idealistisch genug zu wünschen, dass *jeder* Stil sich optimal entwickeln soll.

Unser Motto sei: Das Bessere ist des Guten Feind!

Unser Motto sei: *Das Bessere ist des Guten Feind!*

Die Wissenschaft, richtig verstanden, heilt den Menschen von seinem Stolz, denn sie zeigt ihm seine Grenzen.
Albert Schweitzer

Dieses Buch ist für den Anfänger, aber auch zugleich für den Fortgeschrittensten; denn in der ersten Lektion jeder Wissenschaft steckt immer das Wesentliche, der Kern, der im Innersten alles zusammenhält. Ich möchte mir wünschen, ich hätte die Zeit und die Gabe gehabt, alles so einfach, schlüssig und logisch zwingend darzustellen, wie es mir aus meiner jetzigen Sicht erscheint. Ich bin mir der Unfertigkeit meiner Arbeit, die noch an mancher Kluft und manchem Ballast krankt, schmerzhaft bewusst. Leider bin ich nicht all dies in gleichem Maße: Kämpfer, Künstler, Naturwissenschaftler, Philosoph, Lehrer, Schriftsteller, Photograph und Sohn reicher Eltern mit unbeschränkter Zeit.

Vielleicht gelingt es in Zukunft mir oder einem Besseren, den roten Faden noch gerader und ohne Verstrickungen zu legen; so lange muss ich mich viel unreifer und undurchdachter Schelte, aber aufgrund eigener missverständlicher oder unwissenschaftlicher Beweisführung manch berechtigter und konstruktiver Kollegenkritik aussetzen.

Dank für Unterstützung

Ich hätte dieses Buch nicht schreiben können ohne die fruchtbaren und zum Teil sehr kontroversen Diskussionen mit meinen Lehrern, Freunden und Kollegen aus den verschiedenen Kampfkünsten, die mich auf manche Idee brachten, mit:

- meinem Lehrer Großmeister *Leung Ting*, 10. Grad WT, Cheftrainer der IWTA, Hongkong der mehr über die Kampfkunst vergessen hat, als manch andere jemals wissen werden,
- meinem Freund *Santhas Supastrapong*, Schwarz-Rot-Gurt im Muai Thai, Champion of Thailand,
- *Jesse Glover*, Bruce Lees kampfstärkster Schüler und erster Assistenzlehrer,
- meinem Freund *Bill Newman*, 10. Großmeistergrad Escrima und ehemaliger Wing-Chun-Lehrer, europäischer Cheftrainer der Escrima-Sektion der EWTO,
- meinem Freund *Sigi Wolf*, 7. Dan Shotokan-Karate, Vize-Weltmeister, Präsident des KVBW

Sigi Wolf, Karate-Vize-Weltmeister und Freund des Autors, demonstriert den typischen WT-Fauststoß mit tiefem Ellbogen auf einem Seminar

- meinem Freund Erich Reinhardt, 7. Dan Ju-Jutsu, 4. Dan Judo, 3. Dan Karate, Bundeslehrwart JJ, Diplomsportlehrer.
- *Prof. Dr. Margaritov, ehemaliger Sportminister Bulgariens*
- *Prof. Dr. Kaikov, Professor der Psychologie*

Von den Schülern gelernt

Außerdem möchte ich nicht vergessen, die zu erwähnen, von deren Fragen und Ergänzungen ich am meisten gelernt habe: *meine Schüler* und *Leser.*

Der Autor mit 59 Jahren (2004)

Nicht alles, was Sie hier lesen werden, ist aus meiner Feder. Manches stammt aus den Werken klügerer Leute und ist dann meist als Zitat gekennzeichnet. Einige Quellen sind mir nicht mehr bekannt, ich bitte dafür um Nachsicht.

Heiliger General Kwan, Gott der chinesischen Kampfkünste, lass Milde walten, ich habe dieses Buch geschrieben, wie anders ich nicht konnte.

Keith R. Kernspecht

Nachher

Nun beschäftige ich mich schon lange mit wing chun*, dem natürlichen System.

Jetzt werde ich nicht mehr abgelenkt von meinem Gegner, von mir selbst oder von Kata-Bewegungen. Ich habe die Technik des Gegners zu meiner gemacht.
Ich muss eins werden mit dem Gegner und handele nach dem Wu-Wei-Prinzip, entsprechend den Umständen und ohne den Bewegungsablauf vorher zu planen.

Keinen Gedanken muss ich mehr verschwenden an Meditation und Chi, Atem und Energie.

Ich muss nicht länger herumexperimentieren, alles geht wie von selbst.

Bruce Lee (1963)

* wing chun = amerikanische Schreibweise für WingTsun

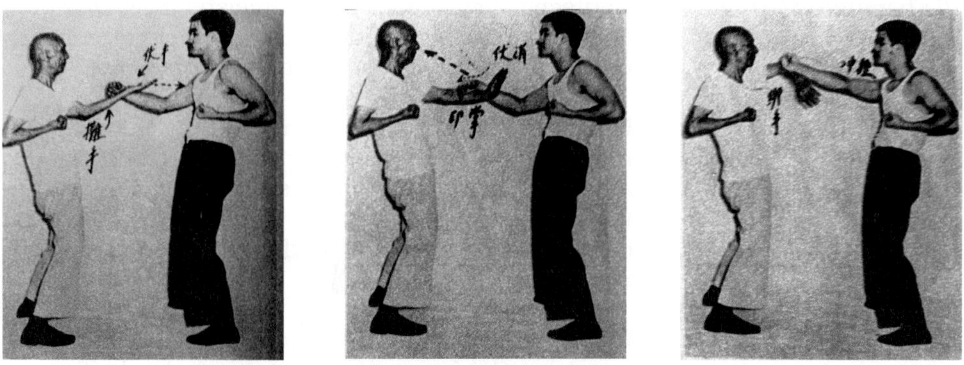

Bruce Lee beim Chi-Sao mit seinem Lehrer Yip Man

Reine Glückssache

Weshalb herkömmliche Selbstverteidigungsmethoden nicht funktionieren können.

Was erwarten wir von einer guten Selbstverteidigung? Sie muss zweierlei:

1. *optimalen* Schutz gegen die *herkömmlichen* Angriffe bieten,
2. sich in *kurzer* Zeit erlernen lassen.

Mit der Blocktechnik ist es nicht möglich, einen ***ansatzlos*** *gestoßenen Faustangriff* ***systematisch*** *abzuwehren.*

Und schon bei der ersten Forderung hapert es im Allgemeinen; denn die Abwehrtechniken der meisten Selbstverteidigungsmethoden erweisen sich in der Praxis als untaugliche Mittel. So ist es mit der in den Budo-Stilen üblichen Blocktechnik nicht möglich, einen *ansatzlos* – ohne Ausholen und Ganzkörperbewegung – gestoßenen Faustangriff *systematisch* abzuwehren.

Diese kühn und ketzerisch erscheinende Behauptung haben meine Schüler und ich in Hunderten von Demonstrationen mit höchsten Dan-Trägern der diversen Stile immer wieder praktisch unter Beweis gestellt. Von zehn *ansatzlos* gestoßenen Faustangriffen konnte kaum jemand auch nur einen einzigen abwehren.

Nicht der Mann oder die Frau versagte, sondern die benutzte Methode war ungeeignet.

Dieses Versagen war *keinesfalls* auf das mangelnde persönliche Können des jeweiligen Versuchspartners zurückzuführen – oft handelte es sich um austrainierte Deutsche Meister oder Europameister ihrer Disziplin; denn nicht der Mann oder die Frau versagte, sondern *die benutzte Abwehrmethode* war ungeeignet.

Damit die Abwehr eines Angriffes kein Zufallsergebnis ist, muss der Verteidiger zuerst Art und Ziel des Angriffes erkennen, bevor er sinnvoll reagieren kann. Die Zeit, die das Gehirn des Kämpfers braucht, um die Steuervorgänge zur Reaktion zu schalten, nennen wir die *Hirnschaltzeit*.

Die Schaltzeit ist umso länger, je mehr Informationen das Gehirn zur Identifikation, das heißt zum genauen Erkennen des Angriffes, benötigt.

Mit anderen Worten: Je mehr Denkschritte das Gehirn eines Kämpfers benötigt, um einen Angriff zu identifizieren und damit einer passenden Abwehr zuzuordnen, desto länger und ungünstiger wird seine minimale Reaktionszeit. Oder: Je weniger Entscheidungsschritte, desto kürzer und günstiger die minimale Reaktionszeit.

Je weniger Entscheidungsschritte, desto intelligenter die Methode. Je mehr Entscheidungsschritte, desto umständlicher die Methode!

Je weniger Entscheidungsschritte,
desto intelligenter die Methode!
Je mehr Entscheidungsschritte,
desto umständlicher die Methode!

Zur Identifikation eines Elementes aus einer Menge von zwei Elementen benötigt man beispielsweise einen Entscheidungsschritt, bei vier Elementen zwei Schritte, bei acht Elementen drei Schritte und bei 16 Elementen vier Schritte.

Eine gute Selbstverteidigungsmethode muss mit möglichst wenig Zweierschritten jeden Angriff eindeutig identifizieren können!

Eine gute Selbstverteidigungsmethode muss mit möglichst wenig Zweierschritten jeden Angriff eindeutig identifizieren können.

Die Mehrzahl der traditionellen Methoden, die ich selbst betrieben habe, zwingt die Anwender dieser Stile aus einer Menge von 12 bis 24 Elementen zu lokalisieren.

Die Mehrzahl der herkömmlichen Methoden muss zunächst erkennen, in welcher Höhe der Angriff erfolgt. Man differenziert dabei meistens nach dem Merkmal *„Höhe“* die drei Stufen: oben (jap. *jodan*), Mitte (jap. *chudan*) und unten (jap. *gedan*).

Viele Stile müssen auch berücksichtigen, ob es sich um einen Angriff mit dem rechten oder linken Arm, bzw. rechten oder linken Bein handelt, so dass das Merkmal *„Seite“* zwischen links und rechts zu unterscheiden zwingt.
Viele Stilisten werden hier behaupten, *seitenindifferent* zu sein, das heißt nicht hinsichtlich links oder rechts Unterschiede zu machen.
Aber diese Auffassung ist trügerisch; denn die Frage ist nicht, ob z.B. ein Kämpfer einen rechten Fauststoß wahlweise mit linkem Außenblock oder mit rechtem Außenblock (z.B. im Karate *Soto Ude Uke*)

Man muss auch den zweiten Angriff des Angreifers bei der Abwehr des ersten berücksichtigen!

abwehren könnte. Man müsste hier ein Stück weiterdenken und käme dann zu der realistischen Feststellung, dass man nach dem erfolgreichen linken Außenblock relativ gedeckt dasteht, nach dem erfolgreichen Block mit dem rechten Arm aber völlig ungeschützt dem immer folgenden Konterstoß des gegnerischen linken Armes ausgesetzt ist. Somit ist die Unterscheidung zwischen links und rechts für solche Methoden entscheidend über Sieg oder Niederlage.

Es ist mit Budo-Methoden nicht möglich, den Haken eines Boxers oder den Schwinger eines Schlägers sicher abzuwehren.

Ein weiteres unerlässliches Merkmal ist die *„Schlagform"*, wobei nicht nur zwischen gerade und kurvig, sondern eigentlich auch zwischen den verschiedenen Winkeln der Kurve wohl differenziert werden müsste. Gerade darin besteht z.B. oft die Unmöglichkeit für einen Budoka, den Schwinger eines Schlägers oder den Haken eines Boxers sicher abzuwehren.

Abgedeckt wäre dadurch allerdings noch nicht einmal ein Faustrückenschlag, bei dem man wiederum zwischen verschiedenen Winkeln unterscheiden müsste, denn sicherlich lässt sich ein vertikaler Faustrückenschlag nicht so behandeln wie ein horizontaler oder diagonaler.

Ins Kalkül ziehen müsste man auch – was herkömmliche Methoden in der Regel aber nicht tun – die Frage, ob der Angriff auf die *zentrale Drehachse* des Körpers zielt oder mehr auf eine der beiden Seiten; denn sonst muss man den Angriff oft über die ganze Körperbreite zur Seite blocken, was mehr Kraft und Zeit erfordert und ein großes Risiko darstellt.

Die etablierten asiatischen Selbstverteidigungskünste müssen (oder müssten eigentlich) ihrer Struktur nach mindestens aus einer Menge von 12 bis 50 Elementen auswählen.

Wie wir z.B. auf die Zahl 12 kommen, möchten Sie wissen?
Gehen wir der Einfachheit halber von den Merkmalen *„Höhe"* (oben, Mitte, unten), *„Seite"* (links, rechts) und *„Schlagform"* (gerade, kurvig) aus, obwohl diese keinesfalls zur Identifizierung eines Angriffes ausreichen.

Für drei Möglichkeiten der Höhe gibt es zwei Möglichkeiten der Seite, also schon einmal sechs Elemente. Jeder dieser Angriffe kann gerade oder kurvig erfolgen, so dass allein jetzt schon mit 12 Elementen (*drei mal zwei mal zwei*) gerechnet werden muss.

Die meisten Stile sind so umständlich strukturiert, dass sie, realistisch gesehen, unter 24 bis 50 Elementen auswählen müssten!

Realistisch müsste man für die meisten Stile von 24 bis 50 oder mehr Elementen ausgehen, so unzureichend sind sie strukturiert.
Um zwischen 12 Elementen auszuwählen, braucht man 3.585 Zweierschritte oder *bit*. Bei 50 Elementen sind schon 5.644 bit erforderlich.

Leider steht uns im Kampf kein Computer, sondern nur unser eigenes beschränktes Hirn zur Verfügung, das durch die Situation schon genug gestresst ist und kaum Höchstleistung bringen kann. Und deshalb müssen wir mit jedem bit geizen.

Die Selbstverteidigung ist die beste, die dem Anwender aufgrund ihrer „intelligenten" Struktur erlaubt, möglichst wenige oder gar keine Entscheidungen zu treffen!

Die Selbstverteidigungsmethode ist für mich die beste, die es mir aufgrund ihrer „intelligenten" Struktur erlaubt, möglichst wenige oder besser gar keine Entscheidungen fällen zu müssen; denn jeder Entscheidungsschritt kostet Zeit. Kostbare Zeit.

Wieviel Zeit genau ein Entscheidungsschritt kostet?
Da muss ich mich auf die Experten verlassen, die über die Nervenreizleitgeschwindigkeit mit einer Entscheidungsschritt-Taktzeit von 180 m/s rechnen.
Bei 12 Elementen (3.585 Zweierschritte) ergibt sich demnach eine durch auch noch so viel Training nicht zu unterschreitende minimale Reaktionszeit von 0,745 Sekunden.
Bei 24 Elementen sieht es noch schlechter aus: 0,925 Sekunden!

Im klassischen WingTsun wird das durch reflexartige Reaktionen erreicht, in dem vom WingTsun abgeleiteten und noch weiter vereinfachten BlitzDefence-Programm des Autors *gelangt man zu einem ähnlichen Ergebnis, indem der Gegner in der Wahlfreiheit seiner Angriffstechniken drastisch beschränkt wird.*

Damit mich der geneigte Leser jetzt bitte nicht für weltfremd hält, räume ich ein, dass der normale Kämpfer, der solch eine umständliche Selbstverteidigungsmethode praktiziert, sich nicht daran hält und in den seltensten Fällen 0,745 oder besser 0,925 Sekunden nachdenkt und dann die Abwehrbewegung beginnt, für die er sich entschieden hat.
Er müsste aber so vorgehen, wenn er zumindest theoretisch gegen alle Angriffe geschützt sein wollte.

Natürlich wartet keiner so lange. Die meisten machen panikartig die erste, aber nicht unbedingt die beste Abwehr, die ihnen in den Sinn kommt.

Aufgrund negativer Erfahrungen weiß der kluge Anwender solch umständlicher Methoden aber, dass der Gegner weniger Zeit zu seinem Angriff braucht als er selbst zur Entscheidungsfindung. Deshalb verzichtet der fortgeschrittene Anwender von umständlichen Verteidigungsmethoden auf umfassendes, aber Zeit und Sieg raubendes Identifizieren des Angriffes und macht stattdessen die erste (aber nicht beste) Abwehr, die ihm in den Sinn kommt.

Bei Fortgeschrittenen gründet sich diese Auswahl auf Erfahrung (siehe *Anteperzeption*), bei nicht so Fortgeschrittenen auf Panik.

Der Fortgeschrittene hofft also, z.B. einen Fauststoß richtig abwehren zu können, weil er aus der augenblicklichen Position der gegnerischen Faust (aufgrund seiner Erfahrung) das spätere Ziel erraten zu können glaubt.

Das kann klappen, das kann aber auch nicht klappen. Und weil von einer *systematischen* Abwehrchance in diesem Fall nicht gesprochen werden kann, nennen wir Verteidigungsstile, die sich nur auf Anteperception verlassen, nicht Systeme, sondern bloß Methoden, das heißt Wege, die in der Vergangenheit öfter erfolg*reich* als erfolg*los* waren.

Zurück zur Reaktionszeit. Sie gibt – wie Sie wissen – nur die bloße Hirnschaltzeit an. Eine Bewegung haben Sie immer noch nicht gemacht.

Dazu kommt noch die Zeit für die Abwehr selbst.

Hinzurechnen müssen Sie jetzt noch die Zeit, die für die jeweilige Abwehrbewegung benötigt wird. Je kürzer und ökonomischer die Abwehrbewegung ist, desto weniger Zeit brauchen Sie.

Versuchsanordnungen zum Ermitteln der Zeit, die typische herkömmliche Abwehrbewegungen erfordern, sind nicht genormt, so dass die verschiedenen Quellen von den verschiedensten Zahlen ausgehen.

Abwehrzeit ist gleich Reaktionszeit + Blockzeit!

Nehmen wir einmal an, dass eine Abwehrbewegung mit ca. 0,10 Sekunden nicht völlig falsch eingeschätzt ist, dann ergibt sich für die gesamte Abwehrzeit (Abwehrzeit = Reaktionszeit + Blockzeit) einer typischen umständlich strukturierten Verteidigungsmethode mit kulant gerechneten 12 Elementen:

Reaktionszeit + Blockzeit = Gesamte Abwehrzeit

0,754 Sek. + 0,10 Sek. = 0,854 Sek.

Ein Fauststoß aus der Nahdistanz ist schneller als die Abwehrzeit!

Stellen wir diese rund gerechnet 0,9 Sekunden der Zeit gegenüber, die ein guter Kämpfer benötigt, um z.B. einen ansatzlosen zentralen Fauststoß in der Nahdistanz auszuführen (ca. 0,15 bis 0,20 Sekunden), dann wird Ihnen deutlich, wie unmöglich eine erfolgreiche und systematische Abwehr nach den herkömmlichen Methoden ist.

Ansatzloser Angriff aus der Nahdistanz:
ca. 0,10 Sekunden.

Durchschnittliche Gesamtabwehrzeit:
bis zu ca. 0,854 Sekunden.

Die Realität ist noch schlimmer als unser Experiment; denn auf der Straße sagt Ihnen der Gegner nicht vorher wann, wie und wohin der Angriff erfolgen wird!

Sie meinen, jetzt wird Ihnen klar, weshalb unsere Versuchspartner unsere Fauststöße nicht abwehren konnten? Ich muss Sie leider noch mehr frustrieren, denn unser Standardexperiment gibt dem Partner viel mehr Chancen – mehr, als er sie jemals auf der Straße in einer realen Selbstverteidigungssituation hätte. Aber dennoch muss er getroffen werden!

Um den Versuch noch eindeutiger und umso transparenter zu machen, schenken wir dem Versuchspartner die lange Entscheidungszeit, indem wir ihm vorher exakt bezeichnen, mit welchem Arm wir wohin (Mitte der Brust) stoßen werden. Wir wünschen jedem unserer Leser, dass er im Ernstfall auf solch einen liebenswürdigen und verständnisvollen Gegner trifft.

Obwohl von dem Versuchspartner nun kein einziger Entscheidungsschritt erbracht werden muss, um den Angriff zu identifizieren, kann er den bekannten, aber ansatzlos gestoßenen Angriff nicht abwehren.

Das Gehirn braucht bei optischen Signalen in jedem Fall zwei bis drei Zehntelsekunden, um zu schalten – auch bei vorher bekanntem Angriff. Diese Zehntelsekunde verstreicht, ***bevor*** *die Abwehrbewegung begonnen werden kann!*

Weshalb nicht, möchten Sie wissen?

Weil sein Gehirn (nach Woodworth und Schlossbert, 1954) bei *optischem* Impuls *in jedem Falle* 0,2 - 0,3 Sek. braucht, um überhaupt zu „schalten".
Selbst wenn der Angriff (was in der Praxis nie der Fall ist) und damit die Abwehrbewegung schon vorher bekannt sind, geht es nicht ohne diese Zehntelsekunde, die verstreicht, *bevor* die Abwehrbewegung begonnen werden kann.

Eingesetzt in unsere Gleichung ergibt das:

Reaktionszeit + Blockzeit = Gesamte Abwehrzeit

0,10 Sek. + 0,15 Sek. = 0,25 Sek.

Die günstigste, aber völlig unrealistische Abwehrzeit, (das heißt: wenn der Angriff vorher bekannt ist) beträgt also nach herkömmlicher Methode mindestens 0,25 Sekunden.

Der Anwender der herkömmlichen Abwehrmethode ist rein rechnerisch von vornherein besiegt.

Stellen wir dieser theoretisch besten herkömmlichen Abwehrzeit von 0,25 Sekunden eine durchschnittliche Angriffszeit von 0,15 bis 0,20 Sekunden gegenüber (manche unserer Lehrergrade schaffen sogar unter 0,10 Sekunden), wird Ihnen deutlich, dass der Anwender der herkömmlichen Blockmethode rein *rechnerisch von vornherein besiegt* ist.

Deshalb sieht man bei Vollkontakt-Wettkämpfen keine Blocks!

Über diese Abwehrschwäche sind sich die realistischer denkenden Topkämpfer der herkömmlichen Stile zumindest unbewusst im Klaren. Deshalb sieht man ja z.B. auch keinen einzigen spezifischen Block bei Vollkontakt-Wettkämpfen!

Kampftraining mit verbundenen Augen auf einem Tisch

Weshalb im Einzelfall die Anwendung einer herkömmlichen Methode funktionieren kann

In der Nahdistanz keine Erfolgsaussicht für herkömmliche Abwehrmethoden!

Eine regelmäßige Erfolgsaussicht gibt es *für die herkömmlichen Methoden* in der Nahdistanz gegen einen ansatzlosen Angriff ohne Schritt oder Körpergewichtsverlagerung nicht! Wenn der Angreifer jedoch ausholen, sein Gewicht verlagern oder einen Schritt machen muss, hat der Anwender einer herkömmlichen Methode im Einzelfall gewisse, aber sehr eingeschränkte Abwehrchancen gegen geradlinige Angriffe:

a) Wenn er sich über seine Methode hinwegsetzt, weil er vielleicht instinktiv oder aus Erfahrung weiß, dass sie eben nicht funktioniert. So ein Fall liegt z.B. vor, wenn ein Stilist nicht die stiltypische Blockabwehr benutzt, sondern stattdessen wie ein Boxer deckt (wodurch sich seine Chancen erhöhen).

Erst blocken, dann Gegenangriff funktioniert in der Realität nicht!

b) Wenn er sich z.B. nicht an den Satz *„Erst blocken, dann Gegenangriff“* hält und stattdessen mit einer der wenigen Erfolg versprechenden Budo-Techniken (Faustschlag und Fußtritt) kamikazehaft (weil die Eigensicherung aufgrund mangelnder Deckung beim Angriff fehlt) in den Angriff des Gegners hinein angreift.

c) Wenn er so viel Kampfgeist, Adrenalin usw. hat, dass er die Treffer des anderen unbeeindruckt wegsteckt.

d) Wenn der Gegner zwar das bessere Kampfsystem hat, ihm aber nicht vertraut.

Das beste System ist so schlecht wie sein Anwender!

e) Wenn er seine lückenhafte Methode fanatischer (also besser) trainiert hat als der andere sein überlegeneres System. Ein erfahrener Fahrer in einem biederen Golf kann auf schwieriger und kurvenreicher Bergstrecke den unerfahrenen Piloten eines Porsche Turbo leicht schlagen, obwohl dieser unbestritten das bessere System zur Verfügung hat. *Das beste System ist so schlecht wie sein Anwender!* Dies gilt auch für WingTsun (WT)!

**Wer Schläge wegstecken kann,
kann manches ausgleichen.
Paolo übertreibt etwas ...**

Anteperzeption – man beginnt mit der Abwehraktion **bevor** *der Angriff begonnen hat.*

f) Aufgrund des Phänomens, das man Anteperzeption nennt, gelingt es sehr erfahrenen Anwendern herkömmlicher (optischer) Methoden, sich einen Zeitgewinn zu verschaffen, indem sie auf einen Angriff reagieren, *bevor* dieser eigentlich begonnen hat. In diesem Fall wird die Reaktion nicht durch den Angriff selbst ausgelöst, sondern durch *vorausgehende* Vorbereitungshandlungen wie minimales Ausholen, Gewichtsverlagern, Zucken, Muskelanspannen oder -lockern, Blickrichtungen, Wegdrehen der Hüfte und dergleichen.

Der erfahrene Kämpfer reagiert schon auf Vorankündigungen wie Zucken, Blicke, Atmung usw.

Aufgrund seiner langjährigen Kampferfahrung verbindet der Spitzenkämpfer – egal welcher Methode – meist *unbewusst* solche Vorankündigungen mit der Angriffsaktion selbst, so dass er schon reagieren kann, *bevor* der Angriff selbst erfolgt. Manchen alten Meistern sprach man deshalb fälschlicherweise hellseherische Fähigkeiten zu.

Während die Anteperzeption sich nun vielleicht wie ein wahrer Segen für den erfahrenen Anwender einer ansonsten wenig intelligenten Methode darstellt, birgt sie auch große Gefahren.

Vorsicht: Falle! Wenn Sie sich auf die Anteperzeption verlassen, sind Sie verlassen!

Wenn Sie sich völlig auf die Anteperzeption verlassen, sind Sie nämlich verlassen!
Dann nämlich, wenn Sie vor einem Gegner stehen, der weiß, wie **anfällig Sie für Finten und Täuschungsmanöver** sind.
Wer ist noch nicht auf den alten, aber immer wieder wirksamen Dummenfang-Trick hereingefallen, bei dem man nach oben einen Faustst0ß antäuscht (ein Zucken mit der Schulter reicht) und dem Gelackmeierten, der seine Deckung in panischem Schrecken hochreißt, unten auf den Solarplexus schlägt.

Wer nicht fühlen kann, muss lesen!

Wenn Sie sich jetzt fragen, wie eine „intelligente“ systematische Abwehr möglich sein soll und ob der Verfasser Ihnen eine solche noch anbieten wird, dann weiß ich, dass ich Ihr Interesse gewonnen habe und Sie auch die folgenden Kapitel lesen werden.

Was Sie nicht unbedingt wissen müssen

Tabelle 1

n	ld (n)
1	0,0
2	1,0
3	1,585
4	2,0
5	2,322
6	2,585
7	2,807
8	3,0
9	3,170
10	3,322
11	3,459
12	3,585
13	3,700
14	3,807
15	3,907
16	4,0
17	4,087
18	4,170
20	4,322
50	5,644
100	6,644
1000	9,966
1 000 000	19,932
1 048 576	20,0

Tabelle 2

n	Tr
1	100
2	280
3	385
4	460
5	518
6	565
7	605
8	640
9	671
10	698
11	723
12	745
13	766
14	785
15	803
16	820
17	836
18	851
19	865
20	878
21	891
22	903
23	914
24	925
25	936
26	946
27	959

Zur Erkennung eines Elementes aus einer Menge von zweien ist ein Entscheidungsschritt nötig, bei einer Menge von vier Elementen braucht man zwei Entscheidungsschritte. Im ersten Schritt wird die Menge in zwei Teilmengen geteilt, die jeweils zwei Elemente enthalten. Im zweiten Schritt wird aus der betreffenden Teilmenge das gesuchte Element ermittelt. Mit *bit* gibt man an, in wie vielen Schritten (die ja nicht bewusst erlebbar sind, sondern den Vorgängen entsprechen, durch die das menschliche Denken und Reagieren zustande kommt) der mit eintreffenden Signalen korrespondierende Inhalt identifizierbar ist.

Die mathematische Beziehung wird durch den *Logarithmus Dualis* (ld) gegeben, für den die nebenstehende Tabelle einige Werte anführt.
Nimmt man eine *Nervenreizleitgeschwindigkeit* von weniger als 100 m/s (im Allgemeinen liegt die Geschwindigkeit der Reizleitung beträchtlich unter diesem Wert; allerdings sind die Längen der Nervenbahnen so gering, dass die Abweichungen lediglich in der Größenordnung von einzelnen m/s liegen und daher in der ersten Näherung vernachlässigt werden können) sowie eine *Entscheidungsschritt-Taktzeit* von 180 m/s, so ergibt sich die nachstehende Gleichung, die von groß angelegten Versuchsserien experimentell bestätigt wird:

$$Tr = 100 + 180 \times ld\,(n)$$

Dabei ist *Tr* die Reaktionszeit in Millisekunden und *n* die Anzahl der Elemente der Menge der Reaktionen, aus der gewählt wird.
Nebenstehende Werte in Tabelle 2 sind *Minimalzeiten*, die sich auch durch Training usw. nicht systematisch unterschreiten lassen.
Ist eine Kampfsituation derart gestaltet, dass eine einzige *im Voraus* zu bestimmende Abwehrbewegung ausreicht, einen Angriff abzuwehren, so besteht die Menge der Reaktionen, aus der der Verteidiger zu wählen hat, aus einem Element – eben dieser einen, *vorher bestimmten,* Abwehrbewegung.
Somit gilt n = 1.

Laut Tabelle hat der ld (1) (man liest *„Logarithmus Dualis von 1“*) den Wert Null. Setzt man dies in die Reaktionszeitgleichung ein, so erhält man:

$$Tr = 100 + 180 \times 0 = 100$$

Die „Schreck-Zehntelsekunde“ ist vom Ausbildungsgrad des Kämpfers unabhängig!

Wenn der Verteidiger also ohne Verzug zu reagieren beginnt, sobald er den Angriff wahrnimmt, so benötigt er mindestens 100 Millisekunden, also eine Zehntelsekunde, bevor er beginnen kann, seine Abwehrbewegung einzuleiten. Diese Zehntelsekunde ist vom Ausbildungsgrad des Kämpfers unabhängig. Sie beschreibt lediglich das Zeitintervall, in dem das Gehirn des Kämpfers die Steuervorgänge zur Reaktion schaltet.

Weniger ist mehr

Unter diesem Motto stand das Interview, das der Autor vor ca. 30 Jahren anlässlich eines Finnland-Lehrganges einer finnischen Fachzeitschrift gab. Da die launigen Antworten verdeutlichen, was der Verfasser unter einer sicheren, waffenlosen Selbstverteidigung versteht, wird dieser Text hier leicht gekürzt und redigiert abgedruckt.

?: *Sifu Kernspecht, welches Selbstverteidigungssystem würden Sie jemandem empfehlen, der wirklich darauf angewiesen ist?*
Kernspecht: Das Smith-&-Wesson-System. Die produzieren gute Handfeuerwaffen.
?: *Nun, ich dachte eigentlich mehr an eine waffenlose Verteidigung. Nicht jeder darf oder will mit einer Schusswaffe herumlaufen.*
Kernspecht: In diesem Fall sollte er einen Lehrer aufsuchen, der die beste waffenlose Methode unterrichten kann.
?: *Welche wäre das denn Ihrer Meinung nach? Karate, Kung-Fu, Ju-Jutsu, Aikido? Manche meinen sogar, dass Boxen die realistischere Methode ist.*

Was ist die beste Methode?

Kernspecht: Die *beste* Methode? Das kommt darauf an. Wie viel Zeit hat unser Mann? Oder ist es gar eine Frau? *Wann* muss er verteidigungsfähig sein? Nächste Woche? In einem Monat? In einem Jahr? In zwei Jahren? Erst in zehn oder zwanzig Jahren?
?: *Das weiß doch niemand. Da kann schon morgen was passieren. Oder?*

Diejenige Methode nennen wir die beste, die dem Durchschnittsbürger in kürzester Zeit einen optimalen Schutz bietet gegen herkömmliche Angriffe.

Kernspecht: Eben. Ich persönlich nenne diejenige Selbstverteidigungsmethode die beste, die dem Durchschnittsbürger in kürzester Zeit einen optimalen Schutz bietet gegen die herkömmlichen Belästigungen und Angriffe, das heißt gegen Greifen, Halten, Hebeln, Würgen, Werfen, Schlagen, Stoßen, Treten sowie gegen Kombinationen dieser Elemente. Wichtig ist aber zunächst der *Zeitfaktor* ...
?: *Moment mal. Und was ist, wenn der Gegner Pistolen, Messer, Keulen und ähnliche Waffen benutzt?*
Kernspecht: Kein waffenloses Selbstverteidigungssystem kann 100%igen Schutz garantieren. Und schon gar nicht gegen einen Waffenexperten wie etwa einen Messerstecher. Ein Lehrer, der das tut,

beweist damit, dass er unseriös bzw. unverantwortlich ist. Oder dass er nicht weiß, wovon er spricht.

?: *Wie meinen Sie das?*

Kernspecht: Ende der 70er Jahre nahm ein hoher Dan-Träger einer Selbstverteidigungsmethode, die ich nicht namentlich nennen möchte, an einem meiner Einführungslehrgänge teil. Wir konnten ihm sehr schnell praktisch klarmachen, dass er schnelle Faustangriffe mit seiner Methode nicht abwehren konnte. Paradoxerweise bestand er aber darauf, Messerangriffe sicher abwehren zu können. Um ihn gründlich davon zu heilen, nahm ich mir ein Gummimesser, tauchte es in rote Farbe und griff ihn damit an. Natürlich hatte er keine Chance. Nach weniger als zwei Sekunden war sein ganzer Körper von blutroten Strichen zerteilt. Kopf, Hals, Blutgefäße, Sehnen, Muskeln – alles zerschnitten. Der gute Mann hatte seit über 35 Jahren diese *selbstmörderischen* „Messerabwehr-Tricks" geübt und unterrichtet und soll sich heute mit dem 10. Dan schmücken.

Selbstmörderische Messerabwehr-Tricks

?: *Wie hat er diese Konfrontation mit der Realität verkraftet?*

Kernspecht: Nachdem ich ihm mit dem Gummimesser lebenswichtige Blutgefäße zerschnitten und Arm- und Beinsehnen gekappt hatte und ihn darauf hinwies, griff er meinen Arm und sagte zur Verblüffung aller Lehrgangsteilnehmer triumphierend: „Ja, aber jetzt kann ich Sie hebeln!"

?: *Nein! Das darf nicht wahr sein.*

Kernspecht: Ist es aber leider! Erst am nächsten Lehrgangstag kam die Erkenntnis. Mitten im Unterricht hatte er einen Nervenzusammenbruch. *„Jetzt weiß ich, weshalb sie nie wieder zurückkamen!"* stammelte er immer wieder. Er war, wie wir später erfuhren, Nahkampfausbilder im Krieg gewesen und hatte seine Untergebenen mit solchen „Tricks" ausgerüstet hinter die feindlichen Linien geschickt. Machen wir uns nichts vor. Ohne Waffen gibt es keinen 100%igen Schutz gegen beispielsweise Messerexperten. Und *Tricks* können Sie schon mal gleich vergessen. Das ideale System für jedermann sollte aber zumindest eine gewisse Verteidigungs*chance* gegen Hieb- und Stichwaffen sowie gegen Schusswaffen*bedrohung* auf kurze Distanz bieten.

Machen wir uns nichts vor. Gegen einen richtigen Messerexperten gibt es keinen 100%igen Schutz ohne eigene Waffe.

?: *Kommen wir also zur Sache. Welche Methode empfehlen Sie denn nun?*

Fünf Zeiten sind in der Selbstverteidigung wichtig:

1.
Die Zeit, die man braucht, um die Methode hinreichend zu erlernen

2.
Die Reaktionszeit, die durch die mehr oder weniger intelligente Struktur der Methode vorgegeben ist

3.
Die Bewegungszeit, die davon abhängig ist, ob die Methode lange oder kurze Wege aufweist (Ökonomie der Bewegung)

4.
Die persönliche, individuelle Schnelligkeit, die nur begrenzt trainierbar ist

5.
Die Zeit, die man braucht, um sich einer veränderten Situation anzupassen

Vergessen Sie alle Methoden, die mehr als 12 Bewegungen nötig haben!

Kernspecht: Ich wollte gerade auf den Aspekt der Zeit zu sprechen kommen. Fünf Zeiten sind in der Selbstverteidigung von Bedeutung. Laien denken dabei meist ausschließlich an die persönliche Schnelligkeit des Einzelnen, die zwar auch wichtig, aber nur begrenzt trainierbar ist. Wichtiger ist die Bewegungszeit, die durch kürzere oder längere Wege (Ökonomie der Bewegungen) einer Methode vorgegeben ist und die „Veränderungszeit". Durch die intelligente oder auch weniger intelligente Struktur einer Methode ist auch die Reaktionszeit fast unbeeinflussbar fixiert. Auf diese Punkte können wir aber in diesem Rahmen nicht eingehen, deshalb möchte ich mich bei diesem Interview auf die Zeit beschränken, die man braucht, um eine Methode zu erlernen. Wie Sie schon selbst richtig erkannt haben, kann so ein Angriff jederzeit eintreten. Was nützt Ihnen also eine Methode, die man etliche Jahre üben muss, damit sie im Ernstfall Schutz bietet? Wenn Sie realistisch denken, müssen Sie der Methode das Prädikat „die Beste" geben, die sich in kürzester Zeit hinreichend beherrschen lässt und optimalen Schutz gegen die herkömmlichen Angriffe bietet.

?: *Nun bin ich aber gespannt. Ich höre.*

Kernspecht: Lassen Sie uns erst einmal die Methoden ausklammern, die ein technisches Repertoire von mehr als einem Dutzend Bewegungen nötig haben, um wirksam zu sein.

?: *Wieso? Ich bin sicher, die meisten Kampfsportarten haben hundert oder gar hunderte von Bewegungen! Was soll falsch daran sein?*

Kernspecht: Bitte eins nach dem anderen. Treiben wir doch erst etwas Mathematik. Stil X hat – sagen wir einmal – fünf Stände, entsprechend viele Arten, in jedem dieser Stände vor-, zurück-, nach links oder nach rechts zu gehen. Dazu kommen dann noch die Wendungen. Außerdem gibt es mindestens fünf bis zehn Abwehrtechniken …

?: *… Blocks nach oben, nach unten, nach außen, nach innen, verstärkte Blocks, Abwehren mit zwei Armen, Abwehren mit den Beinen …*

Kernspecht: … dann müssen die verschiedenen Fauststöße gelernt werden, Schläge mit der Hammerfaust, der äußeren Handkante, der inneren Handkante, dem Handrücken, dem Faustrücken. Hinzu kommen Ellbogen-, Knie- und eine große

Zahl an Fußtechniken. Aber das sind nur die Einzeltechniken. Alles muss jetzt miteinander kombiniert werden, damit es mit der Koordination klappt.

?: *Ja. Aber dieses grundschulmäßige Üben bringt alleine noch gar nichts. Die zahlreichen Kombinationen müssen ja alle noch am beweglichen Partner eingeschliffen werden, so dass meine Schätzung von ca. 100 Bewegungen wahrscheinlich noch zu niedrig war.*

Kernspecht: Dann muss man ja auch noch die Abwehren von Angriffskombinationen berücksichtigen. Manche Selbstverteidigungslehrer sprechen und schreiben von mehr als 10.000 verschiedenen Möglichkeiten, waffenlos angegriffen zu werden.

?: *Deshalb haben die meisten Selbstverteidigungskünste ja auch mehrere tausend Techniken dagegen. Ist doch auch logisch. Je mehr man zur Verfügung hat, desto besser, oder nicht?*

Kernspecht: Das Gegenteil ist der Fall!

Je mehr Techniken Sie zur Auswahl haben, desto größer wird Ihre Verwirrung im Ernstfall sein; denn Sie müssen sich in Sekundenbruchteilen für eine Lösung entscheiden. Jede Entscheidung kostet aber Zeit. Wertvolle Zeit. Je weniger Entscheidungen Sie im Kampf fällen müssen, desto besser. Desto schneller können Sie reagieren. Deshalb gilt auch in der praktischen Selbstverteidigung das Motto: „Weniger ist mehr!" Die Selbstverteidigungsmethode ist *die beste*, die mit den wenigsten Bewegungen den meisten Angriffssituationen begegnen kann.

> **Die** *Selbstverteidigungsmethode ist die beste, die mit den wenigsten Bewegungen den meisten Angriffen begegnen kann.*

?: *Wenn also eine Methode mit einer einzigen Bewegung auf alle möglichen Angriffe erfolgreich antworten könnte, wäre diese Ihrer Meinung nach die beste Methode?*

Kernspecht: Absolut richtig! Deshalb nannte ich ja auch Smith & Wesson. Ziehen, Zielen, Abdrücken – in einer Bewegung. Nach meiner Erfahrung lässt sich eine Bewegung nach etwa zehn Stunden Training ausreichend beherrschen. Eine Methode mit zehn Bewegungen benötigt zehn mal zehn, also 100 Stunden, bis man sich darauf verlassen kann. Eine Selbstverteidigungsmethode mit 100 Bewegungen würde (allerdings mit informationstheoretischen Nachteilen aufgrund der größeren Entscheidungsauswahl) 1.000 Stunden erfordern.

?: *Nun trainiert niemand zehn Stunden an einem Stück. Das Training im normalen Verein oder Dojo*

!

– tägl. 15 min
1 Übung → 4d = 1h
↳ 1 Mo bzw. 40d um 1 Bewegung zu lernen
↳ 1 Jahr → maximal 9 Bewegungen festigen
(360 d)

findet meist zweimal die Woche nur jeweils eineinhalb Stunden statt. Wie lange würde man also brauchen, um den X-Stil mit – sagen wir einmal – 100 Bewegungen zu beherrschen?

Kernspecht: Das lässt sich so einfach nicht beantworten, denn in den meisten Schulen wird zu viel Zeit investiert in Dinge wie Administration (z.B. Beitragszahlungen), Meditation, Zeremonie, Gymnastik, Konditions- und Krafttraining, Atemübungen, Katas usw.; denn Selbstverteidigung ist in der Regel nur ein Aspekt unter vielen. Und dazu noch ein sehr vernachlässigter!

?: *Aber mit Selbstverteidigung wird doch immer geworben!*

*Das Training ist in Wirklichkeit **nicht** so aufgebaut, dass man Kämpfen lernt. Tatsächlich betreibt man im Unterricht meist bloß Dinge, die mit Kämpfen nur im Entferntesten zu tun haben.*

Kernspecht: Ja, um Mitglieder zu werben, ist der Selbstverteidigungsaspekt sehr nützlich. Aber die Unterrichtsrealität sieht dann doch ganz anders aus. Das Training ist in Wirklichkeit nicht so aufgebaut, dass man Kämpfen lernt. Tatsächlich betreibt man im Unterricht meist nur Dinge, die mit Kämpfen nur im entferntesten Sinne zu tun haben.

?: *Sie meinen, Gürtelbinden, Atemübungen und Katas haben keinen Bezug zur Selbstverteidigung?*

Kernspecht: Doch, sie haben den gleichen Stellenwert wie Badehose anziehen und Trockenübungen für jemand, der den Kanal durchschwimmen will.

?: *Damit werden Sie sich bei traditionellen Lehrern aber keine Freunde machen.*

Kernspecht: Nun, erstens haben Sie meine Meinung gewollt, zweitens will ich keinen Popularitätswettbewerb gewinnen und drittens halte ich mich selbst für sehr traditionell. Was ich hier verkünde, ist die allgemeine Auffassung meines Systems. Und mein System ist vier Mal so alt wie z.B. japanisches Karate. Auch sage ich nichts gegen Katas usw. Sie haben ihren Platz und können auch mit Selbstverteidigung zu tun haben, aber sie sind natürlich keine direkte Vorbereitung auf den Ernstfall.

?: *Ich glaube, ich weiß, was Sie meinen. Kommen wir zurück zu unserer Rechenaufgabe.*

Kernspecht: O.K. Von den zwei Mal eineinhalb Stunden pro Woche bleibt höchstens eine Stunde realistische Selbstverteidigungsvorbereitung übrig. Ferien, Krankheit, Unlust, private und berufliche Verpflichtungen abgezogen, sind das nicht einmal 40 Jahresstunden. Da bleibt nicht viel übrig, oder?

→ Frage: Was = wichtigsten 9 Bewegungen

?: *Wenn ich mich also z.B. in einem Jahr verteidigungsfähig machen wollte, müsste ich einen Stil finden, der mit nur vier Bewegungen auskommt.*

Kernspecht: Korrekt! Ich sehe, wir verstehen uns jetzt. Wenn Ihre Methode acht Bewegungen dazu braucht, dauert es die doppelte Zeit: zwei Jahre. Wenn Ihr Lehrer einen Stil mit 80 Bewegungen unterrichtet, kommen Sie nach zwanzig Jahren ans Ziel. Etwas länger müssen Sie sich gedulden bei einem Stil, der 800 Bewegungen zählt, wenn Sie als Zwanzigjähriger anfangen, können Sie sich dann als 220-jähriger Methusalem verteidigen. Vergessen Sie aber nicht, dass die Entscheidungsschrittzahl gleichzeitig mit steigt.

Und da gibt es doch Stile, die stolz darauf sind, 6.000 Bewegungen zu haben!

?: *Halt! Mir wird schwindelig. Und da gibt es doch Stile, die stolz damit angeben, sechstausend oder mehr Bewegungen zu haben!*

Aber ist es denn wirklich so, dass man jede Bewegung einzeln lernen muss? Sind nicht manche Bewegungen mit anderen schon gelernten so verwandt, dass man sie sozusagen nebenbei mit lernt?

Kernspecht: Das trifft zweifellos zu. Aber das spart kein einziges Jahr ein; denn nun muss ich Ihnen noch den nächsten Schock versetzen: Sie können Ihre Jahreszahlen nahezu verdoppeln, wenn wir davon ausgehen müssen, dass eine Technik in Wirklichkeit als zwei Bewegungen (links und rechts) geübt wird. Wenn unser Stil also 80 Techniken zählt, hat er 160 zu lernende Bewegungen. Also ich schreibe es Ihnen einmal auf. T heißt Techniken, B meint Bewegungen.

2 T = 4 B = 1 Jahr
4 T = 8 B = 2 Jahre
40 T = 80 B = 20 Jahre
400 T = 800 B = 200 Jahre

?: *Das heißt man braucht ca. 40 Jahre, um einen Stil mit 80 Techniken hinreichend zu beherrschen? Aber wie kann man dann innerhalb von fünf bis zehn Jahren Karatemeister werden?*

Kernspecht: Zunächst wird nicht jeder Karatemeister, selbst wenn er jahrelang trainiert. Außerdem trainiert jemand mit solchen Ambitionen nicht nur drei Stunden in der Woche, sondern wohl eher vier Mal die Woche jeweils drei Stunden. Dann sind Sie natürlich in weniger als einem Viertel der Zeit, in weniger als zehn Jahren soweit.

?: *Wenn ich nicht selbst wiederholt erlebt hätte, dass mehrfache Dan-Träger anderer Budo-Disziplinen, mit Ihrem System konfrontiert, ziemlich ratlos und frustriert waren, würde ich Sie jetzt für verrückt*

Ich = 37 J. → ca. 23 J. Training möglich
↳ maximal 207 Beweg.
minimal 82 Beweg.
(40h/Jahr) (= realist. Ziel)
≙ 4 Bew./Jahr
od. laut K. Kernspecht:
12 Beweg. in 3 J.

halten. Aber ich fürchte, Sie haben recht. Gibt es denn keine andere Lösung? Es kommt doch auf die wenigen wirksamen Bewegungen an. Sagt man denn nicht auch z.B. vom Karate, dass es nur wenige Bewegungen sind, die im Kumite, also im Wettkampf, immer wieder erfolgreich sind? Zum Beispiel Gyaku-Tsuki und Mae-Geri?

Wenn ein Stil nur wenige wirksame Techniken hat, ist das zwar besser als nichts.
Aber es stellt sich die Frage, ***wozu*** *Sie die unwirksamen Techniken überhaupt lernen müssen!*

Kernspecht: Lassen Sie mich bitte allgemein antworten. Wenn ein Stil nur wenige wirksame Techniken hat, ist das zwar besser als nichts. Aber es stellt sich die Frage, wozu Sie die unwirksamen Techniken überhaupt lernen müssen. Hier kann jemand mit Recht einwenden, dass er den Stil Y ja gar nicht in erster Linie zur Selbstverteidigung erlernt. Andere Aspekte: Kondition, Gelenkigkeit, Geselligkeit, Charakterbildung usw. sind ihm viel wichtiger.

?: *Dies ist aber nicht das Thema meiner Frage.*

Kernspecht: Für die Selbstverteidigung ist die einzige Lösung ein System, das auf nur wenige Techniken aufbaut und auf Unnötiges von vornherein verzichtet. Es geht auch nicht, dass man sich wie mancherorts üblich, aus einem fremden Stil ein paar wirksame Techniken wie Rosinen aus dem Kuchen pickt. Da fehlt nämlich der Zusammenhang! Deshalb sollten Sie Ihrem schutzbedürftigen Interessenten raten, ein System zu erlernen, das mit ca. 12 Bewegungen auskommt. Das wären drei Jahre.

Wenn dieses System dann auch noch sehr zielstrebig und ohne Zeitverlust durch Allotria unterrichtet würde, würden von den drei Stunden pro Woche wirklich mindestens zwei Stunden der Selbstverteidigung dienen, das heißt …

?: *… unser fiktiver Interessent wäre in eineinhalb Jahren selbstverteidigungsfähig. Schon besser, aber ich kenne keinen Stil, der so aufgebaut ist.*

Kernspecht: Ich schon. Das System, das ich unterrichte, besteht aus zwei aktiven Bewegungen, vier passiven Hauptreaktionen und einer zusätzlichen passiven Notreaktion als Überdruckventil. Außerdem folgen wir vier Kampfprinzipien und vier Anweisungen, mit der Kraft umzugehen.

2 aktive Bewegungen
4 passive Reaktionen
1 passive Notreaktion
4 Wege der Kraft
4 Prinzipien

?: *Ich verstehe kein Wort! Wie viele zu erlernende Techniken gibt es bei Ihnen?*

Kernspecht: Gar keine. Wir haben keine festen Techniken oder Kombinationen. Wir reagieren auf die Aktion des Gegners. Wir borgen seine Kraft und

Links und rechts müssen insgesamt 12 Bewegungen geübt werden.

sogar seine Geschwindigkeit, um ihn zu besiegen. Aber um Ihre Frage zu beantworten: Links und rechts müssen insgesamt 12 Bewegungen bzw. Reaktionen zur Selbstverteidigung geübt werden.

?: *Wie viele Schüler haben Sie bisher unterrichtet?*

Kernspecht: Es dürften bis jetzt über hunderttausend* oder mehr sein. Vor allem in Europa, aber auch in den USA und Asien.

?: *Ich weiß, dass Sie seit 1959 Kampfkünste aller Art betreiben und selbst seit über zwanzig Jahren unterrichten.*
Was ist Ihre Meinung über die Kampfkünste?

Kernspecht: Alle Kampfkünste sind eine große Familie. Sie haben ihre schwachen und starken Punkte. Einige sind gut mit den Füßen, andere besser mit den Händen oder im Nahkampf. Manche sind gut für Fitness und Gesundheit, andere spezialisieren sich auf den sportlichen Wettkampf oder auf die Selbstverteidigung. Wieder andere sehen gut in der chinesischen Oper aus. Alle haben ihren Sinn, ihren Platz und ihre begeisterte Anhängerschaft, die genau das will und nichts anderes. Vernunftgründe haben bei einer so persönlichen Beziehung, wo es oft ums Gefühl geht, wenig zu suchen.

Ebenso wenig wie Sie einem Fan leichter italienischer Motorräder eine Harley Davidson einreden können, kann man einen eingefleischten Shotokan-Stilisten zum Kranich-Kung-Fu bekehren.

Ebenso wenig wie Sie einem Fan leichter italienischer Motorräder eine Harley Davidson einreden können, kann man einen eingefleischten Shotokan-Stilisten zum Kranich-Kung-Fu bekehren.

... bewundere ich die Schönheit einer kraftvollen Karate-Kata und die Artistik eines Taekwondo-Sprungtrittes.

Ich vertrete mein System mit aller Überzeugung. Dennoch bewundere ich die Schönheit einer kraftvollen Karate-Kata und die Artistik eines Taekwondo-Sprungtrittes. Die Eleganz eines Aikido-Wurfes begeistert mich ebenso wie ein harter Thaiboxkampf.

?: *Sifu Kernspecht, wir bedanken uns für das Gespräch.*

* Inzwischen dürfte der Autor wohl sogar über eine Million Schüler unterrichtet haben.

Internationaler Lehrgang in Lobenfeld

Die untauglichen Mittel

Die herkömmlichen Block- und Konterstile benutzen im Wesentlichen vier Hauptabwehren:

1. den Block von unten nach oben (Abb. 1),
2. den Block von oben nach unten (Abb. 2),
3. den Block von außen nach innen (Abb. 3),
4. den Block von innen nach außen (Abb. 4).

Diese vier Abwehrtechniken erscheinen in den verschiedenen Stilen natürlich in jeweils stilisierter Form (wobei die Hand z.B. die verschiedensten Formen wie z.B. Faust oder Vogelschnabel einnehmen kann.

Grundsätzlich aber geht es darum, die Richtung des gegnerischen Angriffes durch eine Wegschlag- oder Umlenkbewegung nach unten, zur Seite oder nach oben zu ändern.

Geringe Erfolgschancen

Die Wahrscheinlichkeit, dass eine solche Abwehr in der Realität erfolgreich ist, muss allerdings aufgrund folgender Schwächen als höchst gering eingeschätzt werden.

Verschiedene stilisierte Formen des ersten Abwehrtyps

Abb. 1: Block von unten nach oben

Abb. 2: Block von oben nach unten

Abb. 3: Block von außen nach innen

Abb. 4: Block von innen nach außen

Die Schwächen der vier Hauptabwehren

Optisches Erkennen ist zeitaufwendig und fintenanfällig.

1. Vom Erkennen des Angriffes und des Angriffszieles an vergeht zu viel Zeit. Da das Erkennen des Angriffes *optisch* (durch die Augen) erfolgt, ist es leicht, Finten und deren Täuschungsmanövern zum Opfer zu fallen.

Abwehrchance nur bei Angriff mit Ausfallschritt

2. Der Abwehrschlag ist in der mittleren Distanz *nicht schnell genug* (aufgrund der informationstheoretischen Nachteile und weil die Abwehrbewegung zu viel Zeit erfordert). Nur wenn der Gegner aus größerer Distanz mit Ausfallschritt und klar erkennbarem Ziel angreift, besteht eine echte Abwehrchance.

Erhebliche Körperkraft nötig

3. Zur Abwehr eines kräftigen Angriffes ist oft *erhebliche Körperkraft nötig*. Nur wenn der Abwehrschlag die Bewegungsrichtung (Kraftrichtung) des Angriffes im Wesentlichen fortsetzt, ist wenig Kraftaufwand erforderlich. Optisch ist aber nicht zu erkennen, in welche Richtung sich der Angriff nach der Kontaktaufnahme durch den Block weiterbewegen wird. Deshalb kommt es beim Block oft zu einem Kraftvergleich, bei dem der schwächere Verteidiger unterliegen kann.

Wirkungslos gegen Schwinger, Haken und Uppercuts

4. Die oben genannten Abwehrtechniken sind völlig wirkungslos gegen *Schwinger, Haken und Uppercuts* usw., also nichtlineare Angriffe.

Abwehr erfolgt meist zu spät oder zu früh. Selten rechtzeitig.

5. Die Abwehr kann nur erfolgreich sein, wenn sie genau zum richtigen Zeitpunkt (*nicht zu früh und nicht zu spät)* den Weg der Angriffswaffe kreuzt. Greift der Gegner in gebrochenem Rhythmus an, verzögert oder beschleunigt er plötzlich das Tempo seines Angriffes, wird die Abwehrtechnik entweder zu früh oder zu spät erfolgen, das heißt, der Verteidiger wird getroffen.

Wirkungslos gegen elastische Angriffe

6. Die Abwehrtechnik kann bestenfalls einen *starren* Angriff wegschlagen. Sie ist wirkungslos gegen einen *elastischen* Angriff.

Wirkungslos gegen wiederholte Angriffe

7. Die Abwehr ist wirkungslos gegen wiederholte (*iterierte*) Angriffe wie z.B. Kettenfauststöße.

Ungeeignete Abwehren gegen Schwinger

... gibt Gelegenheit zu vernichtender Folgetechnik.

8. Alle Abwehren bleiben in *Zone 1 oder 2.* Siehe dazu Darstellung der Zonen unten.

9. Selbst für den unwahrscheinlichen Fall, dass die Abwehr schnell (oder besser: rechtzeitig) und stark genug war, einen *starren* und *linearen* (geradlinigen) Angriff abzuwehren, gibt der Abwehrende dem Angreifer durch den Abwehrschlag selbst die Gelegenheit zu einer vernichtenden *Folgetechnik* z.B. Kettenfauststöße, „faltende“ Ellenbogen.

Es ergeben sich u.a. folgende Möglichkeiten:

... macht sich offen für weitere Angriffe.

a. Der Verteidiger macht sich durch seine Abwehr *offen* für weitere Angriffe.

... gibt dem Angreifer Kraft und Schwung.

b. Der Verteidiger gibt dem Angreifer durch seinen Abwehrschlag *Kraft und Schwung* (als ob jemand in eine Harke tritt und den Stiel an den Kopf bekommt) für eine Fortsetzung des Angriffes *in eine andere Richtung.*

... gibt dem Angreifer Stabilität und Halt.

c. Der Verteidiger gibt dem Angreifer durch seinen starren Block *Stabilität und Halt*, so dass dieser den Angriff fortsetzen bzw. dem Verteidiger das Gleichgewicht rauben kann.

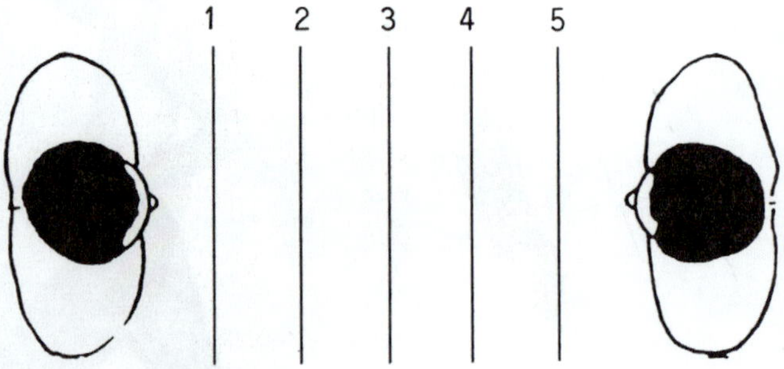

Darstellung der Zonen; aus dem Kurzlehrbuch „Dynamisches WingTsun“ von Großmeister Leung Ting

Ungeeignete Abwehr gegen Uppercut

Starre Abwehr gibt dem Angreifer Stabilität

Vergleich der Block- und Konter-Abwehrtechnik des Budo mit der im Boxen und WingTsun

Abwehr eines linken Hakens zum Körper

Abwehr einer linken Geraden zum Gesicht

Abwehr eines rechten Hakens zum Kinn

Während die typische Budo-Abwehr (Hier gleichgesetzt mit der Block- und Konter-Methode) darin besteht, den Angriffsarm oder das Angriffsbein des Gegners wegzuschlagen, benutzen die Boxer eine bessere Methode, sie decken Körper und Kopf, indem sie ihre Arme und Schultern wie Schlagpolster oder wie eine Rüstung zwischen sich und die Angriffe des Gegners bringen.

Diese Methode wird – ergänzt durch Fußtrittabwehren – auch im Kickboxen oder dem sog. Vollkontakt-Karate (= oben boxen, unten treten) benutzt, nachdem sich die Wegschlag- bzw. Block-Abwehren der herkömmlichen Budostile in der Kampfpraxis als unwirksam erwiesen.

Während man im sportlichen Bereich aufgrund der relativ großen Boxhandschuhe, die beide Kämpfer tragen müssen, hinreichend geschützt ist, lässt dieselbe Deckung im Kampf ohne Handschuhe den Boxer für Fauststöße oder Fingerstiche ziemlich ungedeckt.

Budo- und WingTsun-Kämpfer als Torwart

Die Budo-Abwehr ist vergleichbar mit einem Torwart, der von einer Ecke des Tores in die andere springen muss, um den Ball mit Gewalt am Eindringen zu hindern.

Die Abwehr im WingTsun ist vergleichbar mit einem Torwart, der das Tor verschiebt oder umdreht, wenn der Angreifer schießt. Aber in Wirklichkeit kommt es sogar noch besser, wie wir später erkennen werden: denn es ist der Ball, also der Angriff selbst, der das Tor verschiebt.

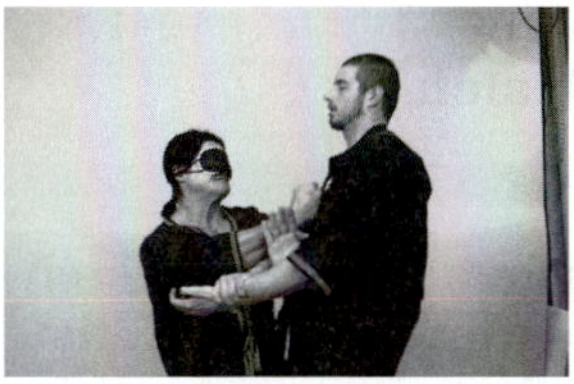

Kämpfen mit verbundenen Augen

Optische Täuschung nicht ausgeschlossen

Sowohl die Budo- als auch die Box-Abwehr beruht auf optischem Erkennen von Angriffsart, Angriffsgeschwindigkeit und Angriffsziel. Hier liegt eine grundsätzliche Schwäche dieser herkömmlichen Methoden, denn das Auge reagiert – im Gegensatz zum Tastsinn – auf schnelle Bewegungen zu langsam, auf Tempowechsel zu spät oder zu früh (Timing) und lässt sich somit leicht durch Finten täuschen.

Selbst die Meister vertrauen ihrer optisch reagierenden traditionellen Block- und Konter-Methode nicht

Noch bei Schwarzgurt-Prüfungen ist es bei einigen japanischen Budo-Stilen Pflicht, dass der Angreifende, bevor er angreift, mit lauter Stimme (in japanischer Sprache), den beabsichtigten Angriff (z.B. Fauststoß) und die Höhe (z.B. mittlere Höhe) verkündet.

Um sicher zu gehen, dass das Gegenüber die Warnung auch richtig verstanden hat und darauf vorbereitet ist, bestätigt der Gegner jetzt mit ebenso lauter Stimme die Ankündigung, indem er wiederholt, was der Angreifer gerufen hat, in diesem Falle: „Fauststoß mittlere Höhe“ (Oi Tsuki Chudan). Erst nach dieser Warnung und der Bestätigung erfolgt der Angriff in genau der angekündigten Weise.

Wenn man sich vor Augen führt, dass dieses das Prüfungsprozedere für Schwarzgurte (Dan) ist, mag man sich vorstellen, was für ein Sprung ins Wasser eine echte Selbstverteidigungssituation selbst für einen geprüften Schwarzgurt bedeutet.

Ins Lastenheft geschrieben
Über die Merkmale der idealen Selbstverteidigung

Sind alle Kampfmethoden gleich gut oder nur gleich schlecht?

Oft liest man den diplomatischen oder resignierenden Spruch, dass alle Selbstverteidigungskünste gleich (gut oder schlecht?) seien, denn sie verfolgten ja alle das gleiche Ziel – nur auf etwas anderen Wegen.

Wenn zwei Wanderer dasselbe Ziel verfolgen, bedeutet das noch lange nicht, dass sie es auch beide *erreichen* müssen. Ebenso ist es bei den Kampfkünsten.

Sicherlich, es muss das Beste irgendwo zu finden sein!
Goethe, *aus „Faust II"*

Alle Autohersteller wollen möglichst gute Fahrzeuge bauen, aber sind sie *deshalb* alle gleich gut? Gibt es nicht einige, die in mancher Beziehung (*konstruktionsbedingt*) besser sind als andere?

Das Bessere ist des Guten Feind!

Machen wir uns diesen Wahlspruch zunutze: „Das Bessere ist des Guten Feind!"

Wenn wirklich alle Selbstverteidigungsmethoden gleich wären, wäre das traurig, denn die Mehrzahl aller Methoden stützt sich auf untaugliche Mittel. Benutzen wir darum unseren Verstand, statt durch höfliche Gleichmacherei den Fortschritt aufzuhalten.

Auf der Suche nach dem besten und wirksamsten Selbstverteidigungssystem müssen wir diesem also nebenstehende Mindestforderungen ins Lastenheft schreiben:

Lastenheft der 7 Mindestanforderungen

Eine Universaltechnik gegen alle möglichen Angriffseröffnungen

1. Das ideale System muss so strukturiert sein, dass es auf alle Angriffe in sehr ähnlicher Weise reagieren kann (keine Entscheidungszeit). Seine erste Bewegung muss also so beschaffen sein, dass sie gegen alle möglichen Erstangriffe ausreichenden Schutz bietet.

Kein Zeitverlust durch zu große Auswahl

Keine Fintenanfälligkeit durch optische Täuschung

2. Es darf sich im Nahkampf nicht auf die Augen verlassen müssen, um die Art des Angriffes zu erkennen. Sonst wäre es anfällig gegen Finten und Täuschungen.

Der Angriff bewirkt seine Abwehr selbst

3. Das ideale System sollte so beschaffen sein, dass der Angriff des Gegners selbst unsere Abwehr verursacht. „Wir finden die Wahrheit, wenn wir das Problem untersuchen. Das Problem ist niemals von der Antwort getrennt. Das Problem ist die Antwort – das Problem verstehen löst das Problem." BRUCE LEE (Tao of Jeet Kune Do, Ohara 1975, S. 20).

Kein passives, ergebenes Erwarten des Angriffes, sondern Entgegengehen

Angriff besteht nicht nur aus einer Aktion

4. Alle Maßnahmen des idealen Systems müssen auch gegen fortgesetzte (iterierte) Angriffe Schutz bieten.

Gleichzeitigkeit von Abwehr + Gegenangriff

5. Beim idealen System sollte nahezu zeitgleich mit der Abwehr der kampfunfähig machende Gegenstoß erfolgen, bzw. die Abwehr sollte aus dem Konter bestehen (Attack the attacker).

Zur Abwehr und zum Angriff geeignet

Redundantes System

6. Das ideale System muss zum Angriff wie auch zur Abwehr tauglich sein. Es muss gegen alle denkbaren Strategien funktionieren und nicht nur gegen die eigene.

Schnell erlernbar und erweiterbar

7. Die Angriffswahrnehmung muss taktil erfolgen, um schnellste Reaktion zu garantieren.

Pazifisten, Revanchisten, Aggressoren und Vorwärtsverteidiger

„Kasparow ist sehr gefährlich, wenn er das Gesetz des Handelns bestimmt. Aber er zeigt Schwächen, wenn er sich verteidigen muss."

Karpow 1990 über den damals amtierenden Schachweltmeister Kasparow

Verteidigung
Das Unrecht ist um so viel älter als das Recht, wie der Angriff älter ist als die Verteidigung, und wie jeder Verteidigung durch den Angriff, so wird dem Recht durch das Unrecht die Weise seines Verhaltens unentrinnbar vorgeschrieben.

Gustav Radbruch (1887 - 1949)

Wir unterscheiden vier Typen der Verteidigung:

1. die reine Abwehr
2. die Abwehr mit folgendem Konter
3. den Angriff
4. die aggressive Verteidigung

1. Die reine Abwehr

Sie wehren den Gegner, der auf Sie eindringt, nur ab, decken Ihren Körper, blocken seine Angriffe ab oder weichen ihnen aus.
Sie versuchen, ihn unter Kontrolle zu bekommen und verzichten darauf, ihn selbst (etwa durch Schläge oder Tritte) kampfunfähig zu machen.

Hier haben wir es mit der puren Verteidigung zu tun. Ihr Merkmal ist das Abwarten des Angriffes. Dem Gegner wird völlig die Initiative überlassen. Der Zweck dieser Verteidigung ist nur die Erhaltung des alten Zustandes, z.B. der Unversehrtheit des Körpers oder der Bewegungsfreiheit.

Eine lobenswerte Methode, die eigentlich nur einen Nachteil hat: Sie versagt zu oft.

Eine wahrhaft lobenswerte, weil humane Methode, die z.B. im japanischen Aikido angestrebt wird. Sie hat eigentlich nur einen Nachteil: Sie versagt zu oft, wenn der Verteidiger nicht gerade Großmeister seines Stils ist.
Schon Mao Tse-tung schrieb 1936 in *„Strategie des chinesischen revolutionären Krieges"* über die reine Abwehr: *„... eine unechte Art der Verteidigung, die einzig richtige Verteidigung ist aktive Verteidigung, also eine Verteidigung, die den Zweck verfolgt, einen Gegenangriff vorzubereiten."*

L. von Schwendi (*„Kriegsdiskurs“*, nach 1550) kam bei anderen Voraussetzungen zu ähnlichen Ergebnissen: *„Wer sich nur auf die Verteidigung verlegt, hat viel zu verlieren und wenig zu gewinnen.“*

Manche insistieren, dass Abwehren (= Erhalten) leichter sei als Angreifen, wie auch Erhalten leichter sei als Gewinnen (beati possidentes). Dies gilt aber nur bei gleich starken Kontrahenten. Aber wir müssen davon ausgehen, dass der Angreifer stärker (an Körperkraft, Können oder Kampfwillen) ist, denn sonst hätte er kaum den Mut zur Initiative.

Nur gegen sehr viel schwächere Personen hat die reine Abwehr Chancen.

Die reine Abwehr, der Weg der Nächstenliebe, setzt aber einen so hohen Grad an Überlegenheit voraus, dass wir ihn nur in der Auseinandersetzung mit sehr viel schwächeren Personen (Kindern, Greisen, Kranken, Frauen) empfehlen können; denn Schonung des Angreifers kann sich nur der Überlegene leisten, da schon ein einziger Treffer an der richtigen Stelle (Kehlkopf, Auge, Geschlechtsteil usw.) die Entscheidung bringen kann.

Nur durch aggressives Vorgehen kann frau sich verteidigen!

2. Die Abwehr mit Konter

Karate ni sente nashi – im Karate soll man nicht angreifen!

Diese Methode wird von den meisten asiatischen Kampfkünsten (Karate, Taekwondo, Ju-Jutsu usw.) bevorzugt. So heißt es, dass man im Karate nie angreift (Karate ni sente nashi), nie die erste Bewegung machen soll. Anders ausgedrückt, soll Karate stets mit einem Abwehrblock beginnen.

Sie schlagen z.B. den Arm des Angreifers durch einen Block weg und lassen unmittelbar darauf einen Konter (etwa selbst einen Fauststoß) folgen, der den Gegner kampfunfähig machen soll. Greift der Gegner mit einem Tritt an, so weichen sie aus, eventuell mit einem Schritt zurück, zur Seite oder einer (aktiven) Wendung, und kontern selbst mit einem Tritt oder anderen Mitteln.

Auf das Abwarten folgt das Abwehren und dann der eigene Konter.

Anders als bei der reinen Abwehr ist die Abwehr mit Konter nicht nur passiv (also leidend im wahrsten Sinne des Wortes), sondern auf das Abwarten folgt das Abwehren und dann erst der eigene Konter.

Manche Autoren und Lehrer führen militärische Denker wie v. Clausewitz (1780 – 1831) als Zeugen für die Überlegenheit der „Abwehr mit Konter"-Methode gegenüber dem Angriff an. Tatsächlich erklärte v. Clausewitz, dass die verteidigende Form der Kriegsführung unter bestimmten Bedingungen stärker als die angreifende ist. Auch dass der Angreifer zum Sieg eine nahezu doppelte Zahlenüberlegenheit benötigt, ließe sich u.U. aus seinen Schriften herauslesen. Logisch falsch ist aber der Analogieschluss, dass im Zweikampf der Verteidiger grundsätzlich bessere Chancen hätte als der Angreifer.
Aus der Ähnlichkeit zweier Dinge – hier Krieg und Zweikampf – in einer Anzahl von Punkten kann niemals eine Schlussfolgerung in anderer Hinsicht abgeleitet werden. Analogie ist kein Beweis. Aus der Ähnlichkeit zweier Dinge in einer Anzahl von Punkten kann dagegen die Möglichkeit abgeleitet werden, dass sie (Krieg und Zweikampf) auch in weiteren Punkten übereinstimmen; diese Möglichkeit muss aber erst durch Beobachtung oder Untersuchung bewiesen werden.

1a) Abwehr von innen nach außen

1b) Konter mit Faust zum Solarplexus

2a) Abwehr von unten nach oben

2b) Konter mit Faust zum Kinn

3a) Abwehr von außen nach innen

3b) Konter mit Faust zum Solarplexus

Auch der Verfasser bedient sich des Öfteren der *Ähnlichkeit* von Krieg und Zweikampf, um schwierige Begriffe, Probleme und Fragen deutlicher zu machen. Damit bildet er sich aber nicht ein, etwas beweisen zu können.

Was Sie nicht unbedingt wissen müssen:

Karate ni sente nashi

1. Funakoshi: *Karate ni sente nashi* (im Karate macht man nie die erste Bewegung, greift nicht an). Diese Inschrift ist auf dem Gedenkstein des Karatemeisters Funakoshi im Enkakuli-Tempel in Kamakura zu lesen. Funakoshi weist in seinem lesenswerten Buch *„Karate-Do, my Way of Life“* immer wieder darauf hin, dass Karate nicht in erster Linie eine Selbstverteidigung ist: *„Zweck des Karate ist es* (vielmehr)*, einen starken Körper zu entwickeln“*.
   Meister Shoshin Nagamini (Shurin-ryu-Karate), 9. Dan: *„Karate ist die einzige Kampfkunst, die nicht ‚Sente‘ praktiziert, das heißt ‚nicht angreift‘, bevor der Gegner angreift. Oft relativieren manche Lehrer diese Forderung, indem sie zwar angreifen, diesen Angriff aber einen ‚Gegenangriff‘ nennen. Aber eigentlich ist das (im Karate) unentschuldbar.“* Nicht den ersten Schlag zu landen, ist zwar ein schönes Ideal, aber nach Ansicht des Verfassers erwiesenermaßen unmöglich, wenn man sich systematisch mit Erfolg verteidigen will.

„The purpose of Karate is to build a strong body.“
Gichin Funakoshi
im Vorwort zu seinem ersten Buch

2. Die zweizeitige Block- und Konter-Methode hat u.a. den Nachteil, dass der Angreifer gleichzeitig mit dem Konter des Verteidigers seinen zweiten Angriff landen kann.

3. Der Zweikampf ist zwar das Element des bisher üblichen Krieges (d.h., dieser besteht aus vielen einzelnen Zweikämpfen), so dass man den Krieg einen erweiterten Zweikampf nennen könnte, jedoch dürfen die zahlreichen Parallelen uns nicht verführen, in allen Punkten Übereinstimmung vorauszusetzen. Vergleichen wir doch einmal die Merkmale des Krieges (nach v. Clausewitz) mit denen des Zweikampfes um Leben und Tod (vgl. Tabelle auf der folgenden Seite).

Krieg	**Zweikampf**
Krieg ist die Äußerung feindlicher Absichten (abstrakt), nicht notwendigerweise feindseliger Gefühle.	Zweikampf ist die Äußerung feindseliger **Gefühle** (emotional).
Krieg besteht kaum aus nur einer einzigen Schlacht, so dass bei der ersten Begegnung noch nicht der Sieger des Krieges feststeht.	Zweikampf ist ein **einziger** Kampf, so dass alles auf diese eine Begegnung ankommt und Versäumtes nie nachgeholt werden kann.
Nur das Gesamtergebnis ist relevant. Einzelschicksale nicht.	**Einzelschicksal** ist sehr relevant, denn es ist das Ihrige, und Sie haben nur das eine.
Krieg kann sich aufgrund geographischer Bedingungen und großer Menschen- und Materialmassen nicht in Nu verbreiten, so dass nicht überall gekämpft werden kann. Dadurch entstehen z.B. Pausen.	Zweikampf wird **im Nu gleichzeitig** mit allen Waffen (Armen und Beinen) und gegen alle verletzlichen Körperteile geführt. Ein einziger Treffer z.B. zum Kopf kann Sieg bzw. Niederlage (Tod) bringen.
Krieg entsteht nie urplötzlich, der Feind ist (als Nachbar) aus der Vergangenheit bekannt und kann aus seinem früheren Verhalten usw. gut eingeschätzt werden.	Zweikampf **entsteht oft urplötzlich**. Der Gegner ist oft völlig unbekannt, so dass er vorher weder in seiner Stärke, noch in seinem Kampfwillen berechenbar ist.
Krieg war bisher mit seinem Resultat nie etwas Absolutes. Denn als Fortsetzung der Politik mit anderen Mitteln werden seine Resultate später durch die Politiker verändert, d.h. das Übel gemindert.	Das Resultat eines Zweikampfes kann für den Angegriffenen (also Sie) absolut **endgültig** sein.

Krieg und Zweikampf gleichen sich in vielem, aber differieren auch in entscheidenden Punkten.
Ein entscheidender Punkt, der in dieser Liste noch zu ergänzen ist, wäre die Vorinformation über die Pläne des Gegners: Woher weiß man im Krieg, woher im Zweikampf, wann und wie der andere angreift?
Lesen Sie zu diesem Thema das Buch des Autors „Der Letzte wird der Erste sein".

Aus all dem folgt, dass Krieg und Zweikampf sich zwar in vielem gleichen, aber in entscheidenden Punkten differieren.

Zudem liegt die Überlegenheit, welche v. Clausewitz der verteidigenden Kriegsform zugeschrieben hat, u.a. in:

a) der Benutzung der Gegend
b) dem Besitz eines eingerichteten Kriegstheaters
c) dem Beistand des Volkes
d) dem Vorteil des Abwartens

Für klassische Budostile, die mit Ausfallschritt eine große Entfernung ungeschützt zurücklegen müssen, könnte die These vom Vorteil des Verteidigers gegenüber dem Angreifer in gewissem Maße gelten.

Für klassische Budostile, die mit Ausfallschritt eine große Entfernung ungeschützt zurücklegen müssen, könnte die These vom Vorteil des Verteidigers gegenüber dem Angreifer in gewissem Maße gelten, denn durch den langen Schritt mit exponierter Gewichtsverlagerung ist der klassische Angreifer festgelegt, er muss seine Karten aufdecken und kann leicht im Angriff „abgeschossen" werden. Dies trifft aber weniger auf Stile mit besserer Eigensicherung und kurzer Schrittarbeit zu.

Ebenso für seltene Experten, an die sich dieses Einführungsbuch nicht wendet.

Mehr über die Möglichkeit der Überlegenheit der Verteidigung gegenüber dem Angriff (genauer der Reaktion gegenüber der Aktion) lesen Sie in „Der Letzte wird der Erste sein".

3. Der eigene Angriff statt Abwehr

*Was du nicht willst,
dass man dir tu,
das füg doch einfach
andern zu!*

Eine relative oder partielle Überlegenheit an der entscheidenden Stelle kann im Ernstfall den Sieg bringen.

Viele halten es mit A. v. Schlieffens Motto: *„Die beste Verteidigung ist der Angriff!“* (Weil griffiger, oft zitiert als: Angriff ist die beste Verteidigung*) aus *„Krieg in der Gegenwart“* (1908).

Zum erfolgreichen Angriff (also zum Sieg) gehört – wie schon erwähnt – eine gewisse Überlegenheit. Es muss sich dabei nicht um eine absolute Überlegenheit handeln, die selten vorhanden ist, eine relative oder partielle an der entscheidenden Stelle kann im Ernstfall den Sieg bringen.
Diese relative Überlegenheit kann z.B. durch das Mittel der Überraschung erreicht werden. Diese Strategie ist alt und bewährt. Von Schlägern und Straßenkämpfern auf der ganzen Welt wird sie täglich mit Erfolg eingesetzt, so dass der Autor **dagegen** sein (inzwischen oft kopiertes) *Blitz*Defence-Programm entwickelt hat.

Auch im erweiterten Zweikampf, dem Krieg, hat der Blitzangriff sich (wenn auch nie langfristig) bewährt. Japan wandte ihn 1941 gegen das mächtige Amerika (Pearl Harbour) an; Israel 1967 im 6-Tage-Krieg. Und nicht ohne Grund fand das deutsche Wort *Blitzkrieg* Eingang in die amerikanische Sprache.

Schon der eigenwillige Schwertkämpfer Miyamoto Musashi schrieb im *„Buch der fünf Ringe“* über den Angriff: *„Dies ist eins der wichtigsten Dinge in der Strategie. Denn du kannst durch den Angriff den Kampf schnell für dich entscheiden.“*
Friedrich der Große in *„Betrachtungen über die Feldzugspläne“* (1775) gibt einen ähnlichen Rat: *„Haltet stets als Grundsatz fest, die Offensive an Euch zu reißen, sobald sich eine Gelegenheit bietet. Dahin müssen alle Eure Operationen zielen.“*
Mao Tse-tung hielt dies für die *„... einzig völlig korrekte These ..., dass eine Revolution oder ein revolutionärer Krieg eine Offensive ist.“*

* Auch der ersten Band der *Blitz*Defence-Reihe des Autors heißt, dem Volksmund folgend, deshalb griffiger und provozierender: „Angriff ist die beste Verteidigung“.

Mao schrieb: *„Soweit mir bekannt ist, gibt und gab es weder in China noch im Ausland ein militärisches Handbuch von Wert oder einen ernst zu nehmenden Militärexperten, der sowohl in strategischen als auch in taktischen Fragen eine passive (= reine) Verteidigung nicht völlig abgelehnt hätte. Nur ein Narr oder ein Verrückter würde den Begriff der passiven Verteidigung wie einen Talisman hegen und pflegen."*

Der Angriff als beste Verteidigung wird z.B. im japanischen Iaido (Schwertziehen) ebenso praktiziert wie einst von den Gunmen des amerikanischen Westens.

Dass der Angriff die beste Verteidigung ist, bewies Ihnen schon rechnerisch mein Kapitel *„Reine Glückssache – Weshalb herkömmliche Selbstverteidigungsmethoden nicht funktionieren können"*. 0,10 bis 0,20 Sekunden für einen Angriff gegenüber 0,25 bis 0,90 Sekunden für die Abwehr einer herkömmlichen Methode sprechen eine deutliche Sprache.

An sich wäre der Fall jetzt klar, aber Sie und ich sind gesetzestreue Bürger und keine Schläger. Deshalb

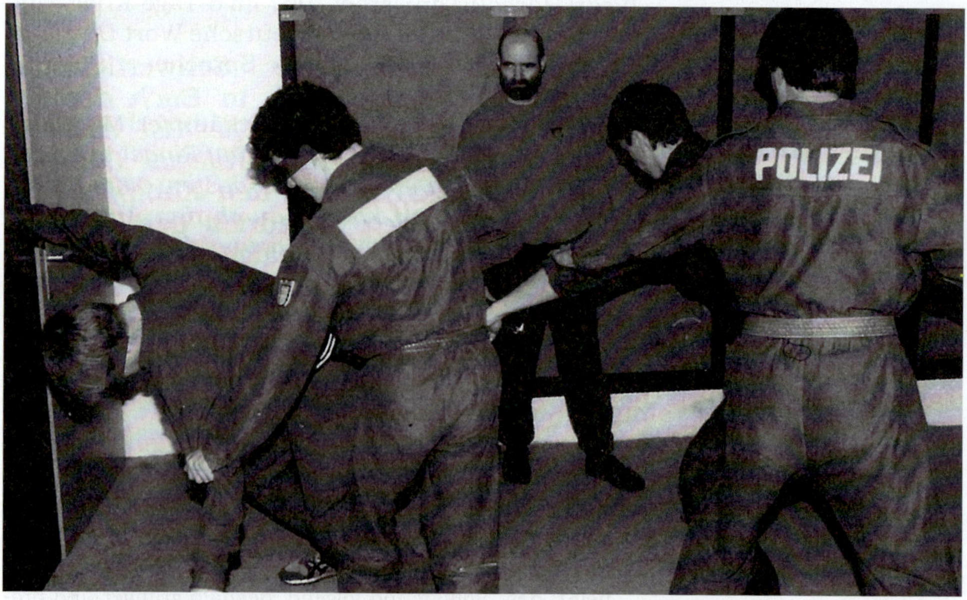

Der Autor unterrichtet int. Geiselbefreiungsteams – hier Beamte des SEK.

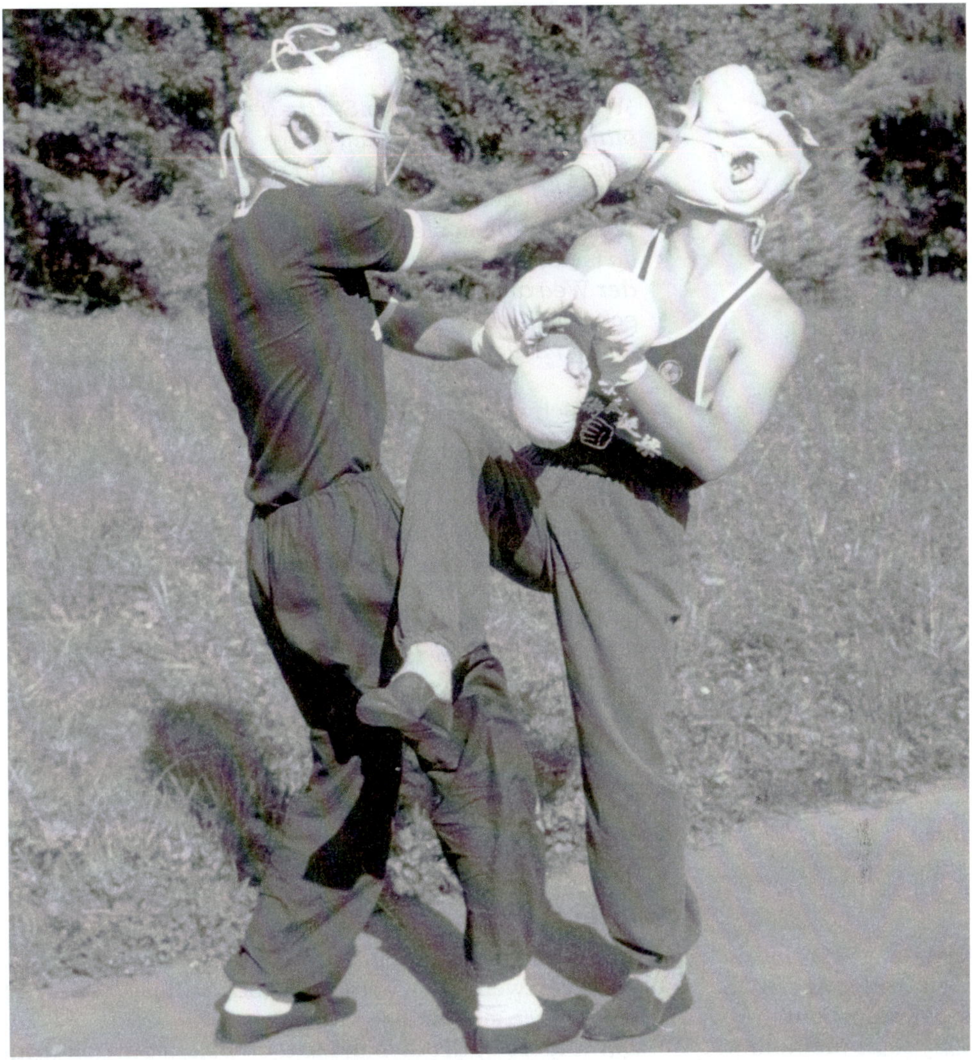

Die aggressive Verteidigung

Die reine Angriffsmethode ist für die legale Selbstverteidigung nicht verwendbar.

ist die Angriffsmethode *in ihrer puren Form** für die Selbstverteidigung nicht verwendbar, und die Gerichte erkennen eine präventive Notwehr im Allgemeinen nicht an, obwohl sie für die oder den Schwächere(n) die erfolgversprechendste Strategie darstellt.

* Deshalb hat der Autor im vom WT abgeleiteten *Blitz*Defence (vereinfachte WT-Technik plus Rollenspiele usw.) das Selbstverteidigungsverhalten den rechtlichen Erfordernissen angepasst.

Unsere Lösung: Die aggressive Verteidigung

„Wer aber gegen einen Stärkeren, dem er nicht lange standhalten kann, Krieg führt, der ist eher genötigt, alles auf sein Glück oder auf den günstigen Ausgang einer Schlacht zu setzen …
Wer den günstigsten Zeitpunkt versäumt und saumselig ist, entzieht sich selbst die Mittel zum Sieg, zu dem der Weg am kürzesten ist, wenn alles rechtzeitig und schnell durchgeführt wird. Wo der Feind am schwächsten ist, soll man ihn am ehesten aufsuchen.“

Je länger der Kampf, desto größer die Wahrscheinlichkeit, dass Sie getroffen werden.

L. v. Schwendi hat es klar im *„Kriegsdiskurs“* (nach 1550) formuliert: Je länger der Kampf, desto größer die Wahrscheinlichkeit, dass Sie getroffen werden und unterliegen. Da wir vom Ernstfall und nicht von einem sportlich fairen Vergleich sprechen, meint „unterliegen“, dass Sie unten liegen und der Gegner Ihnen „Elfmeter“ an den Kopf schießt.
Es liegt deshalb in Ihrem Interesse, besonders wenn Sie der Schwächere sind, dass der Kampf *„blitz*artig“ zu Ihren Gunsten entschieden wird.

„Kuen Mo Lai Yeung!“ Im Kampf darf man nicht warten, bis der Gegner angreift. Wörtlich übersetzt lautet dieses alte chinesische WT-Motto: *Man darf nicht höflich sein, d.h. dem Gegner nicht den Vortritt lassen.*

Worauf beruht der Erfolg dieser Methode?

Der Gegner macht Anstalten, Sie anzugreifen. Er erwartet, dass Sie ängstlich vor ihm zurückweichen. Aber das Gegenteil ist der Fall. Das vermeintliche Opfer geht auf den Angreifer los. Der geschockte Angreifer wird in die Verteidigerrolle gedrängt, auf die er nicht vorbereitet ist. Durch sein beherztes (weil verzweifeltes) Vorgehen macht der Vorwärtsverteidiger sich selbst Mut.
Der andere spürt diesen Mut, er weicht zurück und dieses Zurückweichen macht ihm Angst. Dadurch steigt der Mut des aggressiven Verteidigers umso mehr.

Um dem Schüler die Gefahr des Wartens zu verdeutlichen, gibt es in meinem 4. WT-*Blitz*Defence-Programm eine Übung, bei der man dem Gegner den Vortritt lassen *soll.* In der Nahdistanz wird dem *Schüler* dann ganz schnell klar, dass er im Ernstfall nicht warten *darf,* wenn er eine Chance haben will.

„Stelle die Truppen so auf, dass es kein Entkommen für sie gibt. Selbst im Angesicht des Todes werden sie nicht fliehen. Sie sind zum Sterben bereit. Was können sie nicht vollbringen?“
Sun Tsu in *„Die Kunst des Krieges“*

An anderer Stelle:

Verteidigung mit gleichzeitigem Angriff

„Der General soll seine Truppen in eine verzweifelte Ausgangslage bringen. Er führt sie tief ins feindliche Territorium und es gibt keine Möglichkeit der (kampflosen) Rückkehr. Er lässt die Boote verbrennen und die Kochtöpfe zerschlagen. ...
Sie treffen auf den Feind und er (der General) *schneidet ihnen den Rückweg ab, als ob er unter ihnen die Leiter wegzieht."*

Schwimm oder ertrink! Sie haben keine Gelegenheit, Angst zu bekommen.

Der General ist in Ihrem Kopf. Er schickt Sie Ihrem Angreifer mitten in den Angriff hinein. Dort heißt es „Schwimm oder ertrink!" Auf diese Weise haben Sie keine Gelegenheit, Angst zu bekommen. Angst, die Sie lähmt, Ihnen die Knie weich macht und Sie an jeder Verteidigung hindert.

Nun werden Sie vielleicht einwenden: „Was nützt es mir vorzugehen, wenn ich nicht mehr Chancen habe als die Maus, die die Katze angreift?"
Nun, der Gegner mag Ihnen körperlich weit überlegen sein, aber so krass wie im Falle Katze und Maus dürfte das Verhältnis zwischen Menschen nicht sein. Wohl eher wie ein Kampf zwischen einer schwachen und einer starken Maus. Solch eine körperliche Überlegenheit können Sie aber durch entsprechende Strategie und Taktik ausgleichen, besonders wenn Sie mit Überraschung und List operieren.

Folgen Sie dem Alten Fritz, der da sagte:
„Versucht bei jeder Gelegenheit, Bewegungen und Untersuchungen zu machen, auf die der Feind nicht gefasst ist. Das ist das sicherste Mittel zum Erfolg. Die Eröffnung eines Feldzuges muss für den Feind gleichermaßen ein Rätsel sein. Er darf nicht ergründen, wo Eure Truppen vordringen sollen und welchen Plan Ihr verfolgt."

Vorher muss ich aber Ihre moralischen und juristischen Bedenken zerstreuen, diese wirksamste aller Methoden, die Überraschung, anzuwenden. Machen Sie es sich zur Maxime, nur zu kämpfen, wenn das Recht auf Ihrer Seite ist und es keinen anderen Weg gibt, denn:
„Kein Unglück ist größer als leichtfertig Kriegen."
Laotse

Moralische und juristische Überlegungen

Machen Sie sich genauestens vertraut mit den gesetzlichen Bestimmungen der Notwehr und machen Sie sich bewusst, welche Folgen eine nicht durch Notwehr gebotene Verletzung Ihres Kontrahenten (Strafe, Rente usw.) nach sich ziehen kann.

*Sie **dürfen** juristisch und **müssen** selbstverteidigungstechnisch mit Ihrer Verteidigung einsetzen, sobald der Angriff beginnt. Das heißt z.B. wenn der Gegner zum Schlag ausholt...*

Juristisch für die Notwehr entscheidend ist die Frage, **wo** der Angriff beginnt. Der Gesetzgeber verlangt von Ihnen nicht, dass Sie warten, bis die Faust des Übeltäters Ihnen das Nasenbein gebrochen hat. Sie **dürfen** juristisch und *müssen* selbstverteidigungstechnisch mit Ihrer (bitte verhältnismäßigen) Verteidigung einsetzen, sobald der Angriff *beginnt,* das heißt z.B., wenn der Gegner zum Schlag *ausholt,* zum Tritt sein Gewicht verlagert oder zur Angriffsvorbereitung die Distanz in deutlich erkennbarer feindlicher Absicht verändert. Distanz spielt im Kampf die entscheidende Rolle. Haben Sie ein Scharfschützengewehr und der Gegner eine kurzläufige Faustfeuerwaffe, können Sie es sich leisten, den Revolvermann bis auf eine gewisse Distanz an sich herankommen zu lassen. Wenn er aber in die für ihn effektive Revolverschussentfernung gekommen ist, wird es für eine sichere Verteidigung (Stoppschuss) eigentlich schon zu spät sein.

Wer ging auf wen zuerst los?

Ein wichtiger Punkt bei der Entscheidung, *wer* Angreifer und *wer* Verteidiger ist, wird die Frage sein: Wer ging *zuerst* auf wen los? Um dieses eindeutig zu klären, **empfehle ich meinen Schülern, *zunächst einmal demonstrativ zurückzugehen,* um auch den Zeugen zu dokumentieren, dass kein Angriffswille ihrerseits besteht.** Dringt ihr Gegner jetzt in eindeutiger Absicht auf sie ein, ist klar, wer der Angreifer und wer der Verteidiger ist (im Verlaufe des Kampfes werden die Rollen Angreifer und Verteidiger technisch – aber nicht notwendigerweise juristisch gesehen – ständig wechseln, da es in der Praxis keinen Angriff ohne defensive und keine Verteidigung ohne offensive Elemente gibt).

Sie sollten sich davor hüten, die Notwehr zu überschreiten. Sobald der Angreifer keine Bedrohung mehr darstellt, muss Ihre Selbstverteidigung abgeschlossen sein.

Aber Sie sollten sich davor hüten, die Notwehr zu überschreiten. Sobald der Angreifer keine Bedrohung mehr darstellt, ist Ihre Selbstverteidigung abgeschlossen.

Wer auf den Beginn des Angriffes warten will oder muss, braucht ein gutes Entfernungsgefühl.
Ist der Gegner in einer Distanz, dass er – ohne einen Schritt zu machen – wirkungsvoll angreifen kann, ist eine perfekte Vorkampf-Position, Erfahrung und das Lesen von Körpersprache unerlässlich.

Um sich einwandfrei als Verteidiger ausweisen zu können, müssen Sie *auf den Beginn des Angriffes warten.*
Dann aber müssen Sie wie ein Sprinter vom Startblock in diesen Angriff hinein. Sie sollen dem Gegner, der vor Ihnen mit dem Schlag beginnt, mit Ihrem eigenen Stoß zuvorkommen. „Beat him to the punch!" würde der Angelsachse sagen. In der Sprache der Fechter nennt man ähnliches Verhalten wohl: Kavation ins Tempo, Coupé ins Tempo, Gegenstoß, Arrêtstoß, Sperrstoß, Prise de Fer usw. Man versteht darunter das Ausnutzen und Hineingehen in direkte Angriffshandlungen oder unmittelbar angriffsvorbereitende Handlungen.
Wie Sie vorgehen können, ohne in den Angriff des Gegners zu laufen, erfahren Sie auf später folgenden Seiten.

Alarmstufe Rot:
Gefährlicher Angriff mit einem Messer

Was Sie nicht unbedingt wissen müssen

Sollten zwei oder mehrere Personen in eine Auseinandersetzung geraten und einer der Kontrahenten wird dabei verletzt, so liegt im Sinne des Strafgesetzbuches (StGB) eine Körperverletzung vor. Folgende Paragraphen können dabei berührt werden:

§ 223 Körperverletzung
(1) Wer einen anderen körperlich misshandelt oder an der Gesundheit beschädigt, wird mit Freiheitsstrafe bis zu drei Jahren oder mit Geldstrafe bestraft.
(2) Ist die Handlung gegen Verwandte aufsteigender Linie* begangen, so ist auf Freiheitsstrafe bis zu fünf Jahren oder auf Geldstrafe zu erkennen.

* d.h. Eltern, Großeltern

§ 223a Gefährliche Körperverletzung
(1) Ist die Körperverletzung mittels einer Waffe*, insbesondere eines Messers oder eines anderen gefährlichen Werkzeugs* oder mittels eines hinterlistigen* Überfalls oder von anderen gemeinschaftlich oder mittels einer das Leben gefährdenden Behandlung begangen, so ist die Strafe Freiheitsstrafe bis zu fünf Jahren oder Geldstrafe.
(2) Der Versuch ist strafbar.

* *Waffe*: Gegenstand, dessen Zweckbestimmung die Verletzung eines Menschen ist.
* *gefährliches Werkzeug*: Gegenstand, der zur Verletzung eines Menschen geeignet ist (Schere, Regenschirm).
* *hinterlistig*: Opfer ist bis zum letzten Moment ahnungslos.

§ 224 Schwere Körperverletzung
(1) Hat die Körperverletzung zur Folge, dass der Verletzte ein wichtiges Glied des Körpers, das Sehvermögen auf einem oder auf beiden Augen, das Gehör, die Sprache oder die Zeugungsfähigkeit verliert oder in erheblicher Weise dauernd entstellt wird oder in Siechtum, Lähmung oder Geisteskrankheit verfällt, so ist auf Freiheitsstrafe von einem Jahr bis zu fünf Jahren zu erkennen.
(2) In minder schweren Fällen ist die Strafe Freiheitsstrafe bis zu fünf Jahren oder Geldstrafe.

§ 225 Beabsichtigte schwere Körperverletzung
(1) War eine der vorbezeichneten Folgen beabsichtigt und eingetreten, so ist auf Freiheitsstrafe von zwei bis zu zehn Jahren zu erkennen.
(2) In minder schweren Fällen ist die Strafe Freiheitsstrafe von sechs Monaten bis zu fünf Jahren.

§ 226a Einwilligung des Verletzten
Wer eine Körperverletzung mit Einwilligung des Verletzten vornimmt, handelt nur dann rechtswidrig, wenn die Tat trotz der Einwilligung gegen die guten Sitten verstößt.

§ 226 Körperverletzung mit Todesfolge

(1) Ist durch die Körperverletzung der Tod des Verletzten verursacht worden, so ist auf Freiheitsstrafe nicht unter drei Jahren zu erkennen.
(2) In minder schweren Fällen ist die Strafe Freiheitsstrafe von drei Monaten bis zu fünf Jahren.

§ 227 Beteiligung an einer Schlägerei

Ist durch eine Schlägerei oder durch einen von mehreren gemachten Angriff der Tod eines Menschen oder eine schwere Körperverletzung (§ 224) verursacht worden, so ist jeder, welcher sich an der Schlägerei oder dem Angriff beteiligt hat, schon wegen dieser Beteiligung mit Freiheitsstrafe bis zu drei Jahren oder mit Geldstrafe zu bestrafen, falls er nicht ohne sein Verschulden hineingezogen worden ist.

§ 230 Fahrlässige Körperverletzung

Wer durch Fahrlässigkeit die Körperverletzung eines anderen verursacht, wird mit Freiheitsstrafe bis zu drei Jahren oder mit Geldstrafe bestraft.

§ 232 Strafantrag

(1) Die vorsätzliche Körperverletzung nach § 223 und die fahrlässige Körperverletzung nach § 230 werden nur auf Antrag verfolgt, es sei denn, dass die Strafverfolgungsbehörde wegen des besonderen öffentlichen Interesses an der Strafverfolgung ein Einschreiten von Amts wegen für geboten hält. Stirbt der Verletzte, so geht bei vorsätzlicher Körperverletzung das Antragsrecht nach § 77 Abs. 2 auf die Angehörigen über.
(2) Ist die Tat gegen einen Amtsträger ..., so kann auch der Dienstvorgesetzte den Strafantrag stellen.

§ 233 Wechselseitig begangene Straftaten

Wenn Körperverletzungen nach § 223 mit solchen, Beleidigungen mit Körperverletzungen nach § 223 oder letztere mit ersteren auf der Stelle erwidert werden, so kann das Gericht für beide Angeschuldigte oder für einen derselben die Strafe nach seinem Ermessen mildern (§ 49 Abs. 2) der von Strafe absehen. Satz 1 gilt entsprechend bei fahrlässigen Körperverletzungen nach § 230, soweit nicht eine der in § 224 bezeichneten Folgen verursacht ist.

Finanzielle Folgen

Erhebliche Kosten können im Falle einer Verurteilung auf Sie zukommen.

Sollte eine Verurteilung wegen eines der oben genannten Paragraphen erfolgen, kommen auf den Verurteilten erhebliche finanzielle Kosten zu. Er hat in der Regel die gesamten Gerichts- und Anwaltskosten zu tragen. Darüber hinaus kann der Verletzte zivilrechtliche Ansprüche geltend machen. Er hat Anspruch auf Schmerzensgeld, und der Verurteilte muss u.U. die eventuell entstandenen Arzt- und Krankenhauskosten des Verletzten bezahlen. Sollte das Opfer durch die Tat dauernd geschädigt sein (z.B. Frühinvalide werden), so muss der Täter u.U. eine lebenslange Rente an das Opfer zahlen.

Die Notwehr

§ 32 Notwehr
(1) Wer eine Tat begeht, die durch Notwehr geboten ist, handelt *nicht* rechtswidrig.
(2) Notwehr ist die *Verteidigung,* die *erforderlich* ist, um einen *gegenwärtigen, rechtswidrigen Angriff* von sich oder einem anderen *abzuwenden.*

Wer sich gegen einen rechtswidrigen, gegenwärtigen Angriff zur Wehr setzt und dabei den Angreifer verletzt, kann wegen Notwehr freigesprochen werden, da er gemäß Abs. 1 nicht rechtswidrig gehandelt hat. In diesem Fall entfallen auch alle zivilrechtlichen Ansprüche des verletzten Angreifers.

Die drei Distanzen einer körperlichen Auseinandersetzung

1. Lange Distanz *(Füße)*

Hier ist ein Angriff mit der Langstreckenwaffe des menschlichen Körpers, also mit dem Bein, zu erwarten.

Können Sie mit dem vorderen oder hinteren Bein weiter treten?

Der Mensch hat zwei Beine. Nehmen wir einmal an, er hat sein linkes Bein etwas vorgestellt, mit welchem Fuß kann er nun am weitesten nach vorne treten? Mit dem vorderen oder dem hinteren?
Viele Leute, auch Fachleute, gaben hier auf Anhieb die falsche Antwort. Natürlich hat das hintere Bein die größere Reichweite! Probieren Sie es doch einmal aus.

Mit welcher Art von Tritt haben Sie die größte Reichweite?

Und mit welchem Tritt kann man die größte Distanz überwinden? Mit einem hohen Tritt zum Kopf, einem mittleren Tritt zum Körper oder mit einem tiefen Tritt zum Fußgelenk?
Ein Eigenversuch wird Ihnen zeigen, dass Sie am weitesten kommen, wenn Sie in Höhe Ihres eigenen Hüftgelenkes – also parallel zum Boden – treten!

Und *welche* Art von Tritt hat die größte Reichweite? Wir wollen auf asiatische Fachausdrücke verzichten und sagen deshalb geradlinige (seitliche) Tritte mit vorgeschobener Hüfte.

Fassen wir also zusammen: Die menschliche Langstreckenwaffe mit maximaler Reichweite ist ein geradliniger Tritt in Hüfthöhe. Wenn Ihr Gegner Sie mit diesem Tritt effektiv treffen kann, befinden Sie sich in seiner langen Distanz. Ich betone in *seiner* langen Distanz, denn vielleicht sind Sie sehr viel kleiner und mit sehr viel kürzeren Beinen ausgestattet. Dann könnte er Sie schon lange treffen, bevor Sie ihn mit dem Fuß erreichen können, das heißt, bevor er innerhalb *Ihrer* langen Distanz ist.

Wenig Kraft reicht aus, um mit einem Tritt Ihr Knie zu brechen.

Stehen Sie übrigens selbst mit einem Bein vorne, wird der erste Angriff eines gefährlichen Gegners unbedingt dem Knie Ihres vorderen Beines gelten. Wenig Kraft reicht aus, um es zu brechen!

Der geradlinige (seitliche) Tritt mit vorgeschobener Hüfte und in Hüfthöhe hat die größte Reichweite. Mit tieferen oder höheren Tritten kommt man nicht so weit. Wenn Sie also außerhalb der Reichweite dieses Trittes sind, befinden Sie sich in sicherer Distanz. Jeder Schritt Ihres Gegners, aber auch entsprechende Gewichtsverlagerungen zwingen Sie zu Angriff oder Flucht, d.h., Sie müssen vor oder zurück. Wie Sie später lesen werden, sieht der Autor die besten Chancen im Vorgehen.

Die richtige Distanz bei den Stachelschweinen

Das Problem liegt darin, die mäßige Entfernung herauszufinden, in der sie es am besten aushalten können.

Schopenhauer

Im Gleichnis von den Stachelschweinen verletzen sich die Schweine gegenseitig mit ihren Stacheln, wenn sie in der Kühle der Nacht zu nahe aneinanderrücken. Entfernen sie sich aber zu weit voneinander, dann frieren sie.

2. Mittlere Distanz *(Hände)*

Mit welcher Handtechnik haben Sie die größte Reichweite?

Hier ist ein Angriff mit der Mittelstreckenwaffe des menschlichen Körpers, also mit der Hand zu erwarten. Und mit welcher Handtechnik hat Ihr Gegner die größte Reichweite? Natürlich mit einem Stoß oder Schlag mit den Fingern. Und in welcher Höhe? Natürlich in seiner Schulterhöhe (was leider *Ihrer* Kehlkopf-, Halsschlagader- bzw. Augenhöhe entsprechen kann, wenn der Gegner etwas größer ist).

3. Kurze Distanz *(Ellbogen, Knie, Kopf)*

Hier ist ein Angriff mit den Kurzstreckenwaffen des menschlichen Körpers zu erwarten. Ganz besonders müssen Sie hier mit dem Einsatz von Ellbogen und Knien rechnen. Aber auch Stöße mit dem Kopf (sog. „Kopfnüsse") sind in einigen Kreisen verbreitet. Gefasst sein sollten Sie auch sein auf Greifen, Würgen, Hebeln und jede Art von Brechen des Gleichgewichts (Werfen).

Der Grenzübertritt

Sind Sie so weit von Ihrem Gegner entfernt, dass er Sie mit seiner längsten Waffe nicht unmittelbar (d.h. nicht ohne einen Schritt zu machen) erreichen kann, befinden Sie sich in sicherer Distanz.

Gehen Sie weiter vor, nähern Sie sich zuerst der Grenze, die wir die lange Distanz nannten. Danach folgt die mittlere und dann die kurze Distanz.

„Erkenne den Feind und erkenne dich selbst, dann gibt es keine Gefahr in hundert Schlachten."
Sun Tzu
„Kunst des Krieges"

Alle diese Distanzen (Entfernungen, Mensuren) sind nicht konstant, sondern verschieden je nach den Körpermaßen (Arm- und Beinlängen) des jeweiligen Gegners. Es empfiehlt sich deshalb durch entsprechendes Üben, ein gutes Distanzgefühl zu entwickeln.

Die Faust in der mittleren Distanz

Knieeinsatz in der kurzen Distanz

Was WT mit Schach und Tennis gemeinsam hat

„Schach ist ein Spiel, bei dem es Angriff und Verteidigung gibt. Man zieht die Figuren so, dass der König geschützt ist. Und dann zieht man nach vorne zur Mittellinie des Schachbretts, die einem Fluss ähnelt. Hier gibt es eine Brücke und man macht sich daran, diese Brücke zu überqueren. Wenn man beim Schach zu defensiv spielt und nur darauf wartet, dass der Gegner angreift, wird es schwer. Die Kunst besteht in der Kombination aus Verteidigung und gleichzeitigem Angriff. Und genauso spielt man Tennis. Durch Schach kann ich eine Menge lernen für mein Tennis und mein Leben.“

Bob Brett, 1987 Trainer von Boris Becker

Sepp Herberger und die Überbrückung des Mittelfeldes

Sepp Herberger gab wohl die kürzeste und treffendste Definition vom Wesen des Fußballspieles: *„Erstens Tore verhüten, zweitens Tore schießen!“*

Kämpfen ist erstens Treffer verhindern, zweitens Treffer erzielen.

So darf ich für den Zweikampf formulieren: *„Kämpfen ist erstens Treffer verhindern, zweitens Treffer erzielen!“*

Hier hört die Parallele aber noch keineswegs auf. In einem Lehrbuch für Fußball las ich folgende bemerkenswerte Sätze:

Das Geheimnis liegt in der Überbrückung des Mittelfeldes.

„Das Geheimnis des heutigen Fußballspiels liegt im möglichst schnellen Wechsel von der Abwehr in den Angriff, das heißt in der Überbrückung des Mittelfeldes. Je schneller dieser Wechsel vonstatten geht, um so schneller wird das Spiel. Je öfter es gelingt, in Ballnähe einen Mann mehr zu haben, umso gefährlicher gerät ein Angriff und umso erfolgreicher gestaltet sich die Abwehr.“

Man vergleiche diese Sätze mit E. Ogurenkos *„Der Nahkampf im Boxen“*: *„Aus der Erfahrung der besten Könner des Nahkampfes sowie aus meiner persönlichen Erfahrung lässt sich der Schluss ziehen, dass jeder Boxer in der Nahkampfdistanz danach streben muss, die Initiative an sich zu reißen, den Gegner seinen Handlungen zu unterwerfen und ihn zu zwingen, vom Angriff zur Verteidigung überzugehen.“*

Eben darum geht es auf den folgenden Seiten:

- wie man als Verteidiger offensiv wird,
- wie man den Abstand zwischen sich und dem Gegner sicher überbrückt,
- wie man in die Nähe des Gegners kommt, um in Abwehr und Gegenangriff erfolgreich zu sein.

Wie schützt man sich vor den Langstreckenwaffen?

Beim Überschreiten der langen Distanz geraten Sie sofort in den Bereich des hinteren gegnerischen Beines. Ein geschulter Kampfsportler kann sehr schnell und kraftvoll treten. Die größten und kräftigsten Muskeln (Gesäß und Beine) beschleunigen den Fuß. Deshalb ist ein direkter Tritt an Bein, Körper oder Kopf oft kampfentscheidend. Geübte Tretkünstler können die genaue Art und das Ziel ihres Trittes bis zum letzten Augenblick verschleiern, so dass eine sichere Tritterkennung oft schwerfällt.

„Es ist klar, dass unsere Tirailleure weit weniger verlieren werden, wenn sie sich rasch auf den Feind werfen, als wenn sie feuernd stehen bleiben. Sie verwickeln dadurch die feindlichen Schützen in einen persönlichen Kampf, der ihre Feuerwirkung momentan aufhören lässt … Auch der gemeine Mann wird sich davon überzeugen, dass er beim raschen Anlauf weniger wagt als beim Stehenbleiben."
H. von Moltke
„Über die Grundsätze der Kriegs- und Gefechtsführung" (1860)

Befindet sich der Treterich schon in Reichweite, das heißt innerhalb der mittleren oder langen Distanz, so ist ein schneller und kräftiger Tritt nur noch mühsam und mit viel Kraft- und Materialaufwand (lädierte Unterarme vom Blocken) abwehrbar.

Generell gibt es zwei Möglichkeiten, nicht vom Tritt getroffen zu werden

1. Sie begeben sich schnell außerhalb der Reichweite des Trittes. Dies muss im letzten Augenblick geschehen (danach sofort vorgehen).

   Ich halte von dieser Lösung wenig, da das Zurückweichen Ihnen den Mut nimmt, so dass Sie auch ein zweites oder drittes Mal flüchten werden. Und bekanntlich läuft Ihr Gegner schneller vorwärts als Sie rückwärts (sonst würden alle 100-Meter-Läufer rückwärts laufen!). Sie werden immer ängstlicher, Ihr Gegner bekommt immer mehr Schwung und wird schneller und mutiger. Das Ende ist furchtbar – für Sie!

2. Man geht so dicht an den Gegner heran, dass diesem der Raum zum Treten genommen wird.

   Diese Lösung klingt banal, ist aber die beste und einfachste.

Noch nicht Gekommenem ist leicht zuvorzukommen!

Man löst Probleme am besten, **bevor** *sie entstehen.*

Man besiegt den Feind, **bevor** *er zur ernsten Bedrohung wird.*

Dieser taoistischen Weisheit Laotses folgend sollten Sie nicht versuchen, den Tritt abzuwehren. Sie sollten vielmehr versuchen, ihn zu verhindern. Der wohl älteste und gleichzeitig modernste militärische Denker Sun Tsu (500 v.Chr.) schrieb in seinem Kapitel über offensive Strategie sinngemäß:

„Das höchste Können zeigt nicht, wer hundert Siege in hundert Schlachten erringt, sondern wer kampflos den Feind besiegt. Deshalb ist es von größter Bedeutung im Kriege, die Strategie des Feindes anzugreifen … Man löst Probleme am besten, **bevor** *sie entstehen. Man besiegt den Feind, bevor er zur ernsten Bedrohung wird"*

„Die Römer taten … das, was alle klugen Staatsführer tun sollten: Sie haben nicht nur auf die augenblicklichen Gefahren achtzugeben, sondern müssen auch den zukünftigen vorbeugen und diesen mit aller Energie begegnen; denn man kann leicht heilen, was man lange vorhersieht; wartest du aber bis dich das Übel bedrängt, dann gibt es kein Mittel mehr dagegen, weil die Krankheit unheilbar geworden ist."
Machiavelli
„Der Fürst"

Wie aber verhindert man einen Tritt, bevor er entsteht? Wenn der Treterich schon in der kritischen Distanz steht, so dass er ansatzlos (d.h. ohne Gewichtsverlagerung) treten kann, stehen die Chancen schlecht für Sie. Deshalb lege ich so viel Wert darauf, dass Sie Distanzgefühl entwickeln. Sie sollten so weit vom Treterich entfernt sein, dass er Sie nicht treffen kann, ohne einen kleinen Schritt zu machen oder sein Gewicht zu verlagern.

Wenn der Treterich sein Gewicht auf dem hinteren Bein hat, kann er nur mit dem vorderen treten, d.h., seine Reichweite ist nicht sehr groß. Entsprechend dicht können Sie die Mensur (den Abstand) bemessen.

Macht er Anstalten, sein Gewicht auf das vordere Bein zu verlagern, ist das für Sie wie ein Startschuss zum Sprint; denn jetzt ist seine Reichweite (mit dem hinteren Bein) erheblich größer, so dass es für Sie nur zwei Möglichkeiten gibt: hinein oder heraus. Wie Sie wissen, plädiere ich für hinein!

Ebenfalls müssen Sie vorgehen, sobald der potentielle Kicker mit dem vorderen oder hinteren Bein einen Schritt macht, um den Abstand zu verringern.

Der Autor demonstriert vor Ju-Jutsu-Schwarzgurten die WT-Universallösung (in Form eines Trittes) gegen alle unbewaffneten Angriffe – in der Nahdistanz

Wie man vorgeht

Während des Vorgehens müssen die leicht verletzlichen Punkte unseres Körpers optimal geschützt sein. Dies gilt z.B. für die Genitalien, die beim Schritt nicht ungedeckt bleiben dürfen, aber auch für den Kopf und die restlichen Schwachstellen (der Witz ist beabsichtigt) des Körpers. Auch darf die Schrittmethode nicht für Fußfeger oder Tritte ins Knie anfällig sein.

Die Methode des Hineingehens mit entsprechender Deckung muss möglichst gegen *alle* Arten von Tritten ohne größere Modifikationen funktionieren; denn es ist – wie schon ausgeführt – schwierig bis unmöglich, die Trittrichtung eines Kick-Experten vorher zu bestimmen.

Beim Vorgehen **kann** *man getroffen werden. Beim Stehenbleiben oder Zurückgehen* **muss** *man getroffen werden!*

Lösungen

a) Während des Vorgehens müssen die Arme den Oberkörper (Taille bis Kopf) optimal schützen.
b) Das vorgehende Bein selbst muss den Unterkörper (besonders Genitalien und Beine) schützen.
c) Das vordere Bein darf beim Schritt (beim Aufsetzen) möglichst nicht mit dem Körpergewicht belastet werden, damit Fußfeger das Gleichgewicht und Tritte das Kniegelenk nicht zerstören können.
d) Wenn Kontakt mit dem Gegner entsteht, sollen möglichst alle seine potentiellen Angriffswaffen sofort unter Kontrolle gebracht werden.

Anmerkung

Statische Gegner werden immer seltener, z.Z. ist „lockeres Hin- und Herhüpfen“ in.

Wenn der Gegner statisch kämpft, ist es oft günstig, außen von seinem vorderen Bein seine sog. *blinde* Seite anzugreifen. Aber statisch kämpfende Gegner werden immer seltener, so dass Sie meistens keine

Gelegenheit haben zu entscheiden, mit welchem Bein Sie vorrücken wollen. Auch kostet Sie jede Entscheidung – wie Sie im Kapitel *„Reine Glückssache"* nachlesen können – die Entscheidungsschritt-Taktzeit von 180 m/s.

Der General gehört auf den Feldherrenhügel

Es soll immer noch Gegenden geben, wo die Männer in gehörigem Abstand hinter den Frauen hergehen, damit diese für sie die Tretminen „entdecken". Ebenso sehe ich gelegentlich Eltern, die zwischen parkenden Autos die Straße sicher überqueren wollen, indem sie den Kinderwagen samt Nachwuchs wie ein Schutzschild vor sich herschieben. Man nennt diese Methode „Fahren nach Gehör".

Während in der guten alten Zeit die gemeinen Soldaten in Schlachtreihe zum Trommelklang auf die Schlachtreihe der feindlichen Soldaten stießen und man sich gegenseitig niedermetzelte, beobachteten die Generäle aus sicherer Entfernung von ihren jeweiligen Feldherrenhügeln aus die Materialschlacht.

Der General hat nichts in der Schlacht zu suchen. Sicher der unmittelbaren Gefahr entrückt und frei von trivialen Details muss er kühlen Kopf und den Überblick behalten, um Strategien und Taktiken zu entwickeln.

„Der Kriegsherr soll sich im Felde nicht leichtsinnig in Gefahr begeben, denn seine Person ist die Seele des Heeres."
L. v. Schwendi
„Kriegsdiskurs"

So sehr wir solche Verhaltensweisen auch missbilligen, so sehr können wir davon lernen: Der General hat nichts in der Schlacht zu suchen. Sicher der unmittelbaren Gefahr entrückt und frei von trivialen Details muss er kühlen Kopf und den Überblick behalten, um Strategien und Taktiken zu entwickeln.

Das kennen wir doch aus unserer Kinderzeit vom Indianerspielen: Ist der Häuptling tot oder gefangen genommen, ist jede Kampfhandlung beendet. Das Gleiche gilt für die Selbstverteidigung. Ist der Kopf, unsere Denk- und Befehlszentrale, getroffen, versagen Arme und Beine *„schlagartig"* den Dienst. Deshalb sollten Sie es den Kopfnuss-Spezialisten überlassen, mit ihrem Kopf ins direkte Kampfgeschehen einzugreifen.
Benutzen Sie ihn lieber zum Denken und nicht als Vorschlaghammer. Nehmen Sie ihn bei potentiellem Schlagabtausch weit zurück und halten Sie es mit

dem berühmten chinesischen WT-Großmeister Yip Man, der seinen Schülern immer wieder einimpfte, sie sollten sich vorstellen, ihr Kopf sei aus Glas. Mich hat das so sehr überzeugt, dass ich meinen „General" am liebsten abschrauben und hinter dem Rücken verbergen würde. Leider ist das anatomisch unmöglich. Dennoch sollten Sie das andere Extrem vermeiden, nämlich den Kopf auch noch nach vorne zu nehmen. Wir nennen diese Methode scherzhaft *„Fauststöße mit dem Kopf abwehren"*.

Wehren Sie den Fauststoß nicht mit dem Kopf ab!

Es gibt aber auch Budoschulen, die ihren Anhängern vorschreiben, erst einen Schritt zu machen und dann einen Fauststoß zu beginnen. Dies ist eine verbreitete Torheit, die man gar nicht hart genug anprangern kann!

Einige wenige Karate-Richtungen teilen diese Meinung, z.B. der Uechiryu-Stil.
George Mattson, 5. Dan: *„Greifen Sie nicht mit Ihrer Nase an! Einer der häufigsten Fehler ist es, hinter dem Gegner herzulaufen und den Schritt auf ihn zuzumachen, bevor man selbst den Fauststoß macht. Der Angreifer muss mit dem Fauststoß führen! Das ist realistisch."*
Wie wahr!

Der Vorwärtsschritt bringt Ihren ungeschützten *Glaskopf* in den Bereich der gegnerischen Mittelstreckenwaffen *(Arme).*

Der kluge Leser gehe in Zukunft unter dem Schutz seines angreifenden Armes vor. Sehr schnell wird Ihnen bewusst werden, wie schön es ist, wenn zwischen der gegnerischen Faust und Ihrem Kopf ein Hindernis, nämlich Ihr Arm, ist.

Der vordere Arm ist aber nicht nur Schutz, sondern er bewegt sich zentral vor Ihrem Körper auf den Gegner zu. Der andere wird also angegriffen und muss um seine eigene Sicherheit besorgt sein.

Ähnlich handelt auch der General, der seine Truppen gegen die feindliche Stellung schickt. Damit er selbst nicht zu viele seiner Gegner verliert, lässt er seine Artillerie auf die feindlichen Soldaten feuern, so dass diese, um ihre Sicherheit besorgt, wie der Vogel Strauß ihre Köpfe tief hinter die aufgetürmten Sandsäcke stecken und mit dem Schießen aussetzen (siehe Marginalien).

Fauststoßtechnik

Der vertikale Fauststoß

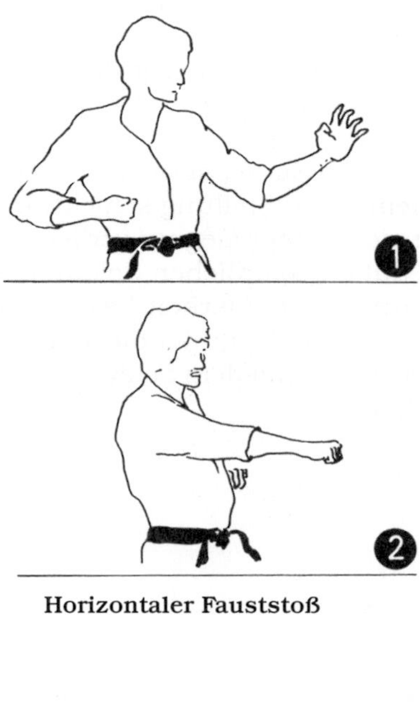

Horizontaler Fauststoß

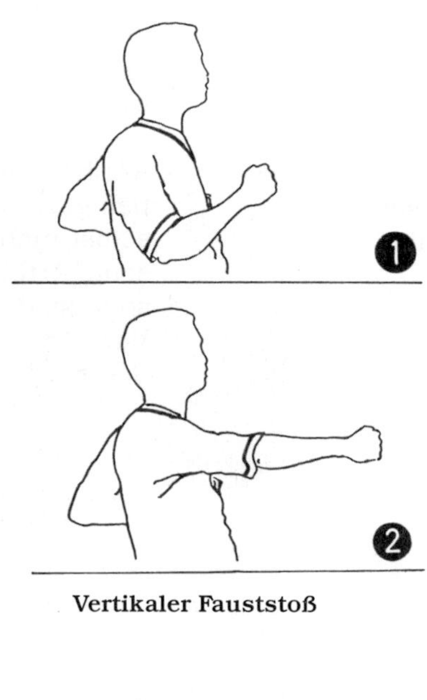

Vertikaler Fauststoß

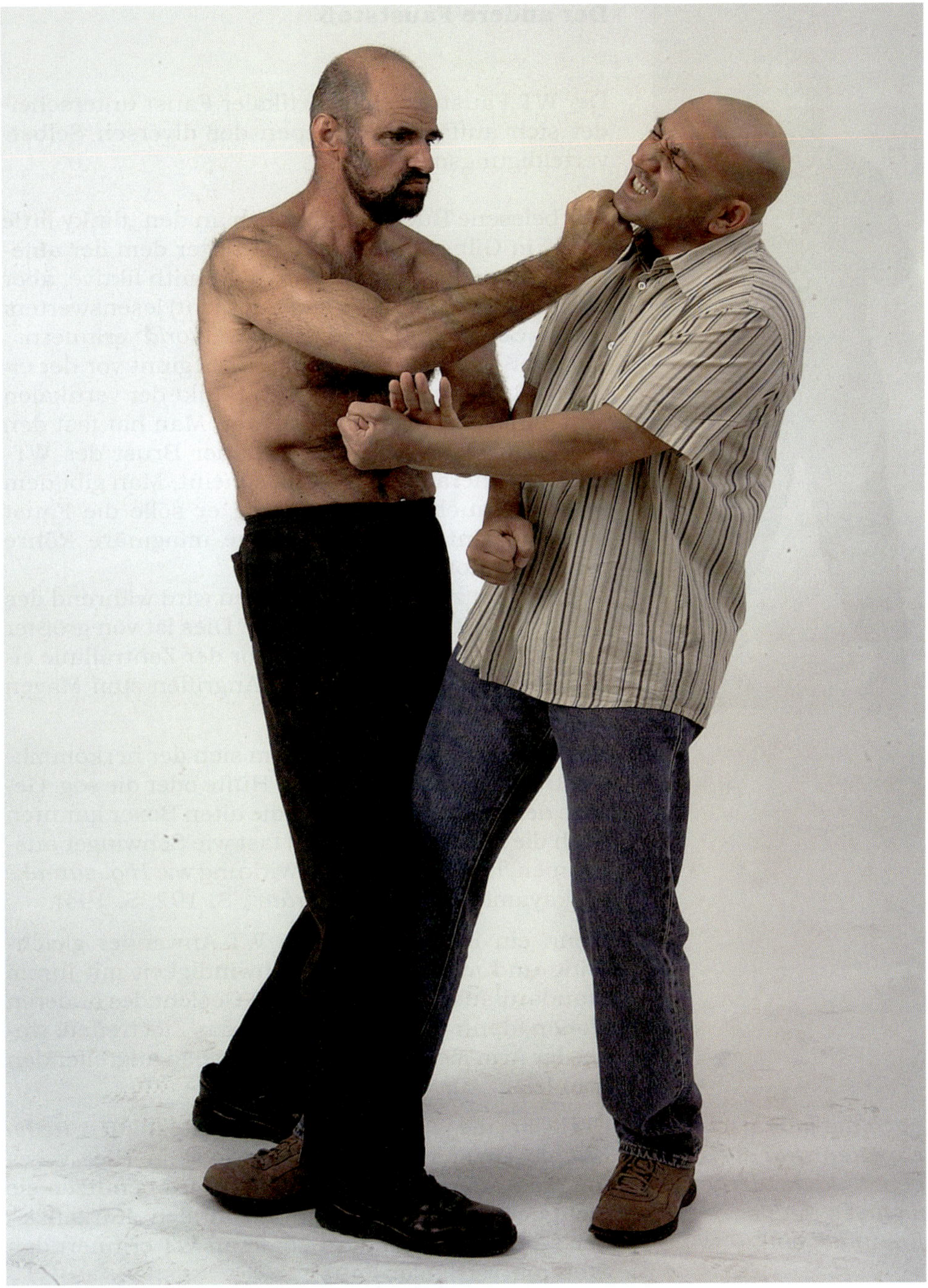

Abwehr mit gleichzeitigem Gegenangriff (2005)

Der andere Faustschlag

Der WT-Fauststoß mit vertikaler Faust unterscheidet sich auffällig von denen der diversen Selbstverteidigungsmethoden.

Der belesene Budoka möge sich an den „dinky little poke“ in Gilbeys (Pseudonym, unter dem der amerikanische Fachautor Robert W. Smith fiktive, aber auch eigene Erlebnisse veröffentlicht) lesenswertem Buch *„Secret Fighting Arts of the World“* erinnern.
Der Stoß ist völlig geradlinig. Er beginnt vor der eigenen Brust und ist auf einen Punkt der vertikalen Mittellinie des Gegners gerichtet. Man hat fast den Eindruck, dass die Faust aus der Brust des WT-Kämpfers herauszuwachsen scheint. Man gibt dem Anfänger auch die Anweisung, er solle die Faust mit dem Unterarm durch eine imaginäre Röhre hindurch stoßen.
Der Stoß ist zentral, der Ellbogen wird während des Stoßes tief und innen gehalten. Dies ist von größter Wichtigkeit, da der Ellbogen vor der Zentrallinie einen zusätzlichen Schutz vor Angriffen zum Magen bietet.

Der WT-Fauststoß, neben dem sich der herkömmliche Budo-Fauststoß aus der Hüfte oder die sog. Gerade des modernen Boxers (die alten Boxer kannten noch die richtige Kraftlinie!) fast wie Schwinger ausnehmen, hat eine ähnliche Wirkung wie *Higi-suri-uke* (Nakayama: *„Dynamic Karate“*, S. 192, S. 194).

Wenn ein Budoka und ein WT-Anwender gleichzeitig und mit gleicher Geschwindigkeit mit ihrem Standardfauststoß jeweils zum Gesicht des anderen stoßen, dann wird der WT-Stoß das Ziel treffen, wobei der Arm gleichzeitig von innen den angreifenden Arm leicht zur Seite drückt.

Auch die japanischen Experten sind stets bereit, dazuzulernen, wenn es um den Ernstfall geht.

Übrigens, die japanischen Streitkräfte üb(t)en *Toshu Kakato*, ein spezielles Nahkampfsystem. Hier, wo es um die Anwendung im Ernstfall geht, benutzen sie **nicht** den herkömmlichen horizontalen „Korkenzieher-Fauststoß“, sondern einen an WT erinnernden Stoß mit vertikaler Faust!

Wenn zwei Kämpfer – der eine mit links und dem traditionellen horizontalen Fauststoß und der andere mit rechts und dem vertikalen Zentralfauststoß – gleichzeitig und mit gleicher Geschwindigkeit jeweils zum Gesicht des anderen stoßen, dann wird der vertikale Zentralfauststoß sein Ziel erreichen, wobei der Arm gleichzeitig von innen den angreifenden Arm leicht zur Seite drückt; denn wo ein Körper ist, kann kein anderer sein!

4. Das linke (hintere) Bein, auf dem das Körpergewicht ruht, wird nachgezogen.

3. Rechter Fauststoß ist beendet. Linke Faust in Höhe des rechten Ellbogens. Körpergewicht ist immer noch über dem hinteren (linken) Bein.

2. **Rechte Hand (noch geöffnet) und rechter Fuß gehen vor. Oberkörper und Genitalien sind geschützt.**

1. **Vor-Kampfstellung gegen einen einzelnen Angreifer: „Zeigende Finger"**

Handtechnik vor Schritttechnik!

Aber Sie können sich noch mehr Vorteile gutschreiben, wenn Sie den Schritt durch den Faustຂstoß einleiten. Machen Sie zunächst einmal einen Vorwärtsschritt ohne Fauststoß! Nein, schneller! Es geht nicht schneller? Sie geben sich alle Mühe, aber Sie fühlen sich selbst langsam wie eine Schnecke? Stimmt's? Das nennt man Massenträgheit.

Damit unsere Überbrückungsmethode Hand und Fuß hat, gehen wir mit Hand und Fuß vor.

Nun machen Sie einen Fauststoß, wobei Sie den Schritt sofort folgen bzw. mitgehen lassen. Viel schneller, nicht wahr?
Der Fauststoß hat Ihre träge Masse (Pardon!) in Bewegung gesetzt. Er hat Sie nach vorne gerissen. So als ob Sie sich selbst am Schopf aus dem Sumpf Ihrer Trägheit ziehen.

Statt Vorwärtsschritt mit Fauststoß denken wir in Zukunft lieber Fauststoß mit Vorwärtsschritt, weil der Vorgang in dieser Reihenfolge abläuft.
Der Fauststoß leitet den Schritt ein, nicht umgekehrt.

$$p = m \times v$$

p = Impuls
m = Masse
v = Geschwindigkeit

„Der Stoß ist das Produkt aus Masse multipliziert mit der Geschwindigkeit. Dasselbe Pferd, welches mit einem leichten Reiter in einer stärkeren Gangart anrennt, übt die gleiche Wirkung."
H. v. Moltke (1860)

Der vierte Vorteil ist aber auch nicht zu unterschätzen. Ihr Fauststoß wird um ein Vielfaches kräftiger! Wieso?
Ganz einfach: Wenn Sie erst Ihren Fuß absetzen und dann Ihren Fauststoß machen (etwa wie beim Gyaku-Tsuki im Karate), dann wird Ihr Fauststoß eigentlich nur von Ihrer mehr oder weniger großen Muskelkraft „gepowert" (z.B. Trizeps, Schulter, Hüfte, hinteres Bein usw.).
Auf das größte Kraftpotential haben Sie aber verzichtet – auf den Einsatz Ihres Körpergewichtes!

Wie bringt man das Körpergewicht hinter den Schlag?

Indem die Faust trifft, ***bevor*** der vordere Fuß richtig aufgesetzt hat.
Dies war das Geheimnis von Jack Dempseys *„Falling Step"*, eine Methode, die kein Geringerer als Bruce Lee genauestens erforschte und dann übernahm.

So bringt man sein Körpergewicht hinter die Faust:

Jeder Schritt ist ein kleiner Fall. Deshalb der Ausdruck *„Falling Step“*. Hier geht es darum, dass das Körpergewicht, das nach unten wirkt, zum Fauststoß nach vorne eingesetzt wird. Wichtig dabei ist, dass der Fuß auf gar keinen Fall abgesetzt werden darf, bevor unsere Faust den Gegner trifft. Unsere Fotofolge soll das Verständnis für den *„Falling Step“* vertiefen. Zur Verdeutlichung hat sich unser Modell auf einen Holzklotz gestellt.

1. Faust und Fuß bewegen sich nach vorne.
2. Die Faust ist etwas schneller als der Fuß.
3. Die Faust trifft etwas vorher bzw. gleichzeitig mit dem Aufsetzen des Fußes. Auf gar keinen Fall darf der Fuß zuerst aufsetzen, sonst haben Sie die Schwerkraft vergeudet!

Die vergessene Kraftlinie

Je mehr man forscht, egal auf welchem Gebiet, desto mehr drängt sich einem, zumindest jedoch dem Autor, die Erkenntnis auf, dass es eigentliche Geheimnisse nicht gibt. Gerade die wertvollsten Erkenntnisse sind gemeinsames Erfahrungsgut der Menschheit.

Aber manchmal liegt dieses Wissen ungenutzt unter Schutt und Abfall, bis es wieder ans Tageslicht kommt. Solches Schicksal erlitt auch das Wissen um die *Kraftlinie* beim Faustsstoß.

Die modernen Boxer und Budokämpfer wissen nicht (mehr), wie man die Kraft richtig auf den Gegner überträgt.

Während die alten Griechen (Pankration) und Römer (Gladiatorenkampf), unsere mittelalterlichen europäischen Faustkämpfer und auch die erste Garde der amerikanischen Boxweltmeister noch genau wussten, wie man die Kraft über den Arm und die Faust auf den Gegner überträgt, ist dieses Knowhow den modernen Boxern oder Budokämpfern völlig unbekannt.

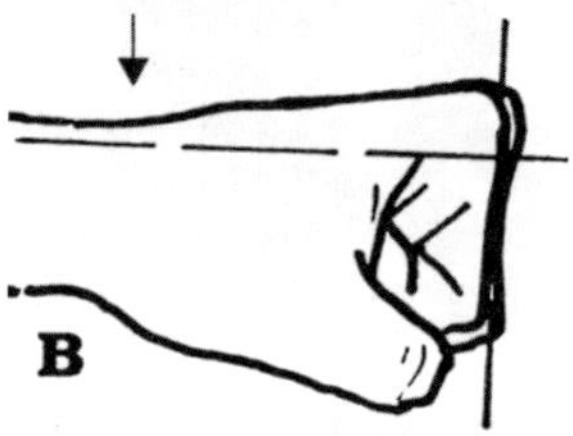

Der typische Budo-Fauststoß mit horizontaler Faust. Aufprallflächen sind die ersten beiden Knöchel. Motto: je kleiner die Fläche, desto größer der Druck.

Dennoch macht diese Kenntnis den Unterschied zwischen einem K.o.-Schlag und einem wirkungslosen Fauststoß aus. Unzählige Hand- und Handgelenksverletzungen beim Boxen (trotz Bandagen) und beim Karate, Taekwondo oder Kung-Fu haben ihre Ursache darin, dass die Trainer ihre Schüler nicht in der richtigen Fausthaltung unterweisen (können).

Nach der „Gehirnwäsche" von über zehn Jahren Budotraining schien mir der typische Budo-Fauststoß (Abb. B), bei der die Faust horizontal (Handrücken nach oben) gehalten wird und die Knöchel von Zeige- und Mittelfinger auftreffen sollen, als der Weisheit letzter Schluss.
Als ich dann im Kempo die vertikale (Abb. A) Faust (Daumen nach oben) kennenlernte (Trefferfläche ebenfalls die Knöchel des Zeige- und Mittelfingers) hielt ich dies nur für eine *auch mögliche* Variante.

Hätte ich damals gewusst, dass am Ernstfall orientierte Praktiker wie griechische Allkämpfer (Abb. C),

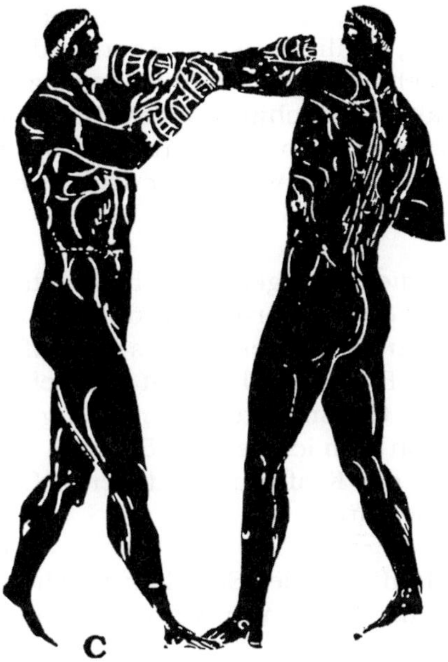

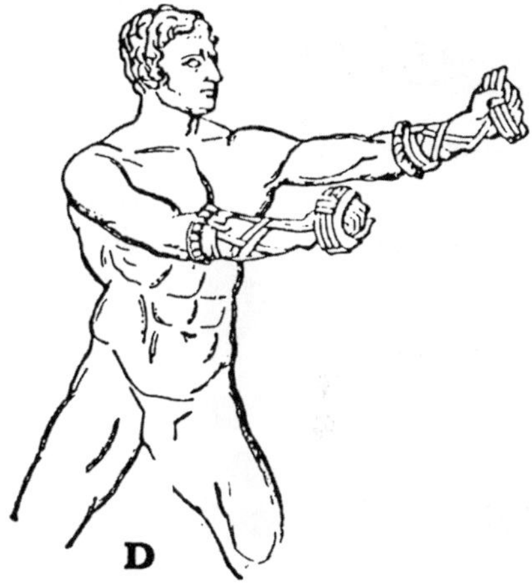

Vertikaler Fauststoß in Griechenland

Bei den Römern (hier mit Caestus)

Vertikaler Fauststoß in Griechenland

Die gefährlichsten Kämpfer der Welt kannten das Geheimnis der korrekten Kraftlinie!

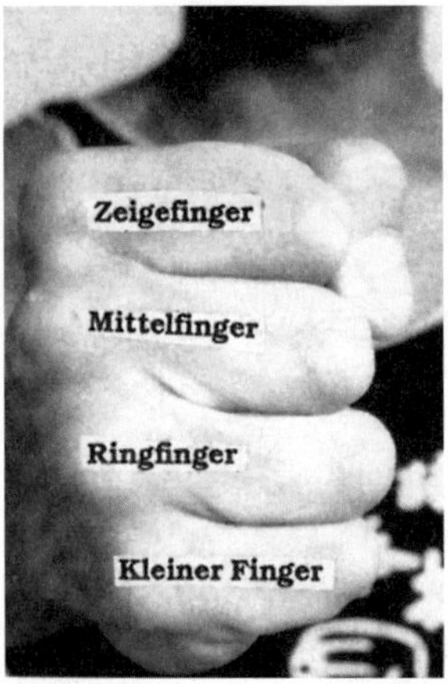

Machen Sie bitte diesen Versuch und erkennen Sie die richtige Kraftlinie selbst!

Abb. H:

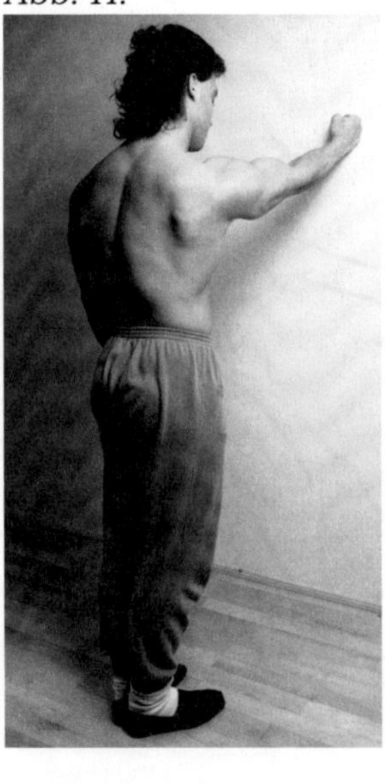

römische Gladiatoren (Abb. D), mittelalterliche Faustkämpfer (Abb. E), Kämpfer in Deutschland um 1860 (Abb. F), philippinische Escrimadores (Abb. I), thailändische Kämpfer und nicht zuletzt die Vertreter der wirksamsten chinesischen Kampfmethoden (Abb. G) zumindest bei Stößen zum Kopf die vertikale Faust favorisieren, wären mir doch Zweifel gekommen.

So aber fand ich die Richtigkeit der horizontalen Faust auch durch die modernen Boxer bestätigt und begann erst stutzig zu werden, als ich Anfang der siebziger Jahre Bekanntschaft mit wing-chun-Methoden machte. Großmeister Leung Ting, 10. Meistergrad WT, von dem ich seit 1975 lernen darf, erklärte mir dann die Kraftlinie und deren Endpunkt, die vertikale Faust.

Die Kraftlinie verläuft von der Schulter durch den gestreckten Arm zum kleinen Finger der geballten Faust.

Probieren Sie es doch gleich einmal selbst aus! Stehen Sie auf und stellen Sie sich vor eine Wand, wie es Abbildung H zeigt. Füße zusammen, Schultern parallel zur Wand. Drücken Sie mit gestrecktem Arm Ihre Faust in Kinn- bzw. Nasenhöhe gegen die Wand. Dabei beugen Sie Ihr Handgelenk ganz leicht nach oben. Sie werden feststellen, dass der untere Teil Ihrer Faust – insbesondere Ihr kleiner Finger – Ihnen eine natürliche, *solide* Basis gibt. Prüfen Sie, wie Ihre Kraftlinie geradlinig von der Schulter über Arm und Handgelenk in den Knöchel Ihres kleinen Fingers mündet. Lehnen Sie sich nun zur Probe etwas nach vorne und finden Sie Gefallen an dem *satten*, sicheren Gefühl, mit dem Sie gegen die Wand drücken können.

Und nun die Gegenprobe: Lehnen Sie sich unverändert gegen die Wand, aber beugen Sie das Handgelenk etwas nach unten, so dass die oberen Knöchel (Zeige- und Mittelfinger) gegen die Wand gepresst werden. Dann drehen Sie die Faust, so dass der Handrücken nach oben zeigt (horizontale Faust), die oberen Knöchel aber in derselben Höhe gegen die Wand pressen.

F

Handfechten, Leipzig 1863

E

Aus: „Klare Onderrichtinge der Voortreffelijcke Worstel-Konst von N. Petter (1674), Holland

Kru Yai Stephan Fuchs (Fox), Thaibox-Nationaltrainer Australien, Professional Australian Thaiboxing Champion, zweifacher Sieger des King's Cup, South Pacific Champion, Intercontinental Champion und WingTsun-Schüler des Autors und von Sifu Michael Schwarz, beim Unterrichten des vertikalen WT-Fauststoßes mit tiefem Ellbogen an die Spezial-Elite-Einheiten, China 1998.

Diese beiden Versuche werden Sie überzeugt haben, dass keine der beiden Fauststellungen bzw. Druckpositionen (vertikale Faust und horizontale Faust mit den oberen Knöcheln als Trefffläche) so ein sicheres und angenehmes Kraftübertragungsgefühl vermitteln wie die erste Fauststellung. Jedes Abweichen von der einzigen korrekten Position kann Ihnen bei einem kräftigen Schlag eine schlimme Verletzung des Handgelenks einbringen.

Sie müssen mit den Knöcheln Ihres Ringfingers zielen.

Während es zweifellos richtig ist, dass die ideale Kraftlinie im Knöchel des kleinen Fingers mündet, kann ich Ihnen dennoch nicht raten, mit ihm zu treffen. Der Knochen hinter dem kleinen Finger ist nämlich so schwach, dass er schon fast vom Hingucken bricht. Sie müssen mit dem Knöchel Ihres Ringfingers zielen. In diesem Fall wird Ihre Faust sicher mit der ganzen Fläche der unteren drei Finger auftreffen, also mit der Gesamtfläche von kleinem Finger, Ringfinger und Mittelfinger. Auf diese Weise ist der Druck gut verteilt und kein Knochen muss den ganzen oder größten Teil des Druckes verkraften.

Jedes Abweichen von der einzigen korrekten Position kann Ihnen bei einem kräftigen Schlag eine schlimme Verletzung einbringen!

Lassen Sie sich bitte nicht verführen, mit dem kräftigen Knöchel des Mittelfingers zu landen. Weshalb nicht? Weil er zu stark vortritt. Dadurch bekäme er den ganzen Druck zu spüren, die Nachbarknöchel könnten ihm kaum helfen. Auftreffen mit dem Mittelfingerknöchel ist z.B. beim Boxen die Hauptursache für schlimme Verletzungen des Knöchels oder der Handknochen, außerdem wird die Kraftlinie gestört.

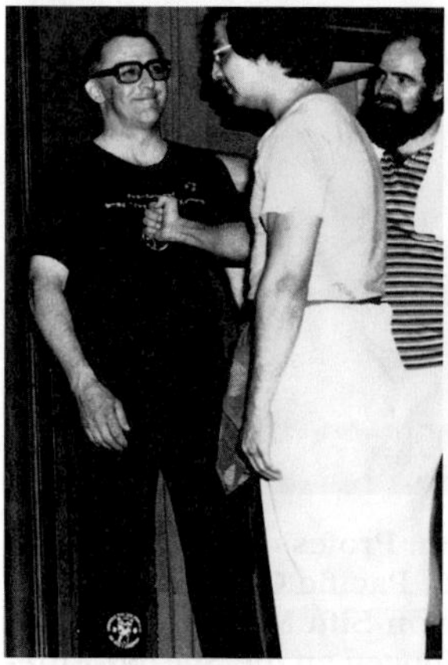

Der WT-Inch-Punch

Ebenso wenig dürfen Sie mit dem Knöchel des Zeigefingers zuerst auftreffen. Damit würden Sie nicht nur Ihre Kraftlinie, sondern auch Ihr Handgelenk verletzen.

Müßig sollte es eigentlich sein, darauf hinzuweisen, dass der Daumenknöchel als Stoßfläche völlig ungeeignet – da zu schwach – ist. Mutter Natur hat ihn deshalb in ihrer Weisheit von den übrigen Fingern räumlich getrennt. Allein dieser Gesichtspunkt sollte intelligente Menschen auch davon abhalten, *Schwinger* zu benutzen; denn bei Schwingern landen

G

Der WT-Meister Leung Jan

Die umwerfende Wirkung des WT-Fauststoßes

Aus einem Thaibox-Lehrbuch

G

Der vertikale
Fauststoß im Escrima

Der Schwinger ist eine Selbstmordtechnik für Trottel, der nur Obertrottel zum Opfer fallen „sollten", wäre da nicht das Problem, dass dem gestressten Opfer unter Adrenalinwirkung das periphere Sehen schwer fällt, so dass es Angriffe wie Schwinger und Uppercuts dann nicht mehr wahrnimmt.

Darüber mehr in: *Blitz*Defence – *Angriff ist die beste Verteidigung.*

und brechen oft die Daumen. Dass der Schwinger (nicht aber der gute alte Haken) aufgrund der Blöße, die man sich dabei gibt, eigentlich eine Selbstmordtechnik für Trottel ist, der nur Obertrottel zum Opfer fallen *sollten*, wird später erklärt.

Vergleichen Sie diese Ausführungen doch z.B. mit den Unterrichtsanweisungen des klassischen Karate: *„Seiken-choku-zuki, der gerade Stoß mit der Vorderfaust (Abb. B). Fausthaltung: nur die Knöchel von Zeige- und Mittelfinger treffen auf."*

Albrecht Pflüger, 6. Dan Karate
in: „Karate ein fernöstlicher Kampfsport",
Falken Verlag

Sie meinen, das Wissen um die einzig richtige Kraftlinie und das Zielen mit dem Ringfingerknöchel sei wohl doch kein gemeinsames Geistesgut der Menschen? Es sei wohl doch nur im WingTsun-System vorhanden?

So gern mein Stolz auf unsere Lehre dies bejahen würde, so sehr muss ich doch der Wahrheit die Ehre geben: die obigen Ausführungen stimmen zwar mit der Auffassung unserer Schule überein, stammen aber aus den Trainingsanweisungen eines der größten Boxer aller Zeiten, Jack Dempsey, amerikanischer Boxweltmeister (1919 - 1926).

Viele Experten glauben, dass Dempsey der beste Techniker war, den der Boxsport je hervorgebracht hat. Dass er außerdem über eine kaum zu übertreffende Schlagkraft verfügte, wurde mir bewusst, als mir vor Jahren meine Schüler einen seltenen Film von Dempseys Weltmeisterschaftskampf (1919) gegen „Cowboy Jess Willard" vorführten.

Wie es dazu kam? Bruce Lee († 1973), wie mein Lehrer Leung Ting ein Schüler des Großmeisters Yip Man († 1972), hatte seinem ersten (und kampfstärksten) amerikanischen Schüler und Assistenzlehrer Jesse Glover verraten, dass er die Theorie von Dempseys „Falling Step" bewundere. Ich trainierte von 1979 bis 1981 in den USA und in Deutschland mit Glover und begann mich für Dempsey zu interessieren. Vor langer Zeit unterhielt ich mich über dieses Thema mit meinem Freund Bill Newman (England), ehemaliger wing-chun-Lehrer und europäischer Cheftrainer für Escrima (philippinischer Waffenkampf). Als Bill unser damaliges dänisches WT-Hauptquartier besuchte, um dort einen Escrima-Lehrgang durchzuführen, kam das Gespräch auf Dempsey, und unsere dänischen Schüler konnten den raren Film auftreiben.

Willard, Dempseys Gegner, war knapp zwei Meter groß und über 110 muskulöse Kilogramm schwer. Jack Dempsey wirkte mit 1,80 m und 80 kg gegen ihn wie ein Kind. Dennoch konnte er den Giganten schon in der ersten Runde siebenmal zu Boden schlagen, solch mörderische Kraft steckte hinter jedem seiner Schläge.

Dempsey äußert sich sehr kritisch und zutiefst erschüttert über das Niveau des modernen Boxens und über die verschwommenen und entstellten Selbstverteidigungskonzepte vieler so genannter Experten.

1950 äußerte sich Dempsey sehr kritisch über das Niveau des modernen Boxens, das seiner Meinung nach das Wissen um die Kraftlinie und die korrekte Trefffläche verloren hatte („*Today that area of darkness is bigger than at any time since Corbett beat Sullivan.*“). An den Boxtrainern unserer Zeit ließ Dempsey kein gutes Haar. Nachdem Boxer wie er einen Box-Boom hervorgebracht hatten, „*... sprangen Scharlatane und Geschäftemacher auf den Wagen. Typen, die noch nie geboxt hatten, wurden Trainer. Sie machten Sportschulen auf und unterrichteten nur Fehler. Die falsch trainierten Schüler haben sich zunächst erfolglos als Kämpfer versucht, bevor sie ihre Handschuhe an den Nagel hängten, um selbst Boxlehrer zu werden.*“

Dempsey selbst sieht sich bemerkenswerterweise auch nicht so sehr als Boxsportler, sondern als Faustkämpfer. „*Zu viele Liebhaber-Lehrer haben völlig vergessen, dass es das Ziel des Box-Unterrichtes ist, jemandem beizubringen, sich mit den Fäusten zu verteidigen.*“

Selbstverteidigung wird nahezu überall falsch unterrichtet.

Dempsey äußerte sich „*zutiefst erschüttert über die verschwommenen, unvollständigen und entstellten Selbstverteidigungskonzepte vieler so genannter Experten*“ und kam zu der Feststellung, dass Selbstverteidigung nahezu überall falsch unterrichtet wird.

Unter anderem sind dies nach Dempseys Meinung die schlimmsten Fehler der Selbstverteidigungslehrer:
„Die außerordentlich wichtige Kraftlinie scheint in Vergessenheit geraten zu sein. Auf die Notwendigkeit des Auftreffens mit den drei Knöcheln wird nicht entsprechend hingewiesen."

Die verlorene Kunst

Weiterhin lernen die heutigen Schüler nicht mehr den *„explosiven, geradlinigen Fauststoß" mit dem „Falling Step"* Fertigkeiten, die Dempsey in diesem Zusammenhang als *„verlorene Kunst (lost art)"* betrauert.

Benny Leonhard, unbesiegter Boxweltmeister im Leichtgewicht, schießt eine perfekte Linke zum Kinn. Gleichzeitig blockt er die Linke seines Gegners ab.

Von Dempsey zurück zur Theorie

Damit unsere „Überbrückungsmethode“ Hand und Fuß hat, wollten wir mit Hand und Fuß vorgehen. Dabei soll der Faustitoß den Schritt einleiten und uns nach vorne ziehen.

Ich gab Ihnen dafür vier gute Gründe:

Damit Ihre Überbrückungsmethode Hand und Fuß hat, müssen Sie mit Hand und Fuß gedeckt vorgehen!

- Der vordere Arm schützt Ihren General.
- Der Gegner wird in die Defensive gedrängt.
- Der Fauststoß beschleunigt Ihren Schritt.
- Hinter dem Fauststoß ist das Körpergewicht.

Die Kettenfauststöße

Herkömmliche Stile wissen kein Mittel gegen Kettenfauststöße.

Zu den wohl wirksamsten Waffen gehören die sog. Kettenfauststöße (chain-punches). Herkömmliche Stile wissen kein Mittel dagegen. Und selbst das theoretische Wissen um eine effektive Abwehrmöglichkeit würde nichts nutzen, weil die entsprechende Übung fehlt.

Wie der Name schon sagt, bilden Kettenfauststöße eine Kette vieler zentraler Fauststöße. Die Feuergeschwindigkeit beträgt in der Regel fünf bis neun Fauststöße in der Sekunde (WT-Experten erreichen bis zu 13 pro Sekunde).

Während der Kettenfauststöße ist der Anwender stets optimal geschützt, d.h. er gibt sich keine Blöße.

Die Abwehr eines einzelnen Kettenfauststoßes ist zwar mit herkömmlichen Mitteln (Blocken) und einer Portion Glück möglich, aber die Abwehr selbst öffnet den Abwehrenden für die nächsten Kettenfauststöße. Es geht dem Opfer wie dem Mann unter der Dusche, der versucht, einzelne Wasserstrahlen wegzuschlagen. Nass wird er trotzdem!

Dem Opfer der Kettenfauststöße geht es wie dem Mann unter der Dusche, der versucht, einzelne Wasserstrahlen wegzuschlagen: nass wird er trotzdem!

Durch die schnelle Schlagfolge werden Informationsflusskapazitäten überschritten, so dass bewusstes oder bedingt reflektorisches Reagieren gegenüber der Schnelligkeit des Angriffstaktes zu langsam wird.

*Ihr Gegner muss **alle** Einzelelemente der Angriffskette abwehren, während Sie nur **einen** Treffer wirksam landen müssen.*

Volkstümlich gesprochen, brennen dem Verteidiger alle Sicherungen durch. Ihr Gegner muss alle Einzelelemente der Angriffskette abwehren, während Sie nur einen Treffer wirksam landen müssen, denn ein erfolgreicher Schlag – selbst wenn er nicht unmittelbar kampfunfähig macht – schränkt durch den hohen Alarmwert die Reaktionsfähigkeit des Getroffenen so sehr ein, dass weitere Treffer in unmittelbarer Folge mit höchster Wahrscheinlichkeit erzielt werden können. Kann man dem Verteidiger für seine Abwehraktionen nur eine geringe Erfolgswahrscheinlichkeit zumessen, so steigt die Erfolgswahrscheinlichkeit für Sie mit der Zahl Ihrer Angriffe. Mit Kettenfauststößen zwingen Sie Ihren Gegner dazu, selbst die Rolle des Verteidigers mit all ihren Nachteilen informationstheoretischer Art zu übernehmen.

Beschreibung der Kettenfauststöße

1. Kampfstellung mit linker Hand vorne in Schulterhöhe, rechte Hand in Höhe des Ellbogens vor der Zentrallinie.

2. Die rechte Faust stößt über das linke Handgelenk vor. Die linke Hand wird gesenkt und unten durch bis in Höhe des rechten Ellbogens als Faust zurückgezogen.

3. Dann stößt die linke Faust über das rechte Handgelenk und die rechte Faust geht auf die Höhe des linken Ellbogens zurück.

(Abbildungen dazu auf den Seiten 94/95)

Einige zu vermeidende Fehler:

- Schultern vorschieben
- Im Bogen nach oben oder unten stoßen
- Zur Seite stoßen
- Die vordere Faust zurückzuziehen, bevor die hintere gestartet ist (keine Deckung)

Simo demonstriert vertikalen Fauststoß.

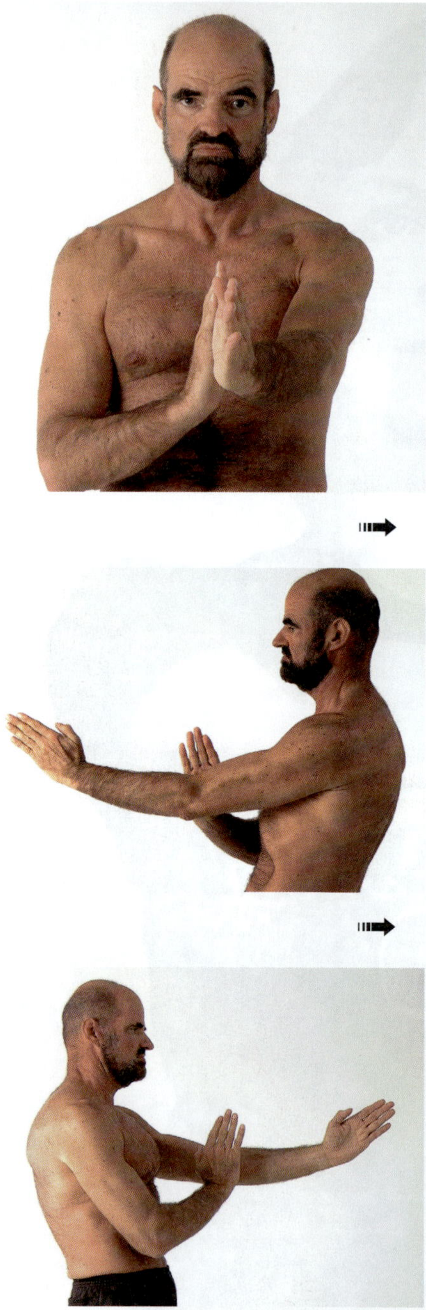

1. Vor-Kampfstellung „Zeigende Finger“

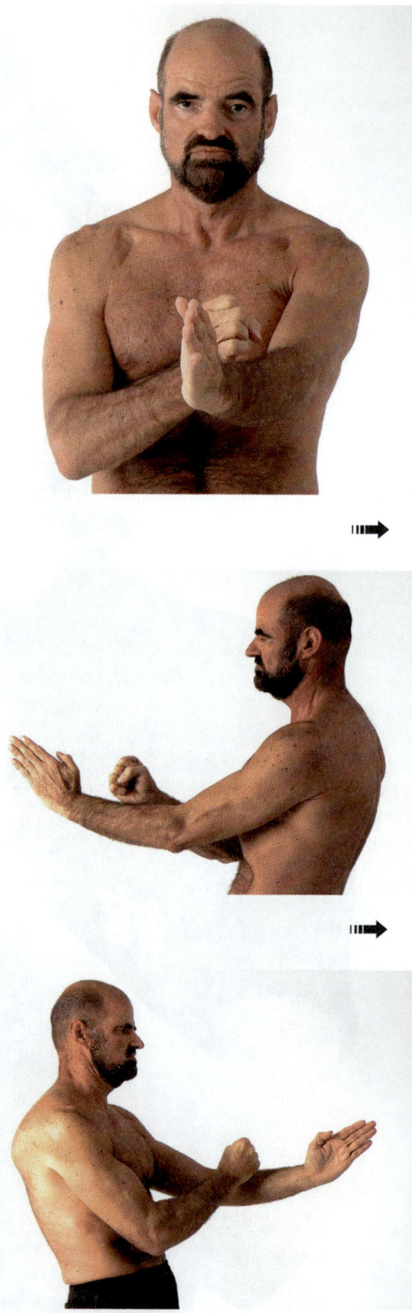

2. Fauststoß beginnt

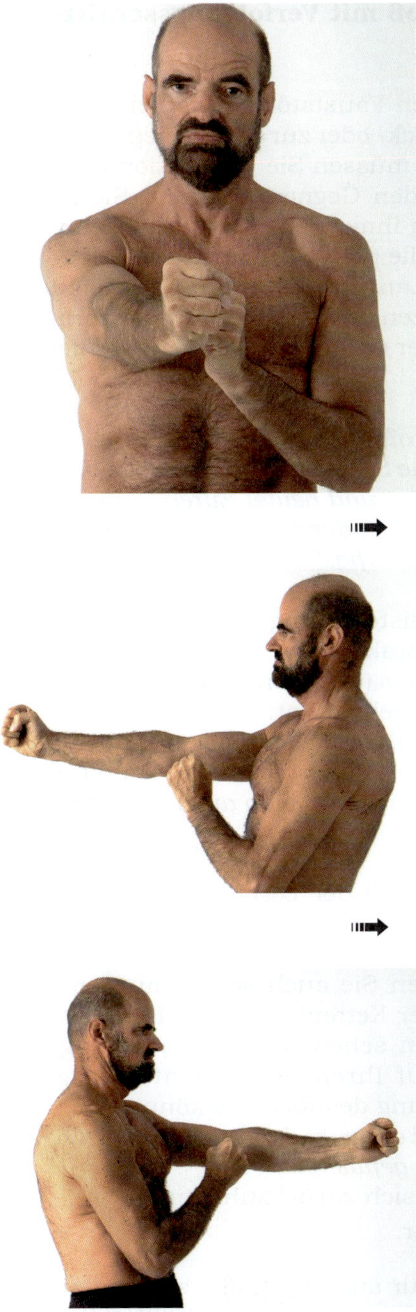

3. Fauststoß beendet

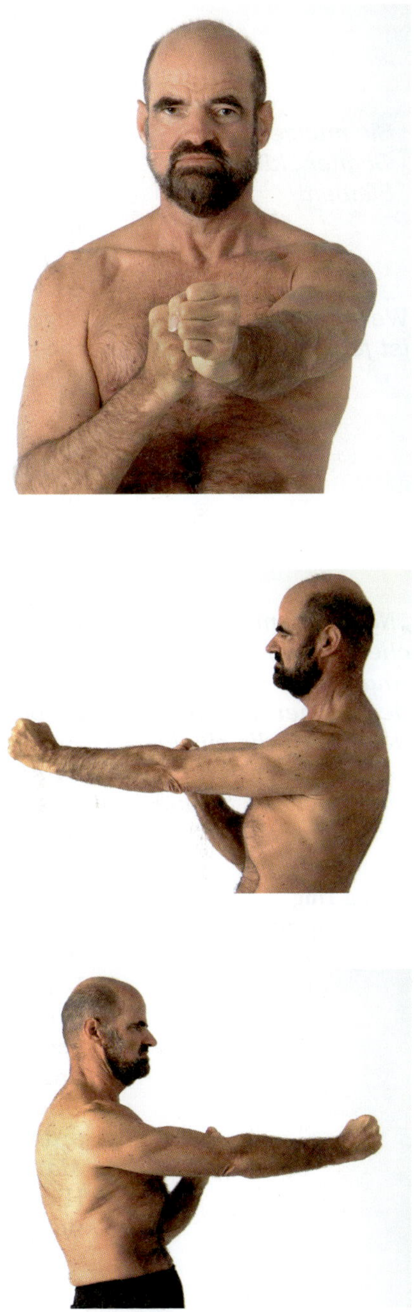

4. Zweiter Fauststoß

Kettenfauststoß mit Verfolgungsschritt

Sie müssen am Gegner „kleben“ bleiben!

Wenn Ihre ersten Fauststöße getroffen haben und der Gegner zurück- oder zur Seite weicht (aber noch kampffähig ist), müssen Sie Ihre Aktion unbedingt fortsetzen und den Gegner verfolgen. Sie müssen buchstäblich an ihm „kleben“ bleiben, denn wenn es ihm gelingt, die nötige Distanz zu erzielen, kann er wieder seine Langstreckenwaffen (Fußtechniken) gegen Sie einsetzen und alles beginnt von vorne, d.h. Sie müssen unter Gefahr zur Nahkampfentfernung vordringen.

Wer drin ist, ist fein raus!

Friedrich der Große zu diesem Problem:
„Nutzt gewonnene Schlachten aus. Verfolgt den Feind bis zum Äußersten und beutet Euren Vorteil so weit aus, als Ihr vermögt, denn solche glücklichen Ereignisse sind nicht häufig.“

„Nach einem erfolgreichen Treffer weitere Angriffe zu setzen, bis der Gegner am Boden ist, ist die einzige Garantie dafür, dass man auch am Schluss der Sieger ist.“

Leung Ting
in: „Dynamic WingTsun“

Der WT-Großmeister Leung Ting, 10. Meistergrad, gibt in seinem praktischen Selbstunterrichtsbuch *Dynamic WingTsun* (über den Verlag dieses Buches zu beziehen) denselben Rat:
„Nach einem erfolgreichen Treffer weitere Angriffe zu setzen, bis der Gegner am Boden ist, ist die einzige Garantie dafür, dass man auch am Schluss der Sieger ist.“

Dennoch möge sich der Leser davor hüten, diese Zitate als Aufforderung zu ungesetzlicher Notwehrüberschreitung misszuverstehen.
Und damit haben Sie auch schon mit dem einzigen Nachteil* der Kettenfauststöße Bekanntschaft gemacht: Zeugen sehen Sie mit einem Hagel von Fauststößen auf Ihren Kontrahenten losgehen. Und auf Befragung des Richters können Sie kaum antworten: *„und dann ist der Angreifer mir dreizehn Mal in die Faust gefallen.“*
Hier gilt es also sich zurückzuhalten:
Weniger ist mehr.

* Da wir nicht nur auf der Straße, sondern auch im Gerichtssaal gewinnen (und Notwehrrechte zuerkannt haben) wollen, betont das moderne *Blitz*Defence-Programm des WT-Kettenfauststöße nicht so sehr wie früher!

1. Weiß greift an mit Fauststoß rechts.

2. Erster Kettenfauststoß

3. Zweiter Kettenfauststoß

4. Dritter Kettenfauststoß

Das größte Geheimnis

Ein Kämpfer bereitete sich intensiv auf seinen Herausforderungskampf gegen einen stärkeren Gegner vor. Er übte Sparring, trainierte die wirksamsten und Erfolg versprechendsten Kampfkombinationen und bearbeitete den Sandsack.

Weil er so fleißig und unermüdlich an sich arbeitete, versprach sein Meister, ihm am nächsten Abend die wirkungsvollste und beste Kampftechnik zu zeigen.

Am nächsten Trainingsabend war unser Kämpfer schon eine halbe Stunde früher da, so aufgeregt und begierig war er, das Geheimnis des Großmeisters zu erfahren. Aber der Kämpfer musste sich bis zum Ende des Unterrichts gedulden, da sein Lehrmeister ihn nur unter vier Augen einweihen wollte.

Endlich schickte der Großmeister alle anderen weg und sprach:

„Weil du unsere Schule ruhmreich vertreten sollst, will ich dir das größte Geheimnis der besten Kämpfer verraten. Aber es ist nur für dich bestimmt, und es muss unter uns bleiben. Also pass auf. Wenn du gewinnen willst, musst du sofort auf den anderen zugehen, am Mann bleiben und ihn immer wieder treffen, ohne dass er dich trifft!"

Treffen und nicht getroffen werden,
ist das höchste Glück auf Erden.

Der Ringer und die Kettenfauststöße

Zu einem Vergleich ganz besonderer Art kam es 1984 im Gerichtsgebäude des Landgerichts Saarbrücken.

Ein saarländischer Schüler von mir hatte zwei Jahre lang mit dem Justizministerium über waffenlose Nahkampfausbildung für Justizwachtmeister verhandelt. Nun war er zu einer Informationsveranstaltung geladen. Anwesend waren Vertreter des Justizministeriums, der Staatsanwaltschaft, des Oberlandesgerichts und der Hauptpersonalräte. Die Informationsveranstaltung lief in gewohnt friedlicher Weise ab, wobei der WT-Lehrer immer wieder auf die Zartfühligkeit unserer Justiz Rücksicht nahm, wenn es um die Behandlung von Straftätern ging.

Der WT-Vertreter war es gewohnt, dass man eine praktische Demonstration seines Könnens verlangte. Die hohen Herren wollten die zwingende Logik des WT nach rein theoretischen Ausführungen noch nicht ganz einsehen. Nicht zuletzt hätte man kampflos zugeben müssen, wenigstens die letzten Jahre wider besseres Wissen Steuergelder für eine weniger effektive Ausbildung der Wachtmeister ausgegeben zu haben.

„Ja, werden Sie denn auch mit einem Ringer fertig?“, lautete die Frage. Der WT-Mann wusste von seinem Lehrer (dem Autor), der selbst früher jahrelang gerungen hatte, dass mit guten Freistil-Ringern, die gefährlicher sind als Boxer, nicht zu spaßen ist. Aber er vertraute auf sein WT und willigte in eine praktische Probe ein. Allerdings wies er vorher noch einmal darauf hin, dass man einen Kampfsport eigentlich nicht mit einem Selbstverteidigungssystem vergleichen könne.

Ein blitzschneller, gefährlicher Ringerangriff

Um den Gegner nicht verletzen zu müssen, forderte er den Ringer auf, nicht überstürzt anzugreifen, was dieser auch zu verstehen schien. Trotzdem griff er unerwartet schnell an und versuchte, durch einen Sprung und eine Umklammerung mit Armen und Beinen dem WT-Lehrer das Gleichgewicht zu rauben. Damit begab er sich genau in die Reichweite der Knie und Ellbogen des WT-Kämpfers. Da unser Mann jedoch keinen zu gewalttätigen Eindruck auf das zartbesaitete Publikum machen wollte, konnte er diese gefährlichen Waffen nicht einsetzen.

Drei Kettenfauststöße als letztes Mittel

Da er nun aber zu lange gezögert hatte, blieb ihm nichts anderes übrig, als sich mit dem Ringer nach hinten fallen zu lassen und diesem während des Fallens drei Kettenfauststöße zum Kopf zu geben.

Am Boden angekommen, streckte der WT-Lehrer demonstrativ „alle Viere" von sich und forderte die Herumstehenden auf, den jungen Mann von ihm herunter zu holen.

Als man den Ringer von ihm weg hob und umdrehte, konnte man mit Entsetzen die zerstörerische Wirkung der drei Fauststöße betrachten: das eine Auge war nach kurzer Zeit geschlossen und das Gesicht schlimm geschwollen.

Man transportierte den Ringer ins Krankenhaus und fiel dann gemeinsam über den WT-Mann her. Der Vertreter des Justizministeriums fragte, was für Verletzungen die im WT zu schulenden Justizwachtmeister denn bei einer „echten" Auseinandersetzung anrichten sollen, wenn ihr zukünftiger Lehrer hier schon bei einer „freundschaftlichen" Begegnung so gefährlich reagiert*.

* Heute sind die WT-Lehrer durch die WT-*Blitz*Defence-Programme 5 - 8 besser vorbereitet, gegen Ringerangriffe zu bestehen, ohne dass sie zur oft unverhältnismäßigen Waffe „Kettenfauststöße" greifen müssen.

Unterstützt von den Vertretern des Hauptpersonalrates konnte der WT-Lehrer jedoch überzeugend darlegen, dass der Angriff so harmlos und freundschaftlich nicht gewesen sei. Der Ringer habe im Gegenteil einen sehr gefährlichen und blitzschnellen Angriff versucht, mit dem er dem WT-Kämpfer erhebliche körperliche Schäden (Aufschlagen mit dem Hinterkopf) hätte zufügen können. Der Erfolg blieb nur aufgrund der schnellen Reaktion des WT-Mannes aus. Hätte der WT-Lehrer sich einfach werfen lassen sollen, so dass er und das durch ihn vertretene System WT blamiert worden wären? Hätte man einen solchen Lehrer mit der Ausbildung der Justizwachtmeister betraut?
Dieser Argumentation konnte man sich auf Dauer

doch nicht verschließen, so dass die Justizwachtmeister des Saarlandes WT lernen durften.

Als der WT-Lehrer sich dann besorgt nach dem Befinden seines Gegners erkundigte, stellte sich heraus, dass auch dieser bei der Auseinandersetzung sein Gesicht zu verlieren und deshalb so erbittert angegriffen hatte. Der Juniorenweltmeister der Ringer konnte schon ein paar Tage später das Krankenhaus verlassen.

Was Sie nicht unbedingt wissen müssen

Was Ringer vom Boxen, Karate oder Judo halten.

Der Autor dieses Buches begann seine Kampfstudien mit der ältesten Kampfkunst der Menschheit, also mit Ringen – Freistilringen und später persisches Ringen und Catchen um genau zu sein. Seitdem hat er aus Erfahrung großen Respekt vor der Ringkampfkunst, die jedem anderen waffenlosen Kampfsport haushoch überlegen ist. Hier einige Aussagen berühmter Ringer über die Box- und Karatekunst gegenüber dem Ringen:

„Bulldog" Garnon: *„Boxers are a waste of time. Every wrestler and rugger player knows you only have to tackle them low and hold them down."*
(„Boxer sind reine Zeitverschwendung. Jeder Ringer und Rugby-Spieler weiß, dass man sie nur zu unterlaufen und unten zu halten braucht.")

Modrich: *„Always remember, the finest way of bringing down a man taller than yourself is the rugger tackle – down low of course below the waist. Nor can a boxer stand up to this. Once a wrestler has a boxer down he has the advantage. Boxers are useless on the ground. The Noble Art of Self-Defense was never boxing by itself but boxing and wrestling combined."*
(Nie vergessen: die einfachste Methode, einen größeren Gegner auf den Boden zu bringen, ist der „Rugger"-Angriff – natürlich tief unter der Taille. Dagegen kann auch kein Boxer was machen. Wenn ein Ringer einen Boxer erst einmal unten hat, ist er im Vorteil. Boxer sind nichts am Boden. Die „edle Kunst der Selbstverteidigung" war niemals Boxen allein, sondern immer Boxen und Ringen zusammen.

„Boxer sind nichts am Boden."

Einer der gefährlichen Ringer-Angriffe

Der angreifende Ringer demobilisiert das Standbein seines Gegners, indem er seine Brust gegen das gegnerische Knie drückt. Das ganze Gewicht des Gegners soll auf das Standbein übertragen werden.

Danach gleitet seine linke Hand zur Hacke seines Gegners, um das Bein zu stabilisieren.

Dann geht er mit dem rechten Bein kreisförmig etwas zurück und geht rechts ins Knie. Dadurch bricht er die Balance des Gegners, der auf den Rücken fallen wird.

Ist der Nicht-Ringer erst einmal am Boden, ist alles zu spät!

Dies ist nur einer von vielen wirksamen und gefährlichen Ringerangriffen. Und – ist der Nicht-Ringer erst einmal am Boden – ist meist alles zu spät!

Hier kann der von Glück sagen, der ein Verteidigungssystem (wie WT/*Blitz*Defence) erlernt hat, das mit dem Ringen kompatibel ist.

Sir Atholl Oakely: *„... for good measure I issued a challenge of £ 500 to all British boxers or anyone else who could stay thirty minutes with me, all in, nothing barred, with or without gloves, without getting knocked out or made to quit."*
(„Ich setzte eine Kampfbörse von £ 500 an alle englischen Boxer oder jeden anderen aus, der 30 Minuten mit mir im Ring bleiben konnte, alles erlaubt, nichts verboten, mit oder ohne Handschuhe. Die einzige Bedingung war, er durfte sich nicht k.o. schlagen oder zur Aufgabe zwingen lassen.")

Alle diese Aussagen wie auch der folgende Absatz stammen aus Sir Atholl Oakelys Buch *„Blue Blood on the Mat"* (1971):
„Karl (Pojello) war der höflichste und freundlichste Mann, den man sich vorstellen kann.
Er konnte deinen Hals, deinen Arm oder dein Bein schneller brechen, als du gucken kannst. Aber er griff nie an, und er benutzte keine Tritte. Er wartete nur auf die Berührung seines Gegners. Kaum fühlte er deine Hand, schon hatte er dich hochgehoben und in den Boden gerammt. Er war nicht nur ein Mann von immenser Kraft, auch seine Würfe waren perfekt getimed und blitzschnell ausgeführt. Wenn du kein Experte warst, hattest du überhaupt keine Chance. Wenn du ihm einen Faustst0ß gabst, fing er deinen Arm und brach ihn wie ein Streichholz. Dieses Erlebnis wurde mir von einem Gangster aus Chicago geschildert. Er wollte Karl als Leibwächter engagieren, nachdem er gesehen hatte, wie Karl das mit einem Boxer machte, der ihn mit einem Fauststoß treffen wollte.

Pojello reiste durch Japan, forderte Judo- und Karate-Champions heraus und besiegte sie.

So gefährlich war Pojellos Ruf zu jener Zeit, dass kein Schwergewichtsboxer der Welt seine Herausforderung annehmen wollte. Er reiste sogar durch Japan, forderte Judo- und Karate-Champions heraus und besiegte sie."
„Während des 2. Weltkrieges im Alter von 64 Jahren (!) kämpfte Pojello auf die Bitte von Eisenhower vor den Offizieren des Generalstabes mit dem 28-jährigen Karate- und Judo-Meister und bewies, dass diese beiden Formen der Selbstverteidigung dem Ringen unterlegen waren und ihre Wirksamkeit gewaltig übertrieben worden war."

„Mit 64 Jahren besiegte Pojello den 28-jährigen Karate- und Judo-Meister und bewies, dass diese beiden Formen der Selbstverteidigung dem Ringen unterlegen waren und ihre Wirksamkeit gewaltig übertrieben worden war.“

Sir Atholl Oakely
„Blue Blood on the Mat“

Noch gefährlicher als Karl Pojello war der Weltmeister Jack Sherry. Er bot jedem Judokämpfer oder Boxer zehntausend Dollar, der mit ihm 100 Sekunden im Ring bleiben konnte. Jedes Jahr kamen die Titelträger im Schwergewicht aus allen Teilen der Welt und Jack Sherry besiegte sie alle.

Nur zwei englische Schwergewichtsboxer nahmen die Herausforderung an. Jack erlaubte ihnen, mit oder ohne Handschuhe zu kämpfen. In Leicester hielt es Reggie Meen 16 Sekunden aus. Phil Scott, ein gigantisches Schwergewicht, gab nach knapp unter 100 Sekunden auf und blieb damit einer der zwei englischen Boxer, die sich trotz ihrer Niederlage die Achtung der englischen Ringer erwerben konnten.

Diese Berichte sind Fakten. Sie stammen noch aus der Zeit, als das professionelle Ringen noch nicht zur abgekarteten Show (wie das Ali gegen Inoki-Spektakel*) degeneriert war.

Ich hatte schon immer auf die Überlegenheit von Ringern gegenüber Boxern hingewiesen, wenn diese mit dem Ringen nicht vertraut sind. Aber es dauerte ziemlich lange, bis die Selbstverteidigungsszene dieses begriff.
Im Januar 1989 berichtete das französische Kampfsportmagazin *„Karate Bushido”* über den aufsehenerregenden Wettkampf zwischen einem Top-Thaiboxer und einem Ringkämpfer. Natürlich fand der Kampf in Holland statt.

Wer gesiegt hat?
Der Ringkämpfer. Durch Würgegriff.

* Dieser Kampf war, als ich vor zig Jahren dieses Kapitel schrieb, gerade aktuell und Tagesgespräch, heute ist er Legende.

Tan-Sao außen – kombiniert mit Fußtritt

Blocks sind wirkungslos

Herkömmliche Block- und Konter-Methode hat nur eine Chance, wenn der Angreifer aus großer Distanz mit Ausfallschritt und in erkennbarer Absicht angreift. Dann reicht die Zeit auch zur Reaktion.

Die Block- und Konter-Methode gibt Ihnen nur eine Chance, wenn der Angreifer aus großer Distanz mit Ausfallschritt und in erkennbarer Absicht angreift. Dann reicht die Zeit auch zur Reaktion.
Zumindest ist diese pessimistische Einschätzung dann gültig, wenn Sie versuchen, gegnerische Handtechniken mit den herkömmlichen Wegschlag- oder Block-Techniken (die aus dem Karate, Taekwon-Do und den meisten Kung-Fu-Stilen bekannt sind) abzuwehren.

Steve Arneil, 6. Dan Oyama (Kyokushin-) Karate bezeichnet die in diesem Buch vorgestellte Methode als die beste, um schnelle Fauststöße abzuwehren.

Steve Arneil, 6. Dan (Oyama-)Karate in seinem Lehrbuch „Modern Karate“ (1974) S. 81: „In der Praxis sieht man selten einen korrekten Block im Karate-Wettkampf oder beim Kampftraining im Verein. Meiner Meinung nach ist es praktisch unmöglich, die schnellen Fauststöße, z.B. eines Boxers, effektiv mit Karate-Blocks abzuwehren.“
Die meisten Blocks, egal ob in japanischen oder chinesischen Stilen, seien „holding“, werden also nach dem Schlag unbeweglich gehalten, so dass der Angreifer „seinen Angriff fortsetzen kann.“ Fortgeschrittene Karatekämpfer sollten laut Arneil, dem damaligen englischen Nationaltrainer und damals zweithöchstem nichtjapanischen Meister in Europa, besser vom WingTsun lernen, „einem modernen Kung Fu-Stil, der sich der praktischen Seite des Kung Fu verschrieben hat und besonders Ableiten (des gegnerischen Angriffs) und gleichzeitigen Gegenangriff betont, so dass der eigene Konterschlag gleichzeitig mit dem Angriff erfolgt und nicht erst mit der zweiten oder dritten Bewegung hinterher.“ Der in Deutschland als Autor sehr bekannte Karate-Lehrer Albrecht Pflüger, 8. Dan Shotokan-Karate, verwirft (in „Kontakt-Karate“, Falken-Verlag) die grundschulmäßigen Karate-Blocks und empfiehlt stattdessen, von den Boxern zu lernen, die den Körper mit den Armen decken:

„Karateka sollen von Boxern lernen.“

A. Pflüger, 7. Dan Shotokan-Karate

„Hier muss ich einmal ganz nachdrücklich viele Karateka (Karate-Kämpfer) von ihrem hohen Ross herunterholen … Betrachtet man nun noch die vielseitige Beinarbeit, die eleganten Sidesteps, die geschmeidigen Meid- und Täuschbewegungen mit dem Oberkörper, die rationellen Abwehrbewegungen, den

A. Pflüger, 7. Dan Shotokan-Karate, beklagt sich darüber, dass es im Karate an vernünftigen Abwehr- und Nahkampf-Techniken fehlt.

im traditionellen Karate fehlenden äußerst vielseitigen Nahkampf (Infight), so kommt man zu dem Schluss: Von Boxern können wir, was das Kämpfen mit den Händen angeht, nur lernen." Einen Absatz weiter gibt A. Pflüger dann eine realistische Einschätzung des traditionellen Karate als Kampfart ab:
„Wenn wir soweit kommen, dass wir mit den Fäusten so gut arbeiten können wie ein Boxer und dazu noch das Treten beherrschen, dann erst ist Karate die optimale Kampfart!" Mir erscheint es weniger aufwändig, einem guten Boxer das Treten beizubringen. Aber was soll damit erreicht werden?

Weshalb muss ein Stil, der historisch belegbar und nach Aussagen von Funakoshi Gichin (dem Begründer des japanischen Karate) mehr zur Körper- und Charakterentwicklung als zum Kampf gedacht war, durch Hinzugabe artfremder Techniken zu einer Selbstverteidigungsmethode frisiert werden, obwohl diese auf anderen Gebieten exzellente Methode – wie führende Karatemeister offen zugeben – für Abwehr und Nahkampf vom technischen Repertoire her weniger geeignet ist?

„Viele Karateka überschätzen sich sehr und reagieren auf andere (karatefremde) Techniken wie Schwinger und Haken meist falsch."

Teruo Kono, 8. Dan Wado-Karate, 8. Dan Shinto, Yoshin-ryu Ju-Jutsu, Kempo, Cheftrainer Europa

In diesem Zusammenhang möchte ich aus dem Lehrbuch „Karate" von T. Kono, 8. Dan und Bundestrainer für das Wado-ryu-Karate, und E. v. Oehsen (rororo) zitieren:
„Allerdings besteht in der Anwendung des Karate als Mittel der Selbstverteidigung ein prinzipielles Problem: Jeder, der Karate als Sport versteht und betreibt, erwirbt durch Training und Wettkampf nicht unbedingt eine Haltung, die nötig ist, sich z.B. einem skrupellosen Schläger entgegenzustellen; dies ist auch nicht das Ziel eines sportlichen Karate-Trainings. Viele Karateka überschätzen sich in dieser Hinsicht sehr: Denn wer im Training niemals besonders hart und mit ungewöhnlichen Techniken kämpft, der ist zum einen auf karatemäßige Techniken fixiert und reagiert auf andere Techniken, wie Schwinger und Haken, meist verkehrt."

„Ich bin schon da!", sagte der Igel zum Hasen
Blocks sind wirkungslos!

Sie müssen Ihre Arme so platzieren, dass der angreifende Arm (bzw. Bein) des Gegners einen Ihrer Arme berühren muss, bevor er (es) schwache Stellen Ihres Körpers treffen kann.

Mit dem Überschreiten der ersten Grenze (Lange Distanz) kamen Sie bereits in den Bereich der Hände und lernten Kettenfaust-Salven abzufeuern.

Für die Mittelstrecke gilt: Befinden Sie sich in der kritischen Distanz, so dass der Gegner Sie mit einem Faustsstoß ansatzlos treffen kann, ohne sein Gewicht verlagern oder seine Schultern drehen zu müssen, ist die erfolgreiche Abwehr seiner Handtechnik (die noch schneller als ein Tritt sein kann) reine Glückssache. Zumindest ist diese pessimistische Einschätzung dann gültig, wenn Sie versuchen, gegnerische Handtechniken mit den herkömmlichen Wegschlag- oder Block-Techniken (die aus dem Karate, Taekwondo und den meisten Kung-Fu-Stilen bekannt sind) abzuwehren.

„In der Praxis sieht man selten einen korrekten Block im Karate-Wettkampf oder beim Kampftraining im Verein. Meiner Meinung nach ist es praktisch unmöglich, die schnellen Fauststöße, z.B. eines Boxers, effektiv mit Karate-Blocks abzuwehren."

Steve Arneil, 6. Dan (Oyama-)Karate
(in seinem Lehrbuch *„Modern Karate"* (1974)

Korrekte Deckung „Zeigende Finger"

Der englische Karate-Bundestrainer bezeichnete im weiteren Verlauf seines Buches die hier vom Verfasser vorgestellte Methode als die wirkungsvollste, um schnelle Angriffe abzuwehren.

Der in Deutschland als Autor sehr bekannte Karate-Lehrer Albrecht Pflüger, 7. Dan Shotokan-Karate, verwirft die grundschulmäßigen Karate-Blocks und empfiehlt stattdessen, von den Boxern zu lernen, die den Körper mit den Armen decken:
„Hier muss ich einmal ganz nachdrücklich viele Karateka (Karate-Kämpfer) von ihrem hohen Ross herunterholen ... Betrachtet man nun noch die vielseitige Beinarbeit, die eleganten Sidesteps, die geschmeidigen Meid- und Täuschbewegungen mit dem Oberkörper, die rationellen Abwehrbewegungen,

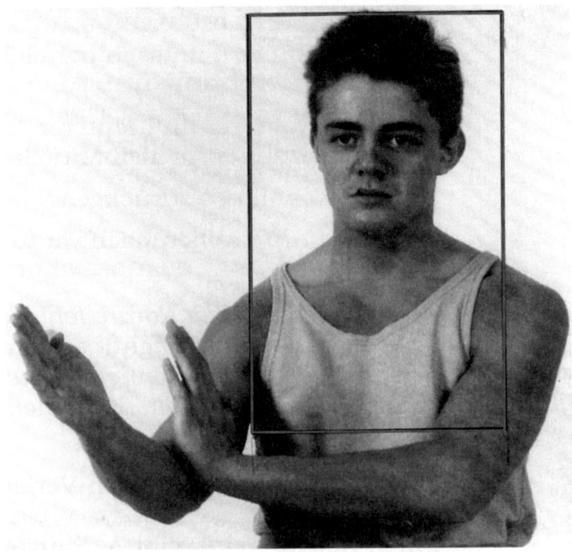

Deckung seitlich statt zentral

Auftretende **Fehler**

Deckung zu tief,
Hals und Kopf ungeschützt

Deckung zu hoch,
Magen, Leber usw. ungeschützt

Weitere wichtige Punkte:

- Die Schultern müssen parallel zum Ziel stehen
- Nase, vorderer und hinterer Arm müssen parallel zur vertikalen Mittellinie liegen
- Der Kopf muss zurückgenommen werden
- Beide Arme gehen nach vorne

Gegen lineare Angriffe

den im traditionellen Karate fehlenden äußerst vielseitigen Nahkampf (Infight), so kommt man zu dem *Schluss: Von Boxern können wir, was das Kämpfen mit den Händen angeht, nur lernen."*

Albrecht Pflüger, 7. Dan Karate
(in *„Kontakt-Karate"*, Falken-Verlag)

Einen Absatz weiter gibt A. Pflüger dann eine realistische Einschätzung des traditionellen Karate als *Kampfart* ab:
„Wenn wir soweit kommen, dass wir mit den Fäusten so gut arbeiten können wie ein Boxer und dazu noch das Treten beherrschen, dann erst ist Karate die optimale Kampfart!"

Die Eroberung der Mitte im Schach

„Alle Eröffnungen, in denen ein Spieler ohne Not das Zentrum aufgibt, sind für den Gegner vorteilhaft. Das ganze Ziel und den ganzen Erfolg des Eröffnungsgeplänkels bildet *die Eroberung der Mitte*. Ist der Verteidiger zur Aufgabe des Zentrums gezwungen, dann ergeben sich alle möglichen Angriffe *von selbst*; gelingt es ihm, das Zentrum zu behaupten, so erschwert er damit die Führung des Angriffs ganz ungemein."

Dr. Siegbert Tarrasch (1862 – 1934), Arzt und einer der stärksten Schachspieler seiner Epoche.**

Dem Autor erscheint es weniger aufwändig, einem guten Boxer den Mae-Geri (Fußtritt nach vorne) beizubringen. Aber was soll damit erreicht werden? Weshalb muss ein Stil, der historisch belegbar und nach Aussagen von Funakoshi Gichin (dem Begründer des japanischen Karate) mehr zur Körper- und Charakterentwicklung als zum Kampf gedacht war, durch Hinzugabe artfremder Techniken zu einer Selbstverteidigungsmethode frisiert werden, obwohl diese auf anderen Gebieten exzellente Methode – wie führende Karatemeister offen zugeben – für Abwehr und Nahkampf vom technischen Repertoire her ungeeignet ist?

In diesem Zusammenhang möchten wir aus dem Lehrbuch *„Karate"* von T. Kono, 8. Dan und Bundestrainer für das Wado-ryu-Karate, und E. v. Oehsen (rororo) zitieren:
„Allerdings besteht in der Anwendung des Karate

** Dieses Zitat fand unser Leser Werner Schulz.

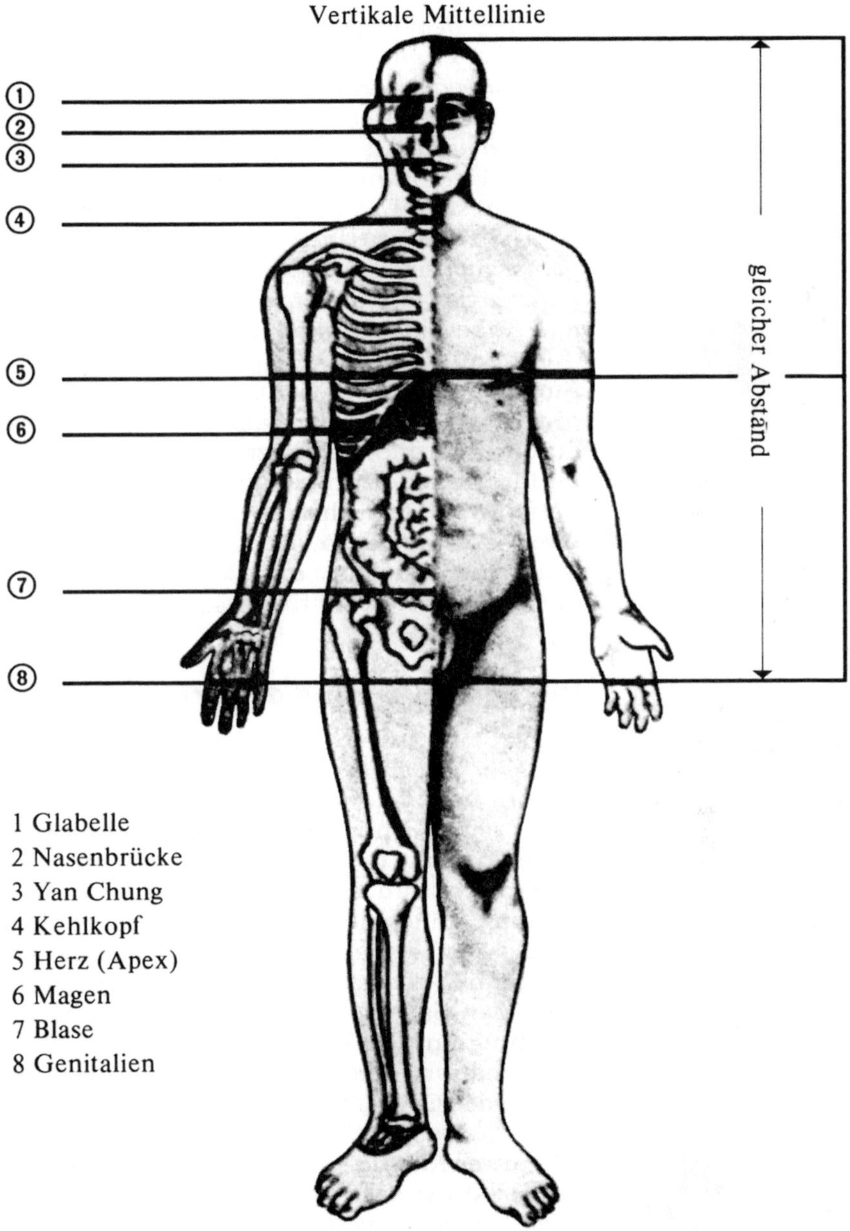

Verletzbare Punkte des Menschen entlang der vertikalen Mittellinie*

* Die vertikale „**Mittel**linie" darf nicht mit der so genannten „**Zentral**linie" verwechselt werden, die vom Kreuzungspunkt der vertikalen Mittellinie mit der Linie (5) ausgehend auf den Gegner ausgerichtet ist.

als Mittel der Selbstverteidigung ein prinzipielles Problem: Jeder, der Karate als Sport versteht und betreibt, erwirbt durch Training und Wettkampf nicht unbedingt eine Haltung, die nötig ist, sich z.B. einem skrupellosen Schläger entgegenzustellen; dies ist auch nicht das Ziel eines sportlichen Karate-Trainings. Viele Karateka überschätzen sich in dieser Hinsicht sehr: Denn wer im Training niemals besonders hart und mit ungewöhnlichen Techniken kämpft, der ist zum einen auf karatemäßige Techniken fixiert und reagiert auf andere Techniken, wie Schwinger und Haken, meist verkehrt."

Eine sichere Abwehr ist nur möglich, wenn die Körperachse während der ganzen Vorwärtsbewegung durch die Arme geschützt wird. Deshalb müssen Sie Ihre Arme vorher so platzieren, dass die Angriffswaffe (Arm, Bein) Ihres Gegners zumindest einen Ihrer Arme irgendwo (innen oder außen) berühren (kontaktieren) muss, bevor sie besonders gefährdete Stellen Ihres Körpers treffen kann.

Ohne vorwärtsfließende Energie geht es nicht!

Die Positionierung der Arme

a) Vorderer Arm

Sowohl der linke als auch der rechte Arm kann vorne sein. Wichtig ist, dass der Arm exakt auf der Mittellinie mit den Fingerspitzen leicht aufwärts positioniert wird. Der Ellbogen soll dabei eine tiefe Stellung einnehmen. Der Arm soll nicht völlig gestreckt sein, so dass er noch Stoßpotential besitzt. Wir nennen den vorderen Arm auch den fragenden Arm (Man-Sao). Wie ein Sensor fühlt er Stärke und Richtung auf ihn eindringender Kraft. Militärisch kann man ihn mit der Vorhut vergleichen, die die Stärke des Gegners auskundschaftet.

„Wer einen Krieg unternehmen will, muss sich genaue Kenntnis von der Stärke des Feindes, mit dem er kämpfen will, ... verschaffen, um die eigenen Kräfte mit denen des Gegners zu messen (= vergleichen) und festzustellen, auf welcher Seite die Überlegenheit ist."

Friedrich der Große

(in *Betrachtungen über die Feldzugpläne, 1775*)

Die kürzeste Verbindung zwischen zwei Punkten ist geradlinig. Deshalb ist der zentrale Fauststoß dem Schwinger überlegen, wenn beide gleichzeitig erfolgen, genügend Abstand besteht und der Gegner direkt vor uns steht und nicht seitlich versetzt.

b) Hinterer Arm

Auch der hintere Arm wird auf der Mittellinie – mit den Fingerspitzen aber nach oben – positioniert. Der Ellbogen schützt die Seite (Flanke) des Körpers. Ist der vordere Arm die Vorhut, so kann man die hintere (Wu-Sao) als die Leibwache ansehen.

Falls alle Voraussetzungen erfüllt sind, muss ein *geradliniger* gegnerischer Angriff mit einer Handtechnik zuerst Ihren vorderen oder hinteren Arm kontaktieren, bevor er leicht verletzliche Stellen Ihres Körpers treffen kann. Das heißt, Sie werden durch den Tastsinn vorher gewarnt.

Die vertikale Mittellinie und die verletzlichen Stellen am menschlichen Körper

Alle *Ihre* gefährdeten Stellen liegen auf oder neben der vertikalen Mittellinie. Deshalb gilt es, diese Mittellinie durch entsprechendes Positionieren Ihrer Arme zu sichern. Alle gefährdeten Stellen Ihres *Gegners* liegen auf oder neben der Mittellinie. Deshalb gilt es übrigens auch, eben diese Mittellinie Ihres Gegners anzugreifen.

Großmeister Leung Ting demonstriert Kettenfauststöße.

Die WT-Kampfprinzipien

Das erste Teil-Prinzip

Ist der Weg frei, stoße vor!

Ständiger Kraftfluss nach vorne

Der Kämpfer soll stets den Drang verspüren, vorzugehen, das heißt direkt in den Gegner hinein. Dies gilt sowohl für die Arme (die vorstoßen) als auch für die Beine (die treten) als auch für den ganzen Körper (der vorrücken soll). Der Anwender des WingTsun-Systems soll ständig in die Richtung der vertikalen Achse seines Gegners drängen (Kraftfluss nach vorne).

Wenn kein Hindernis dem WingTsun-Kämpfer den direkten Weg versperrt, wird dieser stets direkt dessen Achse mit Hand und/oder Fuß angreifen. Direkt heißt, dass wir nicht von der Seite oder aus einem Winkel kommen, sondern auf dem kürzesten Wege – ohne Auszuholen – vorrücken und angreifen.

Aggredior" bedeutet im Lateinischen u.a. „ich gehe an jemanden heran".

„Aggredior" bedeutet im Lateinischen u.a. *„ich gehe an jemanden heran"*. Was das Vorgehen betrifft, so kann man das WingTsun-System also oberflächlich ein aggressives Selbstverteidigungssystem nennen. Wir sind aber nicht aggressiv in dem Sinne, dass uns vor Wut (oder Angst) der Mund schäumt. Diese andere Art von (innerer) Aggressivität, die die sichere Reaktion lähmt, wäre unseren Zielen entgegengesetzt.

Wir haben erkannt, dass ein Vorgehen mit Hand und Fuß (Kraftfluss nach vorne) die meisten Kampfsituationen schon im Ansatz klärt. Zur Veranschaulichung zeigen wir anhand einiger Beispiele die Anwendung des Prinzips *„Ist der Weg frei, stoße vor!"* gegen Angriffe mit:

- Faust
- Fuß
- Würgen
- Schlagen mit dem Stock

Vorgehen mit Hand und Fuß gegen Würgen

1. Vor-Kampfstellung

Vorgehen mit Hand und Fuß gegen Fauststoß

2. Der Angreifer kommt mit Fauststoß rechts und Ausfallschritt rechts. Der Verteidiger geht mit halbkreisförmigem Vorwärtsschritt und innerem zentralem Fauststoß in den Angriff hinein. Der Fauststoß schützt ihn vor dem Schlag des Angreifers und trifft diesen außerdem entscheidend am Kopf. Das linke Bein des Verteidigers kontrolliert dabei das rechte Bein des Angreifers.

Vorgehen mit Hand und Fuß gegen Vorwärtstritt

1. Vor-Kampfstellung

2. Durch den halbkreisförmigen Vorwärtsschritt gelangt der Verteidiger in den Angriff hinein, wobei das tretende Bein des Angreifers leicht zur Seite gedrängt wird.

3. Die rechte Faust trifft den Kopf.
Gemeinsam mit dem Angreifer stellt der Verteidiger seinen rechten Fuß ab, der Kontakt bleibt aufrechterhalten.

4. Unmittelbar darauf folgt ein zweiter (Ketten-)Fauststoß, um den Angreifer sicher auszuschalten.

Vorgehen mit Hand und Fuß gegen Rundtritt

Sobald der Angreifer mit dem rechten Fuß vorrückt, um die für seinen Tritt optimale Distanz zu erreichen, geht der Verteidiger (mit rechter Hand und rechtem Fuß) vor und in den Angriff hinein. Sein vorstoßender Arm schützt ihn vor dem hohen Tritt. Sein Vorwärtsdruck raubt dem Gegner das Gleichgewicht.

Vorgehen mit Hand und Fuß gegen Stockschlag

Damit wir uns gleich richtig verstehen und uns keiner für wirklichkeitsfremde Spinner hält: Die Abwehr von Waffen ist kein Kinderspiel und höchst risikohaft, insbesondere gegen einen Waffenexperten. Fortgeschrittene WT-Kämpfer ***sind*** *Waffenexperten und deshalb Realisten. Stockschläge kommen kurvig und entziehen sich deshalb der taktilen Angriffserkennung.*
Deshalb bleibt optisches Reagieren mit dem entsprechenden Risiko. So ist diese angebotene „Antwort“ bitte nur als eine Möglichkeit zu sehen, die sich in der Praxis aber bewährt hat.

Diesmal hat der Verteidiger seine Arme natürlich nicht als Fühler nach vorne geschoben, denn ein Stockschlag könnte sie schwer verletzen.

Durch Vorgehen mit Hand und Fuß gelangt der Verteidiger in den Angriff des Gegners hinein. Sein Fauststoß dient gleichzeitig zum Ausschalten des Angreifers, aber in erster Linie zur Abwehr des Stockschlages. Das vordere Bein kontrolliert den Stand des Angreifers, die rechte Hand den Arm des Gegners, um auf Folgeangriffe gefühlsmäßig reagieren zu können.

Weitere Beispiele für Vorgehen mit Hand und Fuß

Das zweite Prinzip

Wenn der Weg nicht frei ist, bleibe kleben!

Hat einer unserer Arme Kontakt mit einem gegnerischen Arm, so drücken wir weiter in Richtung der vertikalen Mittellinie und nehmen unseren Arm nicht zurück, das heißt, Kontakt und Druck bleiben erhalten.

Anwender herkömmlicher Selbstverteidigungsmethoden machen vielleicht erst einen Fauststoß rechts und falls dieser abgewehrt wird, ziehen sie ihn zurück, um mit dem rechten Arm zu stoßen oder mit dem Fuß zu treten.

Unser Motto lautet: „Stößt dein Angriff auf Widerstand, ziehe den Arm nicht zurück, sondern bleibe kleben!"

Im WT gilt diese Methode als grundfalsch. Unser Motto lautet: *„Stößt dein Angriff auf Widerstand, ziehe den Arm nicht zurück, sondern bleibe kleben!"*

Wer gegen dieses Prinzip verstößt, bringt sich in größte Gefahr, wenn er gegen einen gut trainierten WT-Kämpfer antritt.

Bitte lesen Sie zur Erklärung die Kapitel *Die Todsünden im WT* und *Das vierte Prinzip: „Wenn der Gegner (sich) zurückzieht, folge!"*

Wer nicht klebt, bekommt eine „geklebt"

Manche Vorschriften lassen sich leichter dadurch erklären, wenn man klar macht, was passieren kann, wenn man sie *nicht* befolgt.

Wenn der Angreifer (links) nicht am abwehrenden Arm seines Gegners *„klebt"* (dranbleibt), sondern den Arm zurückzieht, um *„Schwung für den zweiten Fauststoß mit links zu holen"*, trifft ihn der Fingerstich des Verteidigers.

Vorausgesetzt allerdings, dass dieser seine linke Hand nicht nur auf dem Arm des Angreifers *„geparkt"* hatte, sondern mit vorwärtsfließender Energie auf den Gegner drückte.

Das dritte Prinzip

Stößt du auf die Kraft des Gegners, gib nach!

Im Rahmen dieser einführenden Betrachtung müssen wir uns auf die vier wichtigsten reflexartigen Hauptreaktionen bzw. Verformungen beschränken, die durch den Druck gegen unsere Arme ausgelöst werden.

Durch Chi-Sao-Unterricht werden dem Schüler reflexartige Reaktionen vom Lehrer eingepflanzt.

Im Gegensatz zu „angeborenen" Reflexen sind diese sog. *reflexartigen* Reaktionen nicht bei jedem gesunden Menschen von vornherein vorhanden, sondern sie müssen erst von einem erfahrenen Lehrer durch Lektionieren (Chi-Sao-Unterricht) eingepflanzt (oder falls in seltenen Fällen latent vorhanden, wiedererweckt) werden.

Sobald der gegnerische Arm einen unserer Arme irgendwo kontaktiert und einen noch so leichten Druck auf ihn ausübt, wird der Vektor (Angriffspunkt, Größe und Richtung der Kraft) unmittelbar eine Verformung bzw. eine reflexartige Reaktion unseres Armes hervorbringen, die nicht (zeitraubend) vom Gehirn gesteuert wird.

„Meine Technik ist die Technik des Gegners
=
Meine Technik wird durch die Technik des Gegners bestimmt."
Bruce Lee

Auslöser ist *direkt* die Angriffshandlung des Gegners. Dies war gemeint, als z.B. Bruce Lee formulierte: *„Meine Technik ist die Technik des Gegners."* Anders gesagt, ist Ihre Aktion die direkte reflexartige Reaktion auf die Aktion des Gegners. Der Gegner formt durch seinen Angriff Ihren Arm in der Weise, dass Sie geschützt sind.

Wie Schwäche zur Stärke wird

Zunächst folgten wir dem Satz *„Ist der Weg frei, stoß vor!"*, dabei trafen wir auf den Widerstand des gegnerischen Armes, worauf wir entsprechend dem Satz *„Wenn der Weg nicht frei ist, bleib kleben!"* Kontakt hielten. Nun fühlen wir starken Druck und geben ihm sofort (aber nicht völlig) nach *(„Wenn die Kraft des Gegners größer ist, gib nach!")*

„Man sieht und erfährt es von jeher, dass der Stärkere

und Listigere dem Schwächeren und Ehrlichen weit überlegen ist. Deswegen lehrt uns die Vernunft und die Natur, dass wir denen gegenüber, die mächtiger sind, etwas nachgeben, was wir auch bei den unvernünftigen Tieren sehen. ... Darum ist in solchen Fällen ... etwas Nachgeben ... viel besser, als sich starrköpfig zu seinem sicheren Verderben zu widersetzen."

L. v. Schwendi (nach 1550)

Es ist leichter, zehn Bände über Philosophie zu schreiben, als einen Grundsatz in die Tat umzusetzen.
Tolstoi

Wenn unser WingTsun-System das Nachgeben postuliert, verlangen wir damit, dass Sie gegen Ihre sonstige Gewohnheit handeln sollen. Stößt Sie jemand, sollen Sie nicht mehr Widerstand leisten und dagegen drücken; zieht Sie jemand, sollen Sie sich ziehen lassen und dem Zug bereitwillig folgen.
Das Gegenteil von dem zu tun, was der Gegner will, erscheint den meisten vernünftig. Denn den Erfolg, den der Gegner herbeiführen will, will man ja logischerweise mit allen Mitteln verhindern. Also müsste genau das Gegenteil von dem, was der Gegner wünscht, in unserem Interesse liegen.
Wenn Sie aber alles unterbinden wollen, was der Gegner beabsichtigt, müssen Sie diesem kräftemäßig überlegen sein. Da Sie aber dieses Buch gekauft haben, gehe ich davon aus, dass Sie nicht der amtierende Weltmeister im Freistilringen des Superschwergewichtes sind.

Der Geist ist willig, aber das Fleisch ist zu stark.

Selbst dem Stärksten wird einleuchten, dass er nicht immer der Stärkste bleiben wird. So kann auch der Autor nicht mehr die 200 kg von seiner Brust weg drücken, die er noch vor knapp zwei Jahrzehnten als tägliches Standardgewicht im Training benutzte. *Sic transit gloria mundi!* Mit dem Schwinden der Kraft wächst aber zum Trost die Altersweisheit.

Schwäche zur Stärke machen!

Nach Sigismund von Radecki (1898 – 1970) besteht Jugendkraft darin, dass einem jeder Widerstand Freude macht. Die Weisheit des Alters lehrt, Schwäche zur Stärke zu machen.

Im *„Tao Te King"*, dem Buch vom Weltgesetz und seinem Wirken, von Laotse in der Wiedergabe von Walter Jerven (Otto Wilhelm Barth-Verlag) finden wir diese Zeilen:

Unstarr und Starr

Unstarr geht der Mensch ins Leben ein.
Verliert er Leben, ward er starr.
Ist Treibendes unstarr, so ist Eingehen,
setzt Erstarren ein, so ist Zerfall.
Beginnt Starr und Fertig, beginnt Ende.
Währt Unstarr und Unfertig,
ist endloser Beginn.
Darum ist nicht Sieger, wer Kraft ausbreitet.
Dadurch, dass er Kraft ausbreitet,
lädt der Baum zum Fällen.
Dadurch, dass er Kraft ausbreitet,
verliert der Mensch Leben.

Nichts Nachgiebigeres in der Welt als Wasser,
dennoch zwingt es das Härteste.
Groß im Aufgeben, ist es groß im Erreichen.
Nicht greifbar, ergreift es.
Das Nicht-Sichtbare überwindet das
Sichtbare.
Unstarr übernimmt Starr.
Jeder weiß es, keiner erweist es.
Wer erträgt, wird getragen.
Wer sich aufgibt, behauptet sich.
Wunder-Volles klingt wunderlich.

Laotse

Die zwei Reaktionsgruppen

Außen und innen

Außen

Wird gegen die Außenseite Ihres Armes ein Druck ausgeübt, so können je nach Kraftrichtung diese zwei reflexartigen Reaktionen bzw. Verformungen hervorgebracht werden:

Bong-Sao

Tan-Sao

- Nr. 1: Schwingen-Arm *(Bong-Sao)*
- Nr. 2: Handfläche-oben-Arm *(Tan-Sao)*

Innen

Wird gegen die Innenseite Ihres Armes Druck ausgeübt, so können je nach Kraftrichtung diese zwei reflexartigen Reaktionen bzw. Verformungen hervorgebracht werden:

Djam-Sao
Pak-Sao

Kao-Sao

- Nr. 3: Sinkender Ellbogen *(Djam-Sao)* bzw. Handflächenkontrolle *(Pak-Sao)*
- Nr. 4: Innerer Schwingen-Arm *(Kao-Sao)* *(„Grabender Arm“)*

WT-Abwehren sind verhinderte Angriffe.

Anmerkung

Obwohl diese reflexartigen Reaktionen bzw. Verformungen der Verteidigung dienen, sind sie ursprünglich aggressiver (= vorgehender) Natur. Wir betrachten sie als vom Gegner be- oder verhinderte Stöße unsererseits (nach unserer Vorstellung verbindet ***eine*** *schmale Straße (Meridian bzw. Zentrallinie) mein Zentrum mit dem des Gegners; begegnet mir der Arm des Gegners auf der Straße, kann er mit entsprechender Kraft meine Vorwärtsbewegung zum Stillstand bringen).*

Bong-Sao
Tan-Sao
Ausgangs-
position
Jam-Sao
Kao-Sao

Reagiere sofort!

Die vier reflexartigen Reaktionen bzw. Verformungen entstehen, sobald der gegnerische Arm gegen unseren Arm drückt.

Warten Sie nicht, bis es zu spät ist, sondern reagieren Sie sofort!

Es ist meiner Erfahrung nach falsch, dem Druck Widerstand entgegenzusetzen. Denn je länger sich unsere Reaktion hinauszögert, desto mehr wird die Faust des Gegners beschleunigt, bis es dann für eine Reaktion zu spät ist und wir getroffen werden. Deshalb sollte man nicht warten, bis der Druck unerträglich wird, sondern man sollte *sofort* nachgeben, damit sich größere Kräfte gar nicht erst aufbauen können.

Herrn Dr. Schewior, Neckargemünd, verdanke ich den Hinweis, dass bei steigender Kraft das Kraftempfinden Täuschungen unterworfen ist (Weber-Fechner-Gesetz).

Nachgeben mit dem Arm

Um den geneigten Leser nicht zu verwirren, betrachten wir zunächst nur den vorderen Arm *(Man-Sao).* Aus demselben Grund lassen wir in unserer Darstellung auch zusätzliche Körperbewegungen (Wendungen, Schritte) vorläufig weg.

Der vordere Arm soll grundsätzlich mit Energie vorgestoßen werden.

Grundsätzlich geht der vordere (fragende) Arm stets mit Energie vor. Aber der Vorwärtsdruck darf nicht zu groß sein, damit wir nicht in Gefahr geraten, das Gleichgewicht zu verlieren. Außerdem soll der vordere Arm *(Man-Sao)* vorher nicht zum Ausholen zurückgezogen werden.

Ebenso muss aus Balancegründen daran erinnert werden, dass:

- keine Schulter vorgeschoben werden darf,
- das Becken leicht vorgedrückt werden muss.

Aus Sicherheitsgründen muss der *Glaskopf* (General) hinten bleiben.

1. Reflexartige Verformung: Bong-Sao

Bong-Sao (Schwingenarm) entsteht, wenn der gegnerische Arm in Richtung auf die vertikale Mittellinie oder darüber hinaus (schraffiertes Feld) ausübt.

Wenn der Gegner auf Ihren Unterarm (in Richtung Ihrer Hand) drückt, leisten Sie ihm kaum Widerstand, sondern erlauben es ihm, Ihre Hand herabzudrücken. Gleichzeitig aber bewirkt sein Druck das Hochklappen *(Bong-Sao)* Ihres Ellbogens. Jetzt bildet Ihr Unterarm eine Raumdiagonale vor Ihrem Oberkörper.

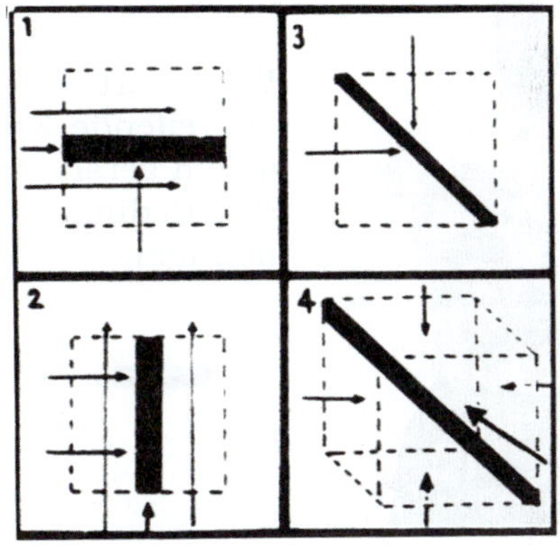

Bong-Sao

Die Funktion der Raumdiagonale im WT

1. Die Zeichnung oben stellt einen Arm in horizontaler Stellung dar. In dieser Position ist seine Berührungsfläche von oben und unten groß, aber gering von der Seite.

2. In vertikaler Stellung ist die Berührungsfläche zur Seite groß, aber gering von oben und unten.

3. Hier bildet der Arm eine Diagonale, so dass die Berührungsfläche überall gleich groß ist, egal, ob von oben, unten, links oder rechts.

4. Diese Zeichnung stellt *Bong-Sao* als Raumdiagonale dar. Maximale Berührungsfläche gegen *gerade* Angriffe!

Bong-Sao
– der Baumstamm, der auf dem Wasser treibt

Wirksam auch gegen den stärksten geradlinigen Angriff!

Da gar nicht erst der Versuch gemacht wird, dem Angriff zu widerstehen, kann Bong-Sao leicht mit dem stärksten *geradlinigen* Angriff fertig werden. Die Kraft des Angriffes mag noch so groß sein, Bong-Sao bleibt ihr gegenüber passiv wie ein Baumstamm, der auf dem Wasser treibt.

Gleichgültig wie schwer das Gewicht ist, das man auf ein Ende des Stammes legt, das beschwerte Ende geht unter, lässt das Gewicht ins Wasser rutschen und kehrt dann in seine Ausgangsposition zurück, als sei nichts geschehen (Zeichnung).

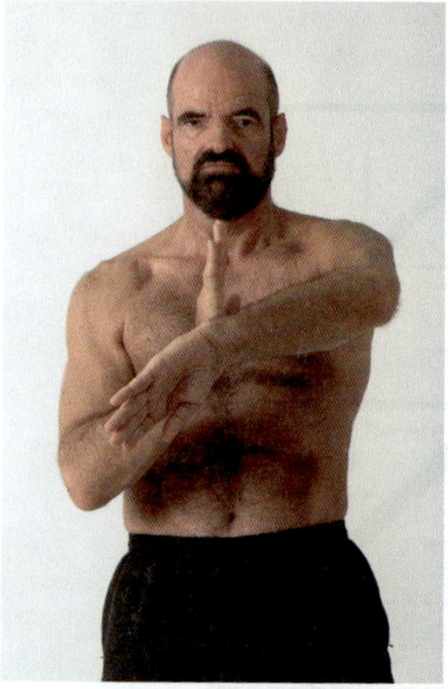

Dieser Art ist die Passivität, mit der Bong-Sao eine angreifende Kraft „aufnimmt". So kann Bong-Sao jedem geradlinigen Faustangriff (und unter gewissen Bedingungen auch einem Fußtritt) die Kraft nehmen.

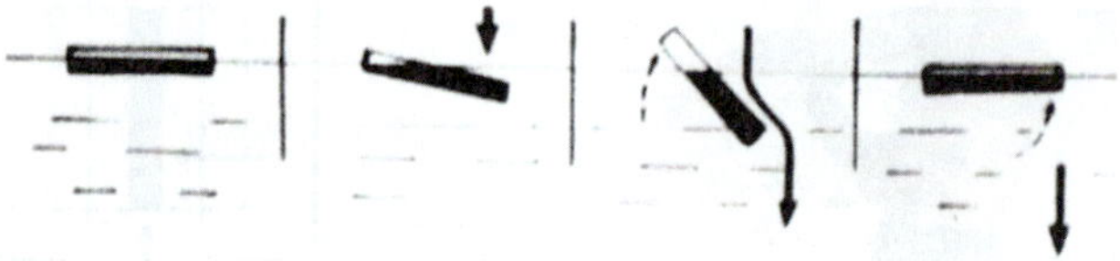

Großmeister Leung Ting lässt sich von Kämpfern aller Stile angreifen (1977).

Bong-Sao mit Wu-Sao

Der Autor demonstriert Bong-Sao.

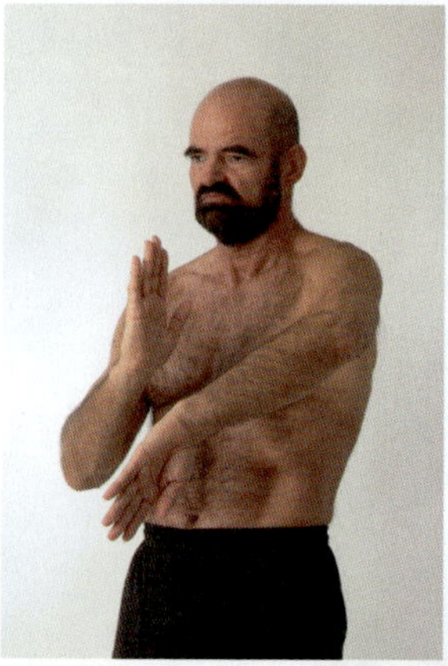

Bong-Sao und seine Anwendung

WT bedient sich einer elastischen stahlfederartigen Kraft, die der eines Stockes aus Rattanholz ähnelt. *Bong-Sao* ist ein gutes Beispiel dafür. Wie bereits ausgeführt, verwendet WT die Strategie des frontalen, aggressiven Nahkampfes. Betrachten wir die Stellung der Hände noch einmal genau, so finden wir, dass sie hintereinander platziert sind, in etwa einer Ebene. So stellt die vordere Hand militärisch gesprochen, die Front dar, während die hintere Hand sozusagen die Leibgarde repräsentiert.

Um also einen Treffer erzielen zu können, muss der Gegner beide Verteidigungslinien erfolgreich passiert haben. Aber sobald der angreifende Arm oberhalb des abwehrenden Armes diesen nur berührt, verwandelt dieser sich *automatisch* in *Bong-Sao*, der die Kraft des Angriffes nicht primitiv durch Kollision stoppt, sondern diese „weich aufnimmt".

Mit anderen Worten, die Wirkung, die die angreifende Hand des Gegners erfährt, entspricht einem Schlag auf eine Stahlfeder: je härter der Schlag ist, desto tiefer dringt er ein. Aber desto schwächer wird er auch, da er seine Kraft an die Feder abgegeben hat.

Wie *Bong-Sao* diese Energie zum vernichtenden Gegenschlag ausnutzt, also mit vom Gegner geborgter Kraft diesen elegant besiegt, wird später gezeigt. Ebenso wird auch in folgenden Kapiteln dargelegt, wie eine Wendung als Überdruckventil nötig wird, wenn *Bong-Sao* allein nicht mehr ausreicht.

Bong-Sao mit Wendung aus der Cham-Kiu

1. Simo in Vor-Kampfstellung

2. Angriff mit Ausfallschritt und Fauststoß links
Die Verteidigerin schiebt ihre vordere Hand leicht vor

3. Der vorgehende Arm der Verteidigerin wird berührt.

4. Durch den Druck und durch die Ellbogenposition des Angreifers verwandelt sich der vordere Arm der Verteidigerin in Bong-Sao.

2. Reflexartige Verformung: Tan-Sao

Tan-Sao (Handfläche oben) entsteht, wenn der gegnerische Arm außen Ihren vorgehenden Man-Sao kontaktiert und einen Druck auf die weiße (unschraffierte) Fläche ausübt.

Wenn der Gegner auf Ihren Unterarm (in Richtung Ihres Ellbogens) drückt, leisten Sie kaum Widerstand, sondern erlauben es ihm, Ihren Arm zu beugen, wobei sich Ihre Hand dreht, bis die Handfläche nach oben zeigt.

Zeigt die Handfläche nach oben, sprechen wir von *Tan-Sao.*
Tan-Sao kann von außen (S. 144 oben, S. 225) oder von innen (S. 145) ausgeführt werden. Von innen ist *Tan-Sao* sogar gegen nicht geradlinige Angriffe wirksam. Nur ist es dann nötig, den Stand zu verändern, das heißt, sich drehen zu lassen, bis man leicht seitlich steht. Dann kreuzt *Tan-Sao* den Weg des angreifenden Armes und gleichzeitig führt die andere Hand den Gegenangriff.

Gegen Schwinger eignet sich besonders die *Schrittwendung* (V-Schritt), bei dem ein Schritt zur Seite und nach vorne mit gleichzeitiger Wendung ausgeführt wird. In diesem Falle muss der *Tan-Sao* hoch vor der Schulter gehalten werden (S. 143 oben).
Da die Bahn des Schwingers eine Kurve darstellt, muss er langsamer sein als der gleichzeitige Gegenangriff, der geradlinig ist und vor dem eigenen Körper vom Zentralpunkt aus startet. Der geradlinige Angriff ist immer der schnellste, weil der kürzeste Weg zwischen zwei Punkten geradlinig verläuft.

Wir unterscheiden zwei verschiedene Phasen des *Tan-Sao:*

a) *Frontaler* Tan-Sao
(90° mit dem Körper)

b) *Seitlicher* Tan-Sao
(90° von der Schulter des Armes, der Tan-Sao ausführt, zum Körper des Gegners)

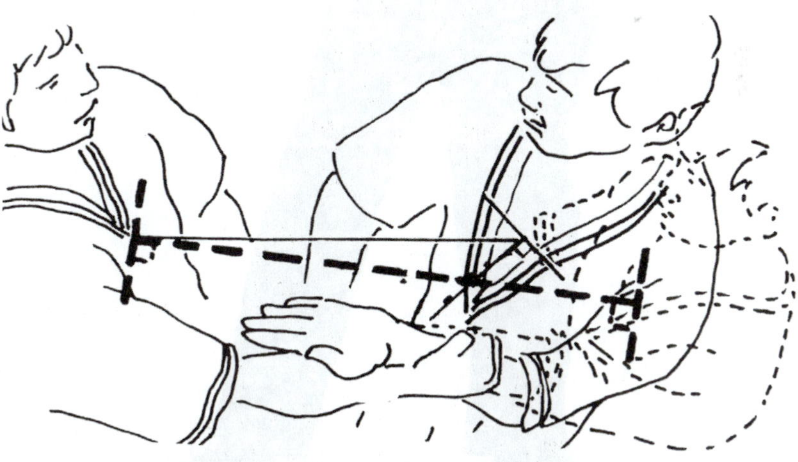

Die gepunkteten Linien deuten die verschiedenen Winkel an:

a) Frontaler Tan-Sao (90° mit dem Körper)
b) Seitlicher Tan-Sao (90° von der Schulter des Armes, der Tan-Sao ausführt, zum Körper des Gegners)

Tan-Sao mit Wendung und gleichzeitigem Fauststoß

Großmeister Leung bringt den hohen Tan-Sao/Fauststoß mit Schrittwendung Offizieren der indischen Geiselbefreiungs-Gruppe bei; Indien 1998.

Anwendung von Tan-Sao außen mit Gegenangriff

Anwendung von Tan-Sao innen mit Gegenangriff

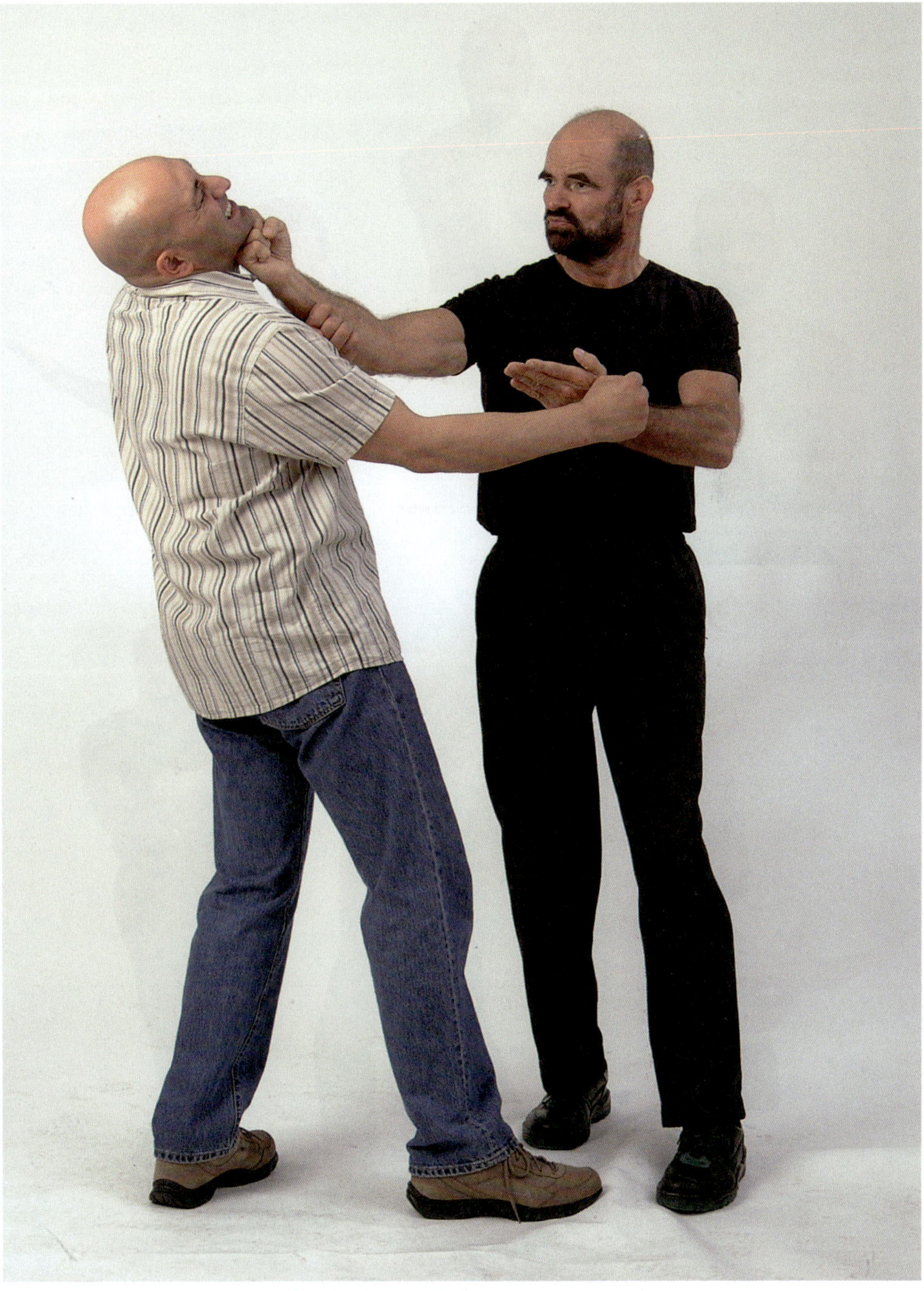

Anwendung von Tan-Sao innen mit Gegenangriff

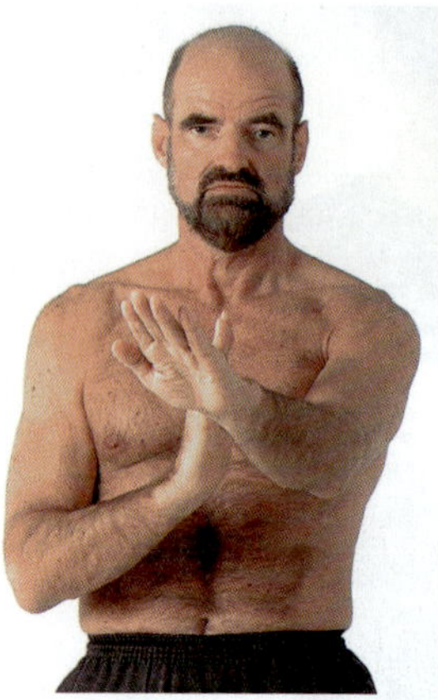

Fook-Sao

Anwendung von Fook-Sao außen
mit gleichzeitigem Fauststoß und Wendung

3. Reflexartige Verformung: Pak-/Djam-Sao

a) Pak-Sao

Pak-Sao entsteht, wenn der gegnerische Arm unseren Man-Sao innen im Bereich der Handinnenfläche kontaktiert und einen Druck auf die vertikale Mittellinie bzw. auf die schraffierte Fläche ausübt.

Pak-Sao ist kein Wegschlagen des gegnerischen Armes, sondern mehr eine Kontrolle mit der Handfläche, um sich selbst notfalls weg zu drücken.

Pak-Sao kann außen und innen angewandt werden, wobei der Gegenangriff in der Regel mit dem anderen Arm gleichzeitig erfolgt.

b) Djam-Sao

Djam-Sao entsteht z.B., wenn der gegnerische Arm unseren vorgehenden Man-Sao innen im Bereich der Elle (zwischen Handgelenk und Ellbogen) kontaktiert und einen Druck auf die schraffierte Fläche nach unten und auf uns zu ausübt.

Djam-Sao kann innen und außen eingesetzt werden, kommt aber in der Praxis nur außen vor.

Der Gegenangriff erfolgt oft mit demselben Arm, etwa in Form eines Fauststoßes.

Pak-Sao seitlich

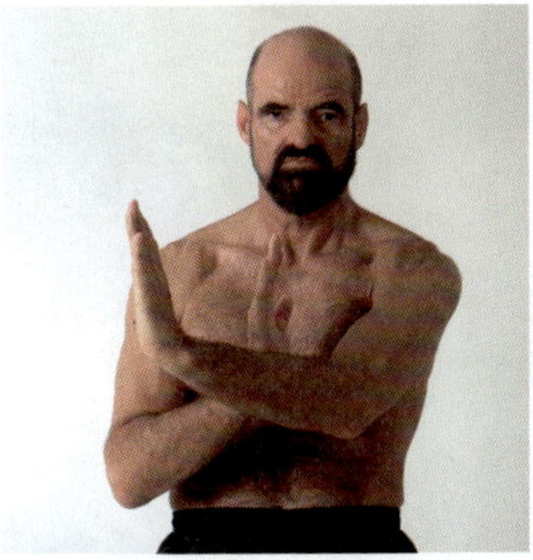

Pak-Sao frontal

Pak-Sao seitlich

Anwendung von Pak-Sao innen (der beide Arme des Gegners kontrolliert) mit gleichzeitigem Gegenangriff

Anwendung von Pak-Sao außen und gleichzeitigem Faustistoß außen

Pak-Sao außen
mit Fauststoß innen

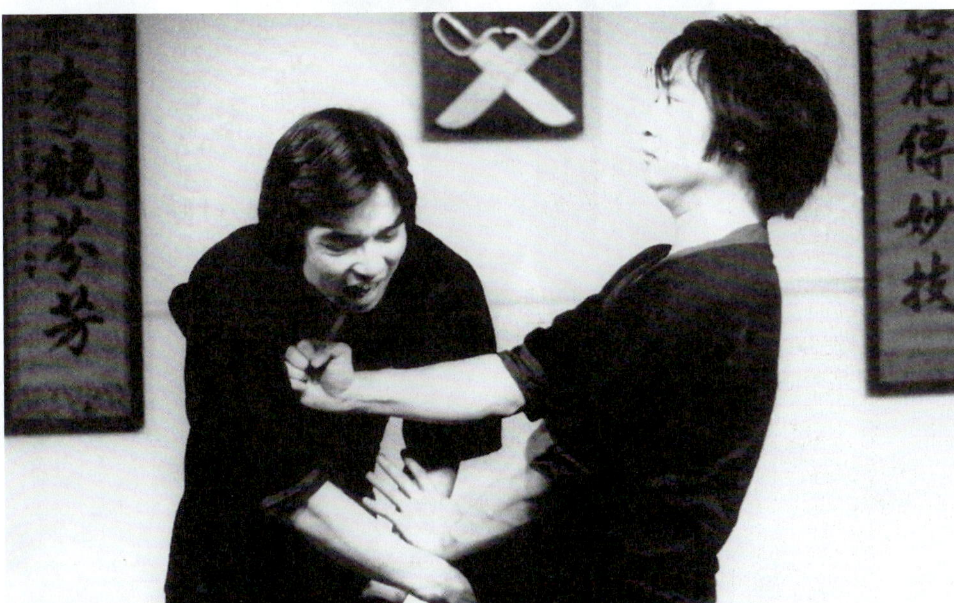

Leung Tuen (†) mit Pak-Sao/Fauststoß

Pak-Sao/Fauststoß und Eindringen in den Stand des Gegners

Djam-Sao

Der Autor demonstriert Djam-Sao mit Wendung.

Anwendung von Djam-Sao mit Wendung

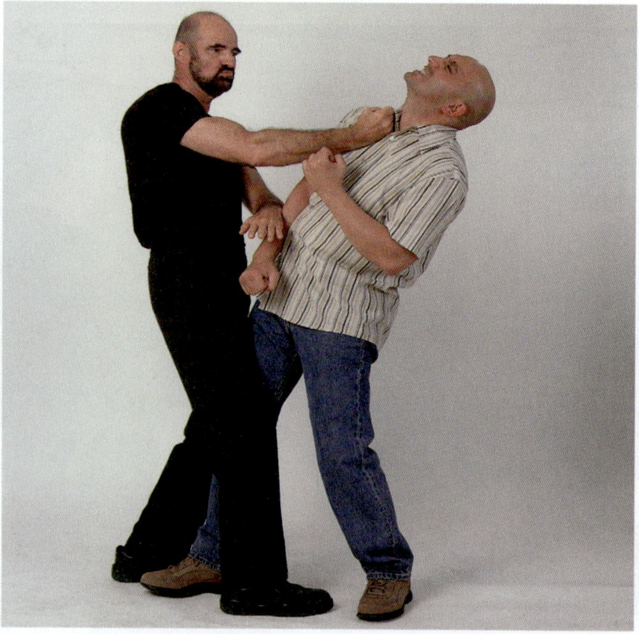

Gegenangriff mit Kontrolle des gegnerischen Armes

4. Reflexartige Verformung: Kao-Sao

Kao-Sao (auch innerer Bong-Sao) entsteht, wenn der gegnerische Arm Ihren vorgehenden Man-Sao innen kontaktiert und einen Druck auf die weiße (unschraffierte) Fläche ausübt.

Kao-Sao kann innen oder außen auftreten und wie die anderen reflexartigen Verformungen stufenlos in den verschiedensten Höhen.

Kao-Sao entsteht z.B. regelmäßig, wenn der Angreifer mit *horizontaler* Faust einen WT-Kämpfer zum Kopf hin angreift. Oft weicht dabei die Faust von ihrem zentralen Kurs ab, da die horizontale Handstellung den Ellbogen zum Ausstellen zwingt.

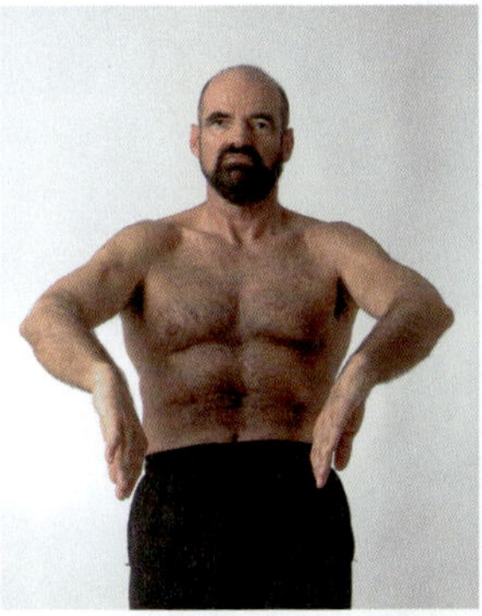

Doppelter Kao-Sao

Ebenso kann es vorkommen, dass der Angreifer beabsichtigter- oder unbeabsichtigterweise die Druckrichtung seines Faustschlages ändert. Zum Beispiel indem er unseren Man-Sao im Bereich des Handgelenkes bzw. der Handfläche kontaktiert und zunächst einen Druck auf die vertikale Mittellinie oder auf die schraffierte Fläche ausübt (der z.B. Pak-Sao hervorruft), dann aber plötzlich den Druck auf die weiße (unschraffierte) Fläche richtet, so dass (aus Pak-Sao) *Kao-Sao* entsteht.

Meistens erfolgt gleichzeitig mit *Kao-Sao* der Gegenangriff mit dem anderen Arm in Form eines Faustschlages.

Kao-Sao

Kao-Sao außen mit Fauststoß

Simo demonstriert an der WT-Holzpuppe eine Kombination aus der sechsten Sektion: Kao-Sao mit tiefem Handflächenstoß.

Reflexe

Der WT-Reflex ist schneller als der herkömmliche Budo-Reflex!

Visueller Input: z.B. Karate

Für die Selbstverteidigung liegt eine *schnellstmögliche* Reaktion auf gegnerische Aktionen in unserem Interesse. Das Ziel ist ein reflexartiges Agieren.

Mechanischer Input: WT

Vergleichen wir nun einmal zwei Reflexbögen mit gleichem motorischem Anteil, aber unterschiedlichem Input. Als konkretes Beispiel nehmen wir eine Reaktion auf *visuellen* Input (z.B. Shaolin-Kung-Fu oder sein japanischer Nachfahre Karate) und eine Reaktion auf *mechanischen* Input (WT-System).
Man kann Reflexe unterteilen in Fremd- und Eigenreflexe. Bei einem Eigenreflex bilden die Rezeptoren eine Einheit mit dem Effektor. Bei einem Fremdreflex liegen Rezeptor und Effektor in unterschiedlichen Organen (Orten).

Karate: polysynaptischer Fremdreflex

Differenzieren wir hiernach die oben genannten Beispiele, so haben wir bei visuellem Input einen polysynaptischen Fremdreflex vor uns. Im Falle des *mechanischen Inputs* liegt großenteils ein Eigenreflex vor. Zusätzlich gehen hier dann noch Informationen von Rezeptoren ein, die einen „fremdreflexartigen" Anteil beisteuern.
Da das Auge als Organ der visuellen Wahrnehmung wohl jedem bekannt ist, machen wir nun einen kleinen Ausflug zu der Wahrnehmung *mechanischer Reize*.

WT: meistens Eigenreflex mit fremdreflexartigem Anteil

Im WT liefern die Fühler der Tiefensensibilität (*Propriozeptoren*) den Input. Die „eigenreflexartigen" Anteile des Inputs werden von den Muskelspindeln und den (*Golgi*-)Sehnenorganen geliefert.
Die Muskelspindeln befinden sich im Inneren des Muskels und dienen seiner Längenmessung. Sie funktionieren als eine Art PD (Proportional-Differential)-Fühler. Das bedeutet, dass sie neben einer statischen auch eine dynamische Empfindlichkeit haben. Von den Muskelspindeln wird im Wesentlichen der Tonus des Muskels, in dem sie liegen, beeinflusst.
Die in den Sehnen liegenden Golgi-Sehnenorgane

dienen der Spannungsmessung des Muskel-Sehnenkomplexes. Ihre dynamische Empfindlichkeit ist im Vergleich zu den Muskelspindeln gering. So kann man die Sehnenorgane als P-Fühler ansehen. Sie beeinflussen über den homonymen Muskel und dessen Antagonisten hinaus den Gesamttonus der Extremität.

Man vermutet, dass der Input dieser beiden Propriozeptoren zu einem Maß verrechnet wird. Es handelt sich hier um das Verhältnis der Spannungsänderung zur Längenänderung des Muskels (Muskelsteifeeinheit).

Schnellster Leitungstyp

Die oben genannten Propriozeptoren leiten ihre Information über Bahnen des schnellsten Leitungstyps fort (bis zu 120 m/s).

Weniger schnell sind die Afferenzen von den Messfühlern des Fremdreflexanteils (10 – 70 m/s). Hierzu zählen die Gelenkrezeptoren (überwiegend Ruffini-Körperchen) und die Hautrezeptoren. Als Beispiel für letztere seien die Vater-Pacini-Körperchen genannt, die PC-Fühler (Beschleunigungsdetektoren) darstellen.

So wenig erst einmal zum ersten Teil des afferenten Reflexbogenschenkels. Um nun aber nicht seitenweise physiologische Grundlagen darzubieten, betrachten wir den restlichen Reflexbogen schematisch. Für den direkten Vergleich eines visuellen und eines mechanischen Reflexsystems sehen wir einmal den efferenten Schenkel als gleich an. Es bleiben Afferenz und zentrale Verarbeitung. Vernachlässigen wir zunächst die Zeit der Umsetzung des (adäquaten) physikalischen Reizes in ein Aktivitätsmuster der Rezeptoren. Auch die Leitungsgeschwindigkeiten der Afferenzen können gleichgesetzt werden. Es bleibt die Frage nach der unterschiedlichen Anzahl der zu passierenden Synapsen.

Visueller Input muss mehr Stationen durchlaufen.

Und hier muss der visuelle Input deutlich mehr Stationen durchlaufen. Für die bei uns Menschen besonders gut ausgebaute visuelle Wahrnehmung müssen relativ viele Integrationen (Verrechnungen) durchlaufen werden; denn unser optischer Sinn hat ein relativ weites Spektrum visueller Reize zu verarbeiten. Um aber ein größeres Spektrum an Informationen zu klassifizieren und zu verarbeiten, braucht man mehr Zeit (als für ein kleineres Spektrum).

Visuelle Methode braucht zur Klassifikation mehr Zeit.

So muss der visuelle Input erst mehrere Stationen

Visueller Input muss mehr Stationen durchlaufen.

im Cortex (Großhirnrinde) durchlaufen. Nach der hier erfolgten eindeutigen Klassifikation der Information kann das jeweilige (efferente) motorische Muster dann aktiviert werden. Dieser Gang der Information ist festgelegt und kann auch durch Training nicht umgangen werden.

Information im WT muss nicht bis in die Großhirnrinde laufen!

Die Information der Propriozeptoren dagegen muss nicht bis in die Großhirnrinde laufen. Bei entsprechendem Training wird sie subcortikal verschaltet. Bildlich gesprochen muss man auf der *visuellen Autobahn* mehrere Ampeln passieren, bevor man dann auf der anderen, der *motorischen Autobahn,* zum Ziel fahren kann. Die *WT-Autobahn Tiefensensibilität* hingegen stellt mit weniger Ampeln die schnellere Autobahn dar.

Kampfspezifische Reflexe über das Druckgefühl sind stärker als solche über den optischen Sinn.

So kann man wohl davon ausgehen, dass die kampfspezifischen Reflexe über das Druckgefühl schneller sind als jene über den optischen Sinn. Das natürlich nur bei entsprechendem Training!

Aber der sensorische Vorteil des Kampfkonzeptes mit Tiefensinn wird nicht nur durch die oben genannte Überlegung gestützt: Sind nämlich die Gliedmaßen der Kämpfer erst einmal in Kontakt, lassen sich durch die Propriozeptoren Druck und Richtung eines Angriffes bestimmen, ohne dass schon eine visuell wahrnehmbare Bewegung stattgefunden hat.

Des Weiteren lässt sich die Stevenssche Potenzfunktion verwerten:

$$\mathbf{E = k\ (R/R_o)^n}$$

E = Empfindungsstärke, k = Konstante, R = Reiz, R_o = Ausgangsreiz, n = Modalität des Sinnes (Steigung der Geraden)

Diese physiologische Gesetzmäßigkeit gibt Aufschluss über das mit einem Sinn erfassbare Reizspektrum und die Empfindlichkeitsänderung entlang dieses Spektrums.

Schaut man sich die Stevenssche Potenzfunktion für den Tiefensinn an, zeigt sich, dass die Druckempfindung ein relativ kleines Reizspektrum abdeckt. Dafür sind die Propriozeptoren gegen relativ kleine Reizunterschiede empfindlich. Der optische Sinn dagegen deckt ein relativ großes Reizspektrum ab, benötigt allerdings relativ größere Reizunterschiede zur Reizdiskriminierung (Unterscheidung).

Aufgrund der oben genannten Punkte lässt sich folgendes Fazit ziehen: Bei entsprechendem Training kann man davon ausgehen, dass über den Tiefen-

Kämpfen mittels Druckgefühl ist der optischen Kontrolle überlegen.

sinn schneller polysynaptische Reflexe etabliert werden können. Das heißt, sensorisch gesehen, ist das Kämpfen mittels Druckgefühl der optischen Kontrolle des Gegners überlegen.

Prinzipiell empfiehlt sich die Stevenssche Potenzfunktion vor dem Weber-Fechner-Gesetz durch eine weiter gehende Gültigkeit.

Es empfiehlt sich, weniger Ausgangsdruck zu geben.

Sind die Extremitäten im Chi-Sao-Kontakt („Klebende Arme“, Bindung), stellt sich die Frage nach dem sinnvollen Ausmaß des eigenen Druckes. Die sensorisch begründete Antwort ergibt sich aus der Stevensschen Potenzfunktion: Je größer der ausgeübte Druck auf die Extremität des Gegners ist, desto größer muss der Druckunterschied zum Druck des Gegners sein, bevor dieser wahrnehmbar ist. Das bedeutet, für das Spüren kleinster Druckänderungen empfiehlt es sich, weniger Ausgangsdruck zu machen. Diese Aussagen gelten dann, wenn der Kontakt mit dem bzw. den gegnerischen Arm(en) schon aufgenommen ist.

Zusammenfassend kann man sagen, dass es drei Gründe gibt, die die WT-Abwehr so schnell und sicher machen:

1. Der WT-Anwender reagiert auf fast alle Angriffe in immer gleicher Weise mit seiner sog. Universallösung, so dass keine Entscheidung nötig ist,

2. Das Signal, auf das reagiert wird, ist (besonders im Nahkampf) ein taktiles.

3. Die Abwehr ist kein Wegschlagen nach oben, unten oder zur Seite, für das genaues Timing erforderlich wäre, damit die Wege von Angriff und Abwehr sich kreuzen. Die Abwehr besteht stattdessen aus keilförmigem Vorschieben der Arme in Richtung der Mitte des Angreifers, wodurch entweder ein Treffer entsteht oder ein Kontakt mit dem Angriffsarm, der mechanisch – wie über ein Gestänge – zur Verformung des entgegengeschobenen Armes und zur Verwandlung in die genau passende Abwehr führt. Dabei ist vom WT-Anwender keine Entscheidung zu treffen, denn sein durch spezielles Training hochentwickelter taktil-kinästhetischer Sinn nimmt ihm die Entscheidung ab.

Künstliche Bewegung oder Erinnerung an Urinstinkte?

Oberflächliche Beobachter gewinnen oft den Eindruck, dass die sog. Verformungen oder reflexartigen Reaktionen künstliche oder unnatürliche Bewegungen seien. Ein Bruce Lee-Schüler nannte so z.B. Bong-Sao in seinem Buch sogar *an unnatural and awkward move*, also eine unnatürliche und linkische Bewegung, räumte aber ein, dass sich dies mit zunehmender Übungspraxis ändert.

Manche (wenige) Menschen reagieren instinktiv (?) mit Schwingenarm und schützender Hand, obwohl sie diese spezifischen Kampfbewegungen nie gelernt haben.
Zumindest kann man deshalb aussagen, dass der Schwingenarm keine unnatürliche Bewegung ist.

Aus der Praxis und der Beobachtung vieler realer Kämpfe kam ich zu einer anderen Sicht, die ich am Beispiel des genannten Bong-Sao verdeutlichen möchte. Der Schwingenarm (Bong-Sao) ist sehr wohl eine natürliche, nicht einstudierte passive Schutzreaktion des Menschen. Ohne dass es ihnen beigebracht wurde, reagieren manche Menschen instinktiv (?) mit dieser Schutzbewegung. Bezeichnenderweise kombinieren sie meistens ihre Schwingenhand – genau wie im WingTsun-System – mit einer vor den Hals gehaltenen Reservehand (Wu-Sao).

Zur Dokumentation hier zwei Schnappschüsse aus verschiedenen Tageszeitungen. Das eine Bild zeigt einen Mann, der sich passiv mit Schwingenhand und hinterer Reservehand gegen die (berechtigten) Angriffe einer zornig und wild auf ihn einprügelnden Frau zu schützen sucht.

Das andere Bild zeigt einen Boxtrainer, der sich seinem Schüler als lebendes Schlagziel anbietet, nicht ernsthaft zurückschlägt, aber auch nicht voll getroffen werden möchte. Ganz gewiss gehört der Schwingenarm nicht in das Repertoire westlicher Boxkunst.

Beiden Fällen gemeinsam ist die Tatsache, dass weder der Mann noch der Boxtrainer jemals etwas von dieser chinesischen Abwehrbewegung gehört hatten und dass sie *unbewusst* damit auf einen Angriff reagierten.

Bong-Sao ist keine unnatürliche Bewegung!

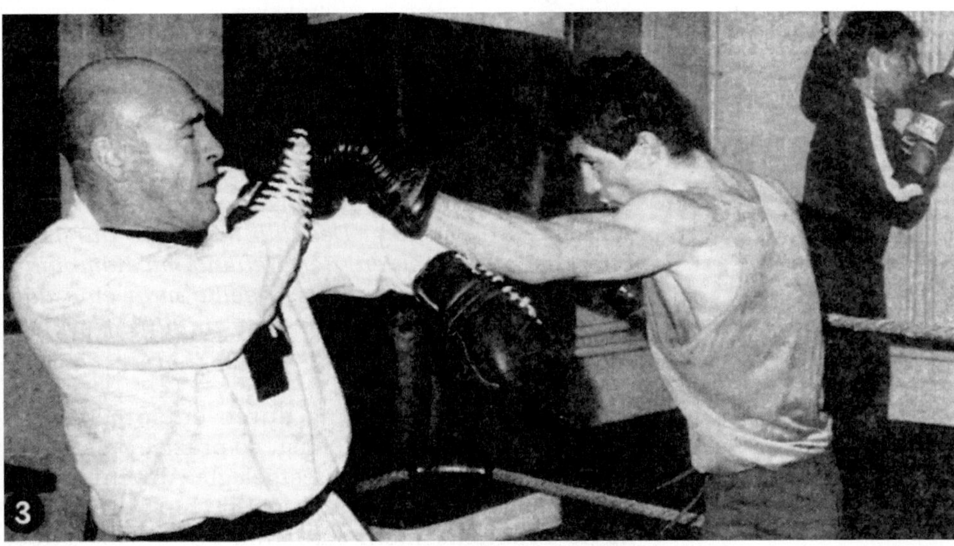

Reagieren auf Änderung der Druckrichtung

Bevor ich mich dem chinesischen WingTsun-System widmete, hatte ich jahrzehntelang andere Selbstverteidigungsmethoden geübt und zum Teil selbst unterrichtet. Daher weiß ich aus eigener Erfahrung, aber auch durch das Beispiel von Kollegen, wie unbequem, ja gefährlich die Arbeit mit Neulingen ist.

„Der Meister wird von den rohen Schlägen (des Anfängers) besiegt.“

Chinesisches Kung-Fu-Sprichwort

Ein typisches Beispiel aus dem Budo-Training: Ein kräftiger Anfänger soll den Ausbilder mit einem Fauststoß angreifen, auf dass der Schwarzgurt die Wirksamkeit seiner Abwehr demonstrieren kann. Mit großer Wahrscheinlichkeit wird der Anfänger seinen Lehrer treffen oder in erhebliche Verlegenheit bringen; denn sein Schlag ist so unkontrolliert, in seinem Verlauf und Rhythmus so unberechenbar, dass die starre Standardabwehr nicht passt.

Bruce Lee, wie mein Lehrer ein Schüler des verstorbenen Großmeisters Yip Man, in *„Tao of Jeet Kune Do“*:

Gebrochener Rhythmus

„Der wahrscheinlich unregelmäßige Rhythmus des Anfängers ist schwer einzuschätzen, was lange Kampffolgen gefährlich macht, da er unseren Vorlagen nicht folgen wird. Höchstwahrscheinlich wird er leicht in Panik geraten und auf die kleinste Provokation mit Abwehrschlägen reagieren. Diese Abwehren, die zu früh starten und unkontrolliert sind, nehmen oft die Form von peitschenden Schlägen an, die kein klares Ziel haben. Sie können durchaus den Arm des Angreifers erwischen. Deshalb macht es durchaus Sinn, es zu vermeiden, den Neuling mit Kombinationen anzugreifen. Stattdesse sollte man eine gute Gelegenheit abwarten, um eine einfache, schnelle und sparsame Technik zu landen.“

Erst wenn unser Neuling durch entsprechenden Drill konditioniert worden ist, so präzise zu stoßen, dass Angriff und vorher festgelegte Abwehr (Frage und Antwort) sich entsprechen, hat der Lehrer keine Probleme mehr mit ihm. Paradoxer-, aber konsequenterweise wird er zu diesem Zweck *den* Angriff des Anfängers als falsch bezeichnen, der ihn

Selbstbetrug: Der Lehrer bezeichnet den Fauststoß, der ihn trifft, als falsch und den, den er abwehren kann, als korrekt

trifft oder in Verlegenheit bringt, während er den Fauststoß, den er abwehren kann, als technisch korrekt lobt.

Der Gegner ist kein Störer, sondern unser Impuls- und Energielieferant.

Dass auf diese Weise ein falsches Vertrauen in die erlernten Techniken erzeugt wird, liegt auf der Hand. Nicht der Angriff sollte einer starren Abwehr angepasst werden, sondern eine *flexible* individuell maßgeschneiderte Abwehr muss für die jeweilige Situation gefunden werden. Am besten geschieht dies beim WingTsun-System: Der Gegner wird nicht wie bei den herkömmlichen harten Stilen als Störfaktor, der die „saubere", in der Grundschule „eingeschliffene" Technik sabotiert, begriffen. Nein, der Angriff selbst verursacht unmittelbar die adäquate Reaktion, so dass der Gegner nicht als Störer, sondern als Impuls- und Energie-Lieferant erscheint.

In den meisten Kampfkünsten geht man nicht wirklich auf den Gegner ein. Es ergibt sich keine Konversation, sondern nur zwei Monologe. Der Gegner nimmt nicht das Thema des anderen auf, sondern betrachtet es als Störung seines Bewegungsflusses. Diese Künste beschränken sich ursprünglich auf Kata-(Form-)Training und vorgeplante Kampfübung (prearranged sparring). Meister Shoshin Na-gamine, 9. Dan Shorin-ryu-Karate: *„Zen lehrt uns, dass man im Karate nur mit sich selbst kämpft. Deshalb ist Freikampf unwichtig. Freikampf ist unrealistisch und entwickelt schlechte Gewohnheiten."* Nagamine empfiehlt stattdessen *„pre-arranged sparring"*.

Um dabei auch wechselnden und wilden Angriffen Rechnung tragen zu können, gewinnt die Fähigkeit des WT-Kämpfers, auf Veränderungen (etwa der Druckrichtung oder des Tempos) einzugehen, eine überragende Bedeutung.

So ist z.B. der Wechsel von Bong-Sao zu Tan- bzw. Fook-Sao oder von Djam- bzw. Pak- zu Kao-Sao zu üben. Dass solche Wandlungen längere Praxis erfordern, steht außer Frage.

Vollendete Tatsachen schaffen!

Für den nicht so erfahrenen WT-Anwender gilt dieser Satz deshalb in besonderem Maße: Wer schon frühzeitig reagiert und selbst angreift, schafft damit vollendete Tatsachen, so dass eine effektive Änderung der Druckrichtung durch den Gegner meist nicht mehr möglich ist.

Schrittarbeit

Aktives Wenden

Aktives (meist 45°) Wenden, um der überlegenen Kraft des Gegners auszuweichen, ist bei den „intelligenteren“ Selbstverteidigungsmethoden sehr beliebt.

Aktives (meist 45°) Wenden, um der überlegenen Kraft des Gegners auszuweichen, ist bei den „intelligenteren“ Selbstverteidigungsmethoden sehr beliebt. Und ganz zweifellos ist es besser als stumpfsinniges Stehenbleiben oder einfallsloses Zurückgehen. Ende der 80er Jahre gestand mir ein hoher Karate-Dan-Träger, dass es bei ihnen ein Ausweichmanöver zur Seite zwar (theoretisch) gibt, dass es aber z.B. in Deutschland kaum geübt und deshalb auch nicht beherrscht wird. Ganz offensichtlich überwiegt in der Karate-Grundschule *(Kihon)* immer noch das drei- oder gar fünfmalige, geradlinige Zurückgehen mit den traditionellen Blocktechniken.

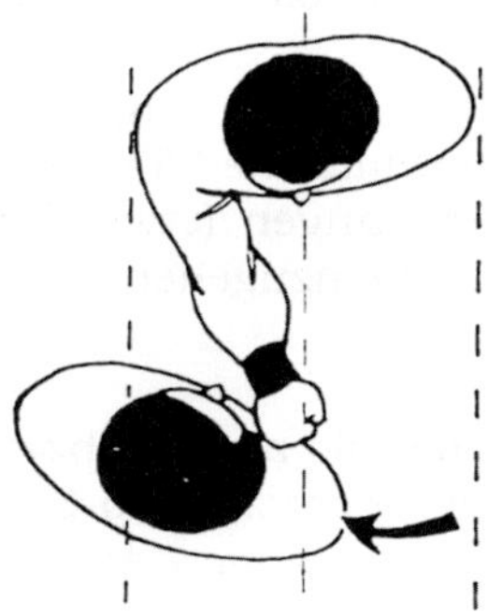

Aus dem Kurzlehrbuch *„Dynamisches WingTsun“* von Großmeister Leung Ting.

Dabei war diese Ausweichtaktik schon 490 vor Christus erfolgreich von 10.000 Athenern gegen 15.000 Perser eingesetzt worden. Als sich die persische und die griechische Phalanx gegenüberstanden, machte der griechische Befehlshaber seine Flanken stark und musste zu diesem Zweck das Zentrum seiner Phalanx verdünnen. Die Mitte der persischen Phalanx stieß deshalb leicht und tief vor, wobei die Griechen im Zentrum nachgaben. Dadurch wurde das persische Heer links und rechts von den starken Flanken der griechischen Streitmacht von außen in die Zange genommen. Fast 7.000 Perser fielen, die Griechen verloren weniger als 200 Krieger.

Ähnlich verhält es sich bei der Wendung: Der Angriff des Gegners geht ins Leere, von der Seite (allerdings nur von einer) trifft ihn unvorbereitet der Gegenangriff.

Aktives Wenden ist aber riskant. Man wendet zu früh, zu spät, unnötig, zu viel, oder zu wenig. Allein sicher ist die passive Wendung.

Die „intelligenteren“ Selbstverteidigungsmethoden machen deshalb gerne Gebrauch von der *aktiven* (45°) Wendung. Dennoch bietet dieses Ausweichmanöver manches Risiko, weil es aufgrund *optischer* Einschätzung der Situation *aktiv* durchgeführt wird. Aktives Wenden ist z.B. fintenanfällig. Man wendet zu früh, zu spät, unnötig, zu viel oder zu wenig. Allein sicher ist die *passive* Wendung.

Die passive Wendung als Überdruckventil

„Wer sich aufgibt, behauptet sich."
Tao Te King

Oft reicht eine der vier reflexartigen Verformungen aus, um durch Nachgeben und sparsames Entziehen des angegriffenen Körperteils dem Gegner keinen Widerstand zu bieten (d.h. um ihr Gleichgewicht zu bewahren. Wer optisch reagiert, das heißt *aktiv* wendet, würde in diesem Fall unnötig wenden, dem Gegner die schutzlose Flanke bieten, fintenanfällig werden oder die Balance einbüßen).

Ist der Druck des gegnerischen Angriffes aber zu groß, weil dieser besonders stark ist oder durch Gewichtsverlagerung (z.B. Ausfallschritt) dem Angriff größere Kraft verleiht, würden Sie trotz der entsprechenden (vorher beschriebenen) reflexartigen Verformung getroffen werden und Ihr Gleichgewicht verlieren.

Erlauben Sie es Ihrem Gegner, Sie zu drehen!

Damit dieses nicht geschieht, bleiben Sie nicht starr stehen, sondern *erlauben* es Ihrem Gegner, Sie zu drehen.

„Wo Gefahr droht, wächst das Rettende auch."
Hölderlin

„Wer sich aufgibt, behauptet sich", heißt es im *„Tao Te King"*. Auf diese Weise sorgt der Gegner dafür, dass Sie vor ihm in Sicherheit gebracht werden.

Bei der – nach WT-Prinzipien falschen – aktiven Wendung wendet der Verteidiger mit *eigener* Kraft.

Bei der WT-gemäßen *passiven* Wendung liefert der Angreifer die Kraft für die Wendung.

Wenn wir die Wendung erklären wollen, müssen wir zunächst einmal die beiden Positionen beschreiben, in denen Sie sich wenden lassen können.

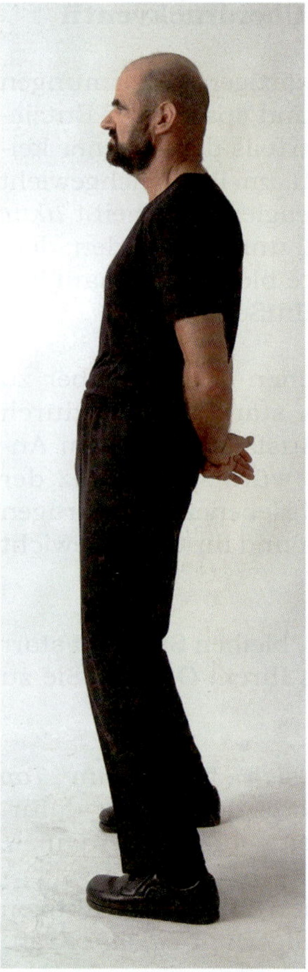

Der Vor-Kampfstand (IRAS)

Mit Vor-Kampfstellung ist gemeint, dass dieser Stand *vor* dem Kampf eingenommen werden soll, sofern die Zeit dazu reicht und wir weit genug entfernt sind vom gegnerischen Fußtritt. Keinesfalls wird in diesem Stand gekämpft. Er ist nur die neutrale Ausgangsposition für die weitere Schrittarbeit. Deshalb nenne ich die Vor-Kampfstellung oft den *neutralen* Stand.
Durch den *IRAS* (Internally-Rotated-Adduction-Stance) soll der Schwerpunkt zwischen die beiden Knie gesenkt werden. Von der Seite gesehen, wollen wir so stehen, dass der Hinterkopf, der Rücken und die Hacken eine senkrechte Linie bilden. Wir wollen uns also weder vorbeugen, noch uns nach hinten lehnen. Die drei Winkel, die durch das Dreieck der Füße gebildet werden, sollen je 60° betragen.
Die gebeugten Knie haben etwa die gleiche Wirkung, die man bei einem landenden Vogel beobachten kann. Sie wirken wie Stoßdämpfer, die jeden Stoß auffangen (absorbieren) und dann in ihre ursprüngliche Stellung zurückkehren.

Einige mögliche Fehler:

- zu weit vorbeugen,
- zu weit zurücklehnen,
- zu tief stehen,
- zu hoch stehen,
- Hüfte zu weit vordrücken,
- Hüfte zu weit nach hinten herausstrecken (Donald Duck-Stand),
- Knie nach vorn drücken, statt aufeinander zu,
- Hacken mehr oder weniger als 60° ausgestellt,
- Schultern hochgezogen,
- luftgeschwellte Brust.

In der Leung Ting-WT-Vor-Kampfstellung **in großer Distanz *zum Gegner*** steht kein Bein vor. Der Gegner kann also nicht aus sicherer Entfernung unser vorstehendes Knie mit einem Tritt brechen, oder unser vorderes Bein mit einem Low-Kick lähmen. Will er uns treten, muss er ziemlich dicht herankommen. Dann können wir ihm nach einem kurzen 40 cm langen Schritt mit unserer Faust treffen.

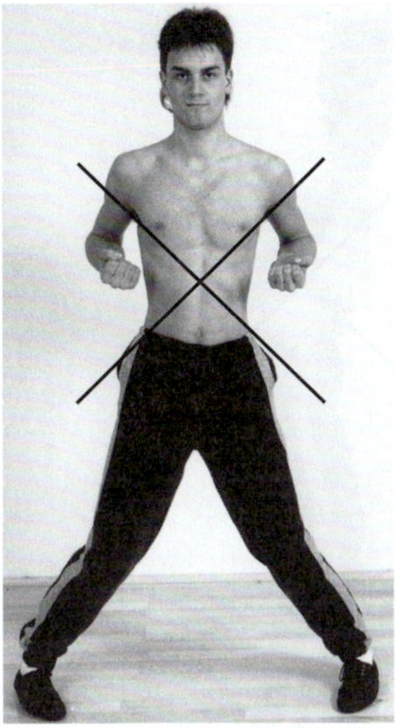

Stand zu breit

Korrekter Stand

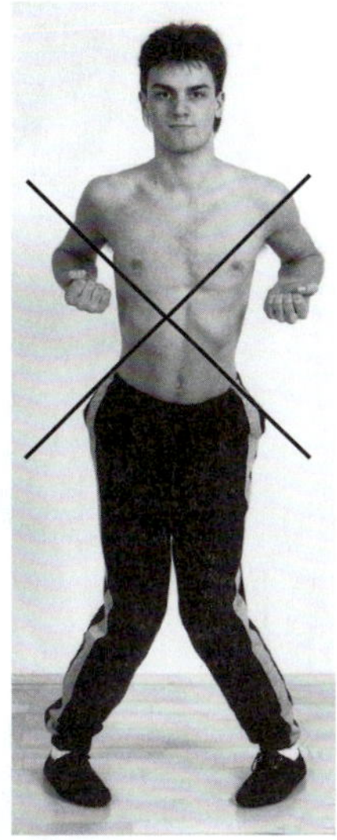

Stand zu schmal

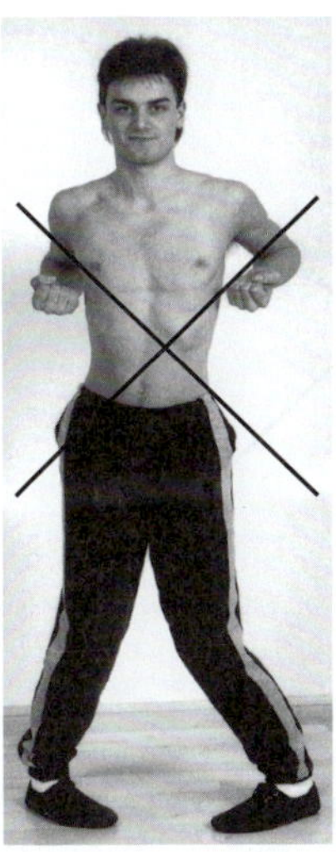

Füsse zu stark eingestellt

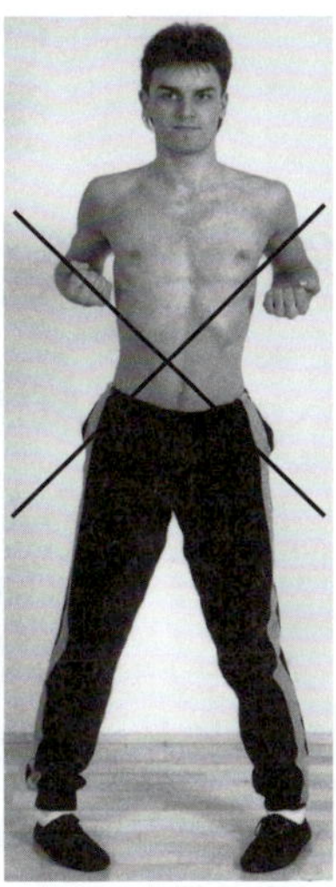

Beine zu gestreckt

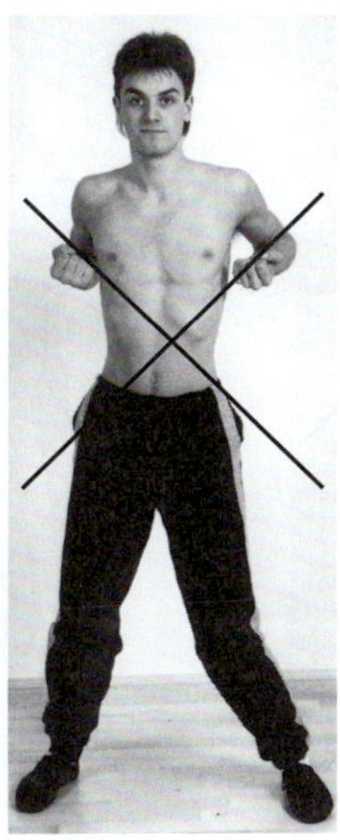

Zehen nach außen

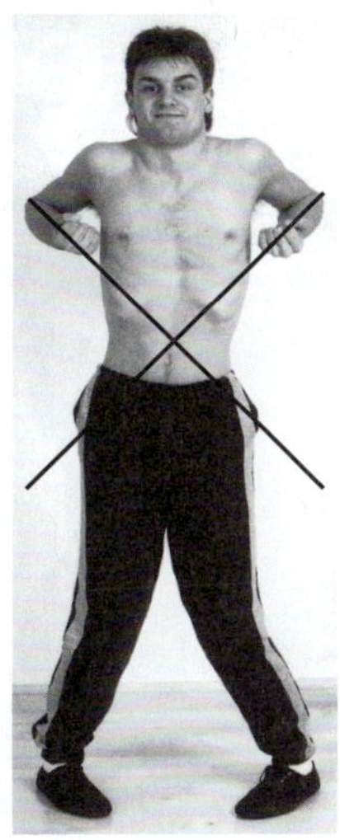

Schultern hochgezogen

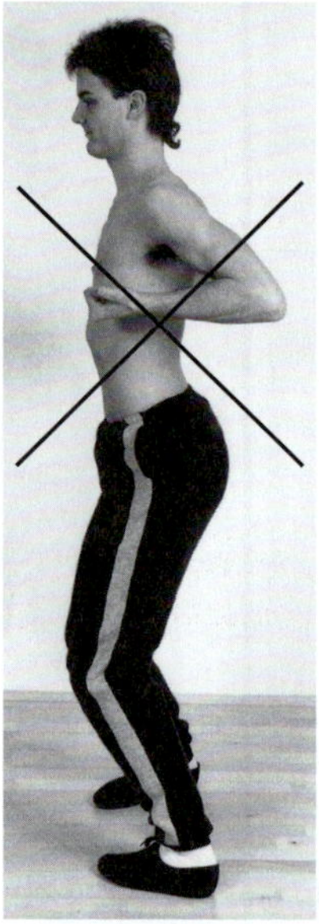

Donald-Duck-
Hintern

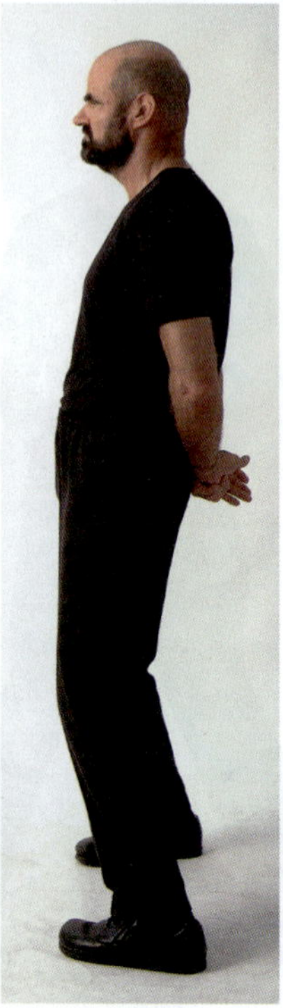

Korrekter Stand

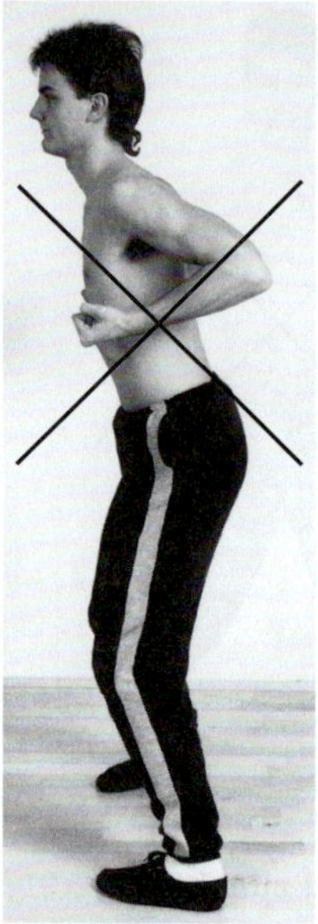

vorgebeugt

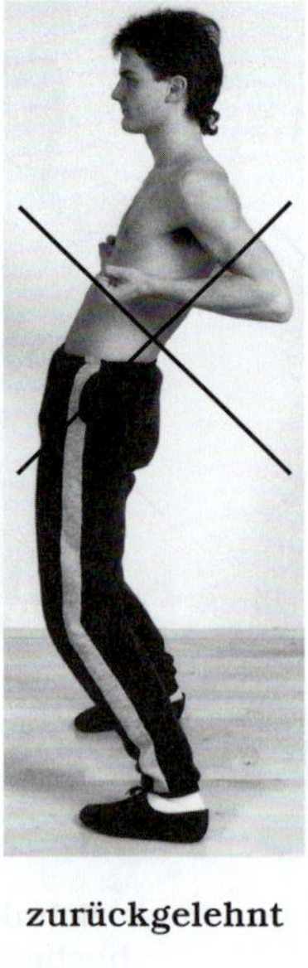

zurückgelehnt

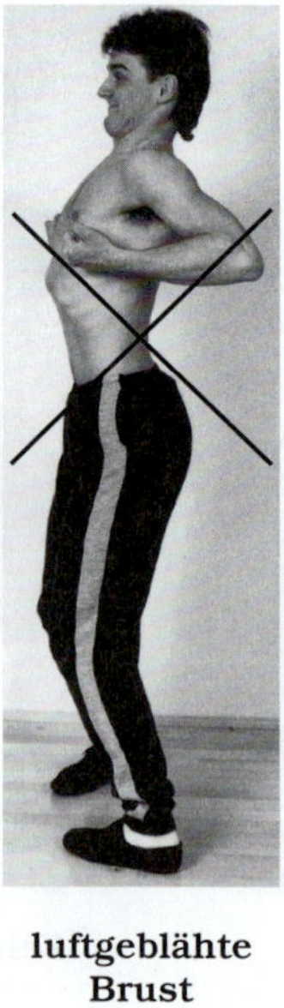

luftgeblähte
Brust

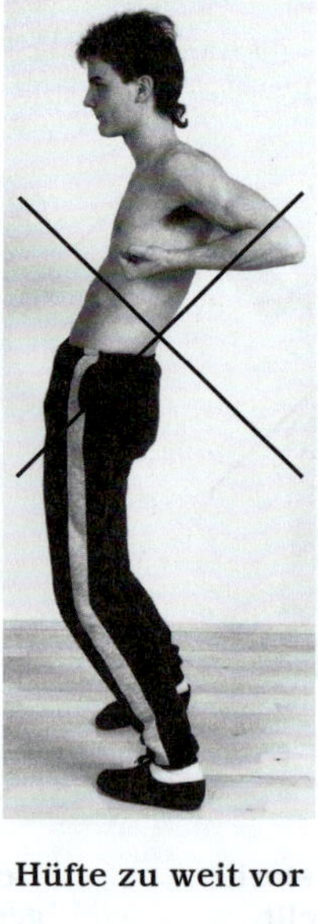

Hüfte zu weit vor

Die Wendung aus dem neutralen Stand

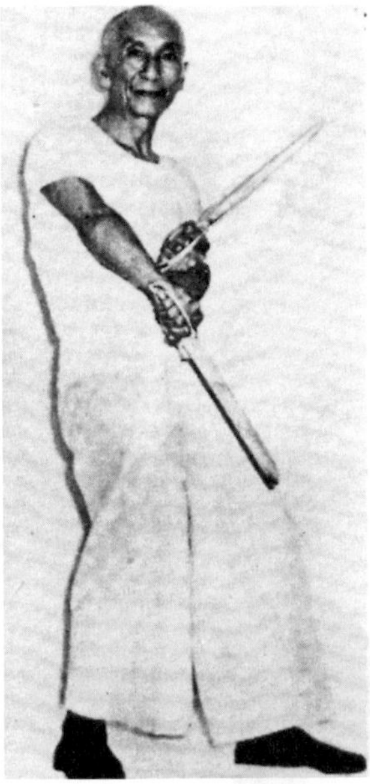

Der verstorbene Altmeister Yip Man „sitzt“ auf dem Standbein.

Die passive Wendung durch Gewichtsverlagerung

Sie können einem stärkeren Gegner nur standhalten, wenn Sie die Wendung korrekt beherrschen. Dabei ist zu beachten, dass Sie sich nicht selbst vom Gegner weg wenden (aktive Wendung), sondern dass Sie vom Gegner gewendet werden (*passive* Wendung). Unfreiwillig liefert somit der Angreifer Ihnen durch seinen Angriff selbst die Möglichkeit, sich vor ihm – durch die *passive* Wendung – in Sicherheit zu bringen. Dies ist im Einklang mit dem WT-Wort: *„Die Technik des Gegners bestimmt meine Technik“.* Die Wendung ist also in der Anwendung kein Akt des Willens oder der Kampfplanung (tote Technik), sondern wird direkt bewirkt durch den Angreifer.

Nur die *passive* Wendung gewährleistet, dass Sie sich nicht unnötig, zu wenig oder zu viel, zu früh oder zu spät wegdrehen.

Keine Wendung auf der vertikalen Mittellinie

Manche glauben, dass es richtig ist, auf der vertikalen Mittellinie zu drehen, das heißt, die *vertikale Mittellinie als Drehachse* zu benutzen. Dies ist aber ein Fehlschluss, denn dadurch können Sie Ihren Körper *nicht* in Sicherheit bringen, wenn Ihr Gegner vitale Stellen auf eben dieser Mittellinie angreift.

Schon das Wort „Wendung“ ist trügerisch, *denn es geht nicht so sehr um die Drehung des Körpers, sondern um eine Gewichtsverlagerung mit Wendung des Standes, d.h. des unbelasteten Fußes.*

Die vertikale Mittellinie hat im LeungTing-Stil keine Bedeutung für die Erklärung der WT-Wendung, denn bei der Wendung geht es darum, durch komplette *Gewichtsverlagerung* dem Angriff zu entgehen.

Nullgewicht auf vorderem Fuß

Wichtig ist, das *ganze* Gewicht des Körpers (also nicht nur 50% oder 60%) auf das Standbein zu übertragen. Dies ist der Originalstand. Beachten Sie das Foto mit dem verstorbenen Altmeister Yip Man. Das vordere Bein muss völlig frei vom restlichen Körpergewicht sein (aber natürlich muss es mit Muskelkraft in den Boden drücken, sonst fehlt die Stabilität).
Nur diese Gewichtsverteilung macht es dem WT-

Korrekte Wendung mit Gewichtsverlagerung

Neutraler Stand

Wendung nach rechts

Wendung nach links

Unwirksame Wendung auf der vertikalen Mittellinie

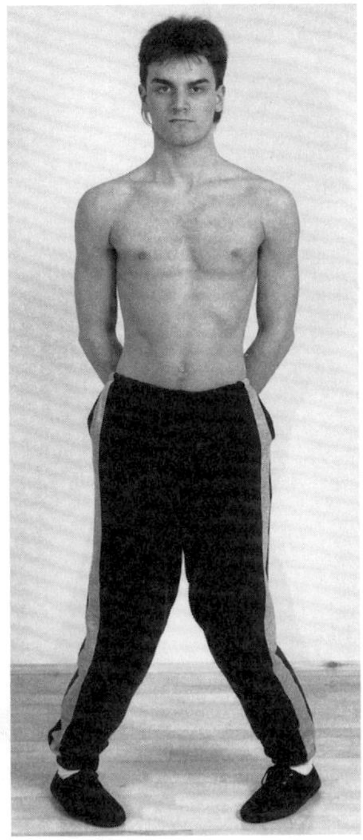

Neutraler Stand

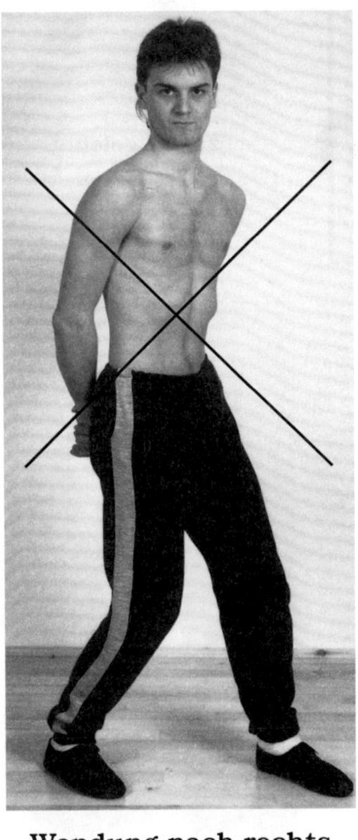

Wendung nach rechts

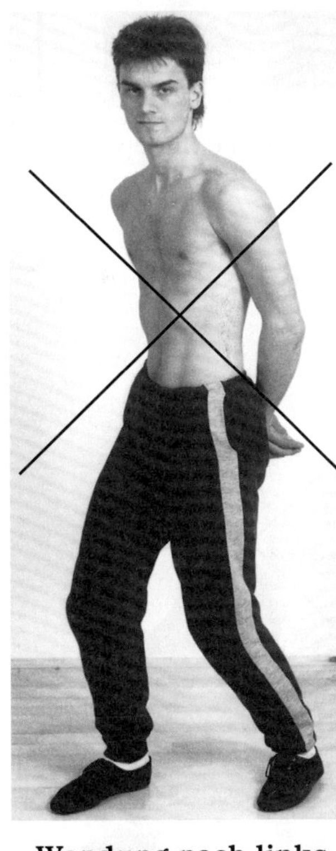

Wendung nach links

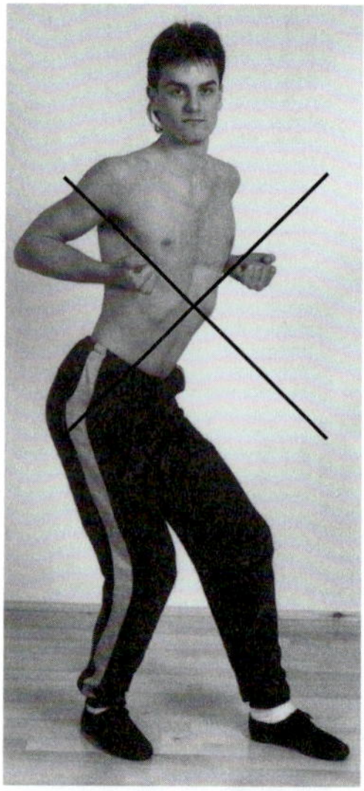

vorgebeugt, Hüfte
hinten raus

Korrekte Wendung

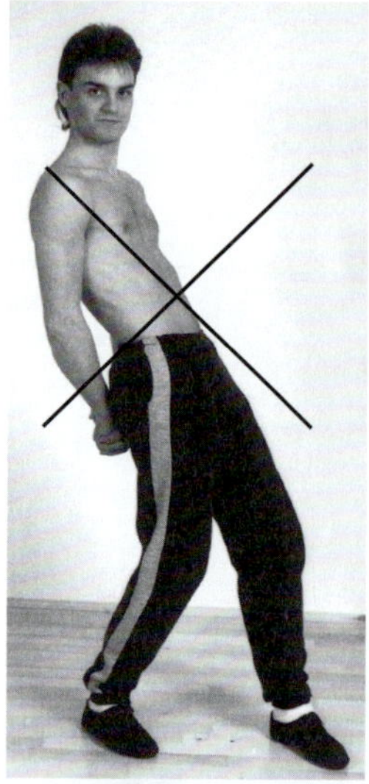

zurückgelehnt

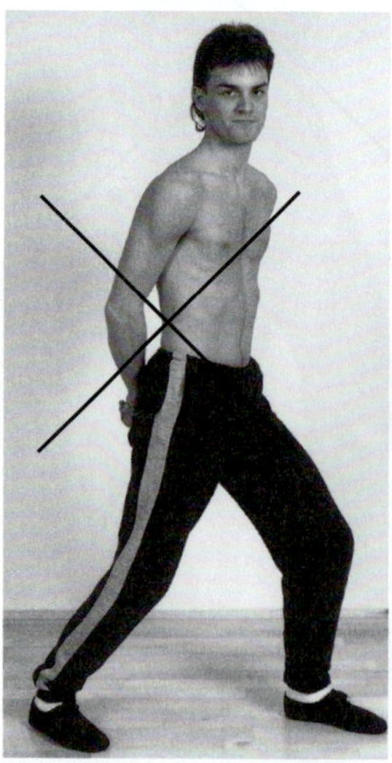

Gewicht auf dem
vorderen Bein

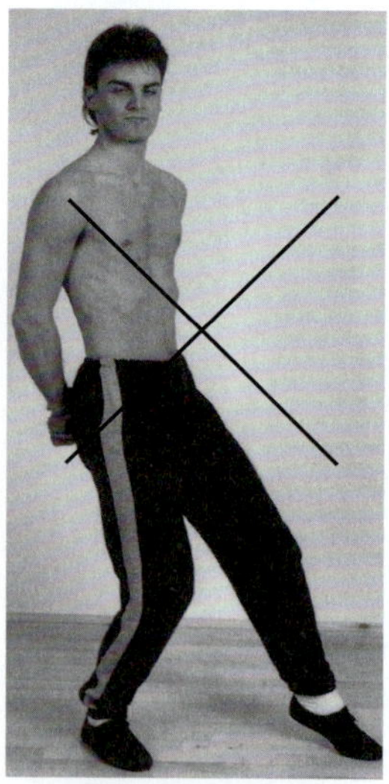

Wendung auf dem
Fußballen

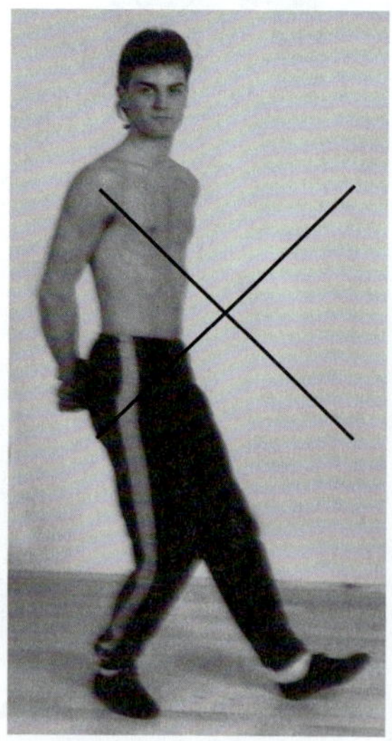

Wendung auf der Hacke

Kämpfer möglich, jederzeit ansatzlos mit dem vorderen Bein treten zu können. Keine noch so kleine verräterische Gewichtsverlagerung warnt den Gegner vor dem bevorstehenden „schattenlosen“ WT-Tritt (hätten Sie auch nur 30% oder 35% Körpergewicht auf dem vorderen Fuß, bräuchten wir zwei Zeiten zum Tritt: Zeit 1 = Gewichtsverlagerung auf das hintere Bein, Zeit 2 = Tritt).

Viele beherzigen diese Regel vom Nullgewicht auf dem vorderen Bein nicht. Die Folgen sind die Unfähigkeit, jederzeit trittbereit zu sein, sowie schlechtes Gleichgewicht beim Tritt, das dann durch „Ruderbewegungen“ mit den Armen ausgeglichen werden muss. Beachten Sie bitte, dass der gewendete WT-Stand ein Tritt-Stand ist.

Dazu kommt, dass ein vorderes Bein, das kein Gewicht trägt, weder durch Fußfeger wirkungsvoll angegriffen, noch durch einen Tritt so leicht verletzt werden kann.

Drehpunkt Fußmitte

Es gibt mehrere Möglichkeiten, wie Sie WT-mäßig falsch wenden können. Wenn Sie auf dem Fußballen drehen, wird die Standbreite schmaler. Wenn Sie auf der Hacke drehen, wird Ihr Stand breiter.

Wir wollen aber immer – auch bei mehreren Wendungen nacheinander – die für uns individuell richtige Standbreite behalten. Das erreichen Sie, indem Sie auf der ganzen Sohle (Drehpunkt also Mitte der Sohle) drehen.

korrekt

Ein Drehen auf der Hacke oder dem Fußballen muss auch deshalb Nachteile mit sich bringen, weil unser Fuß dann nur noch wenig Kontakt (mit Fersen oder Zehen) zum Boden hat, so dass das so wichtige Gleichgewicht empfindlich beeinträchtigt wäre.

Die Wirkung wäre ein Gleichgewichtsverlust, der dann wieder durch Armbewegungen oder Verschiebungen des Oberkörpers ausbalanciert werden müsste.
Es soll nicht verschwiegen werden, dass es manche

WT-Leute gibt, die dennoch stets oder manchmal auf der Hacke drehen. Manche tun es, weil sie es nicht besser wissen. Andere wissen, wie es sein sollte, aber sie haben nicht erkannt, dass sie selbst diesen Fehler begehen. Wieder andere drehen dann nicht auf der ganzen Fußsohle, wenn sie zu müde oder unkonzentriert sind. Dabei ertappen sich selbst Meister, wenn sie etwas nachlässig sind. Das Drehen auf der Hacke ist nun einmal viel leichter (wie auch das Wenden auf der vertikalen Mittellinie), so dass es wohl niemals ganz aussterben wird.

Woher kommt die Wendekraft?

In der Praxis liefert uns der Angreifer durch seinen Angriffsdruck (den er durch seine Arme über unsere Arme auf unseren Körper überträgt) die Kraft, um uns zu wenden.

Das heißt, er drückt uns in die Wendung bzw. wir drücken uns von ihm weg.

Wenn wir ohne Partner üben (z.B. bei den WT-Formen), sollten wir uns allerdings davor hüten, unser Körpergewicht von der einen auf die andere Seite zu werfen. Hier sollten Sie die Regel befolgen:

Nicht der Körper wendet die Füße, sondern die Füße wenden den Körper.

Nicht der Körper wendet die Füße,
sondern die Füße wenden den Körper.

Nur auf diese Weise bleibt das Gleichgewicht erhalten.

Ein Fuß zur Zeit

Jedem wird einleuchten, dass man auf zwei Füßen stabiler steht, als auf nur einem. Daher auch die Vorliebe des WT-Kämpfers für Handtechniken. Fußtechniken benutzen wir nur, wenn das Ziel mit einfacheren Mitteln (Handtechnik) nicht zu erreichen ist und wenn die Fußtechnik kein Risiko darstellt.
Bei der Wendung gilt Ähnliches. Auf der ganzen Sohle steht man stabiler als auf der Hacke, auf einem Fuß steht man sicherer als auf keinem.
Wenn beide Füße gleichzeitig drehen, haben wir auf

keinem Bein sicheres Gleichgewicht. Deshalb drehen wir im WT einen Fuß nach dem anderen (allerdings geht das so schnell und ineinander über, dass ein Beobachter dies kaum erkennen würde).

Kniespannung

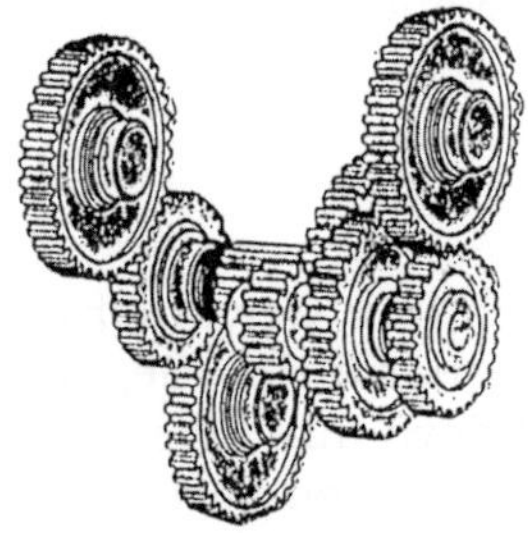

Wie beim neutralen Stand (IRAS), so müssen Sie auch während und nach der Wendung die Spannung zwischen den Knien aufrechterhalten. Durch diese Spannung sind die Genitalien geschützt, so dass Sie keinen Tiefschutz auf der Straße brauchen und eine Sorge weniger haben. Außerdem wird uns diese Kniespannung beim WT-Angriffsschritt nützlich sein.

Ein Rad greift im WT ins andere!
Vorschieben, Kleben, Nachgeben im Arm, Nachgeben im Körper, Nachgeben durch Wendung bzw. Schritt und Vorstoßen, wenn der Weg frei ist.

Alles muss stufenlos ineinander übergehen, wobei das eine das andere bedingt.

Mögliche Fehler:

- Drehen auf der Hacke
- Drehen auf dem Fußballen
- aktives Wenden
- Wenden durch Hin-/Herwerfen des Körpers
- gleichzeitiges Drehen beider Füße
- fehlende Kniespannung
- Gewicht auf dem vorderen Fuß
- zu starke Beugung des vorderen Beines
- totale Streckung des vorderen Beines
- vorderer Fuß zeigt mit der Fußspitze gerade nach vorne, statt im Winkel

Der Grad der Wendung

Wie weit Sie wenden (bzw. gewendet werden) hängt weniger von Ihnen ab als vom Angriff Ihres Gegners. Greift Ihr Gegner z.B. mit Ausfallschritt und Faust-stoß in Brusthöhe an, während Sie im neutralen Stand sind, wird er Ihren vorderen oder hinteren Arm vielleicht außen berühren und Ihnen möglicherweise einen Impuls zu Bong- oder Tan-Sao geben. Drängt er dann in Ihren Stand ein, dreht er Sie umso mehr, je näher er Ihnen kommt.
Das heißt, der Winkel Ihrer Wendung ist abhängig

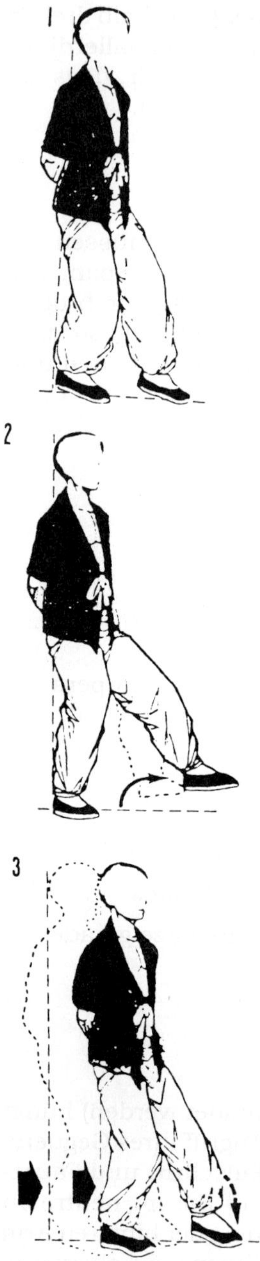

Aus dem Kurzlehrbuch „Dynamisches WingTsun“ von Großmeister Leung Ting

vom gegnerischen Angriff (er ist aber auch abhängig davon, wie weich und flexibel Ihr angegriffener Arm ist: **Je mehr Ihr Arm nachgibt, desto weniger muss Ihr Körper in Form einer Wendung nachgeben**). So gibt es stufenlos alle möglichen Wendewinkel. In der Regel aber sprechen wir meist nur von der 45°- und der 90°-Wendung.

Der Vorwärtsschritt

Wie schon erklärt, erhöhen sich Ihre Gewinnchancen erheblich, wenn Sie den Angriff des Gegners nicht bis zuletzt abwarten, sondern ihm (nach dem Prinzip: *„Ist der Weg frei, geh vor!“*) entgegenkommen. Wir nannten das die Vorwärtsverteidigung.

Die Art, wie man im WT vorrückt, ist ebenso einzigartig wie alle anderen WT-Methoden. Tatsächlich haben die meisten Schüler des verstorbenen Altmeisters Yip Man die richtige Schrittarbeit nicht verstanden. So gibt es chinesische Schulen, die statt des korrekten WT-Vorwärtsschrittes leider die Schrittechnik von Boxen oder Karate verwenden, weil der Lehrer vorher eine dieser beiden Kampfsportarten erlernt hat.

WT ist meines Wissens die einzige Selbstverteidigungskunst, die bei einem Schritt zwei Füße bewegen kann.
Sind Sie bereit?
Sie sind im neutralen Stand, Ihre linke Hand Man- und Ihre rechte Hand Wu-Sao (vielleicht sollten Sie Ihre Arme während der ersten Versuche erst einmal vergessen, sonst wird alles noch komplizierter).

Mit dem linken Fuß beschreiben Sie einen kleinen kreisförmigen Schritt über die Mittellinie, die die Strecke zwischen Ihren Füßen im neutralen Stand halbiert, hinaus (dies ist nötig, um Ihren Unterleib gegen eventuelle gegnerische Tritte zu schützen), bevor Sie den linken Fuß, mit dem Mittelpunkt der Sohle leicht nach innen gestellt, absetzen. Wie eine Lokomotive zieht das vordere (vom Körpergewicht freie) Bein das hintere Bein (Waggon), auf dem das ganze Körpergewicht ruht, hinter sich her.

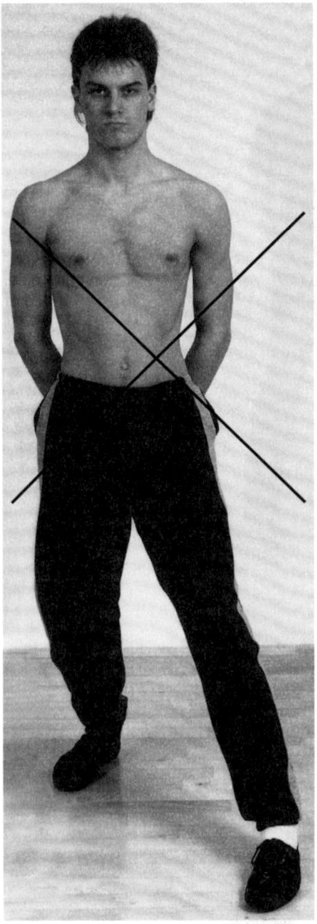

zweispurig

Einspurig vorgehen

Wichtig ist, dass Sie das zweite Bein so hinter das erste stellen, dass eine Spur entsteht (Motorrad). Falsch wäre es, zweispurig zu stehen (Auto). Andere Selbstverteidigungsmethoden (mit vorwiegend seitlichem Kampfstand) legen Wert darauf, zweispurig zu stehen, damit sie auch bei Druck von der Seite Widerstand leisten können. Im WT kämpft man frontal, so dass wir es vorwiegend mit Drücken von vorne zu tun haben. Das schließt aber nicht aus, dass unsere Schrittarbeit auch mit seitlichem Druck problemlos fertig werden muss, wenn wir gegen mehrere Angreifer kämpfen.

Frontantrieb

Den Antrieb liefert das vordere Bein, das nicht mit Körpergewicht belastet werden darf. Das ist möglich, weil der WT-Schritt relativ kurz sein kann. Das hintere Bein ist völlig passiv und wird vom vorderen nachgezogen. Das hintere Bein macht keine eigene Bewegung, denn dies würde Ihr Gleichgewicht stören.

Das Expanderkabel zwischen den Beinen

Stellen Sie sich bitte einmal vor, zwischen Ihren beiden Beinen befände sich ein Expanderkabel. Die Vorwärtsbewegung des vorderen Beines spannt das Kabel und zieht das zweite Bein mit dem Körpergewicht hinterher. Bemühen Sie sich, durch Muskelanspannung ein solches Kraftgefühl zwischen den Beinen zu erzeugen.
Sobald Ihr vorderes Bein steht, muss auch das zweite herangezogen sein. *Ein* Schritt bewegt beide Füße.

Ein Fuß zur Zeit

Hier gilt dasselbe Prinzip wie bei der Wendung: Damit zumindest immer ein Fuß sicher steht, bewegt sich nur ein Fuß zur Zeit (außerdem ist man jederzeit ohne Zeit vergeudende und verräterische Gewichtsverlagerung zum Tritt mit dem vorderen Bein bereit). Wenn der vordere Fuß vorgeht, ist der hintere ruhig. Wird der hintere (mit dem Körpergewicht beladen) passiv nachgeschleppt, ist der vordere Fuß ruhig.

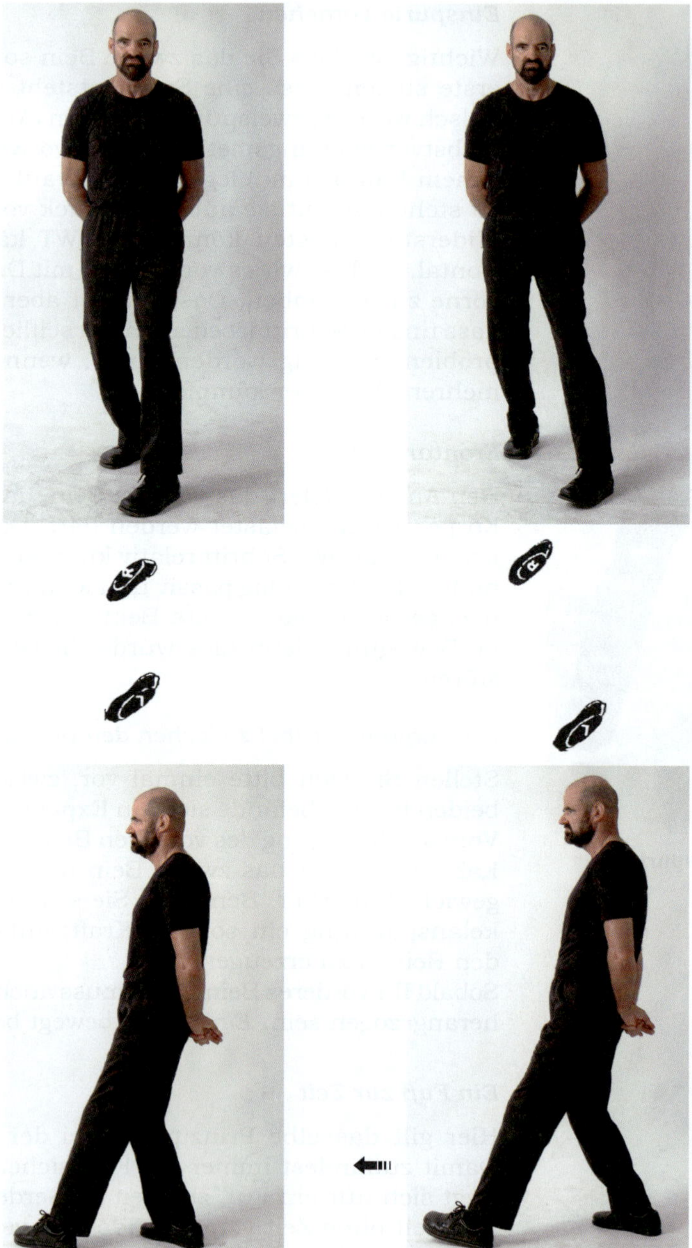
R
L
R
L
L
R
R
L

WT-Schrittarbeit

Der erste Fuß kann eine beliebige, aber kurze Distanz vorgesetzt werden, der hintere Fuß (Sohle flach am Boden) wird passiv um dieselbe Strecke hinterher gezogen. Auf diese Weise ist die Standlänge für die gleiche Person immer gleich.

Fehler:

- Gewicht auf dem vorderen Bein
- Antrieb durch das hintere Bein (Gleichgewicht!)
- Aktives Nachsetzen des hinteren Beines, Gehen auf zwei Zeiten
- Bewegung des vorderen Beines

  wenn das hintere folgt (Balance)
- fehlende Kniespannung (Deckung)
- zweispuriges Vorgehen (Deckung)
- vorderer Fuß ist nicht eingestellt (Deckung)
- vorderes Knie ist zu stark gebeugt (Gewicht)
- vorderes Bein ist ganz durchgestreckt
- Stand ist zu tief (unbeweglich)
- Stand ist zu hoch (keine Stabilität)
- Stand ist zu lang (unbeweglich)
- Oberkörper ist nicht lotrecht über der hinteren Hacke

Trost

Wenn es Ihnen schwer fällt, alle diese Anweisungen auf Anhieb zu erfüllen, geht es Ihnen wie jedem, der mit WT anfängt. Auch der Verfasser, der vor seinem WT-Studium über zehn Jahre andere Stile und damit Schrittmethoden gelernt hatte, hatte anfangs seine Schwierigkeiten damit.

Die WT-Universallösung

Der Autor demonstriert auf einem int. Ju-Jutsu-Seminar (Inzell) an seinem Assistenten, Sifu Peter Vilimek, inzwischen 7. Meistergrad WT, die WT-Universallösung durch Vorgehen mit Hand und Fuß (diesmal Tritt). Man sieht, dass sein linker Arm schon Kontakt bekommen hat und an Vilimeks rechtem Arm „klebt“, während der Fuß ungehindert als Tritt trifft.

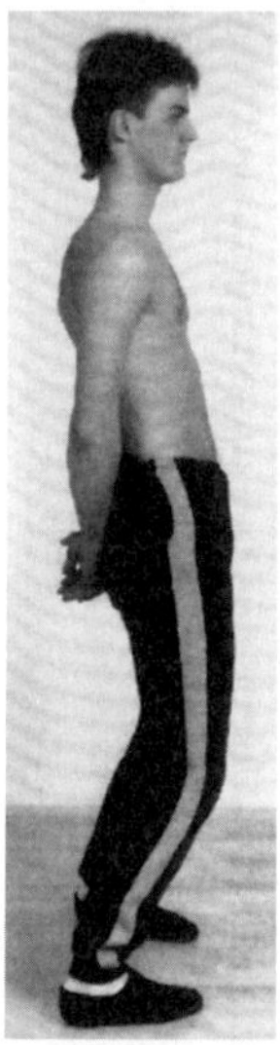

Neutraler Stand

Falsche Schrittarbeit

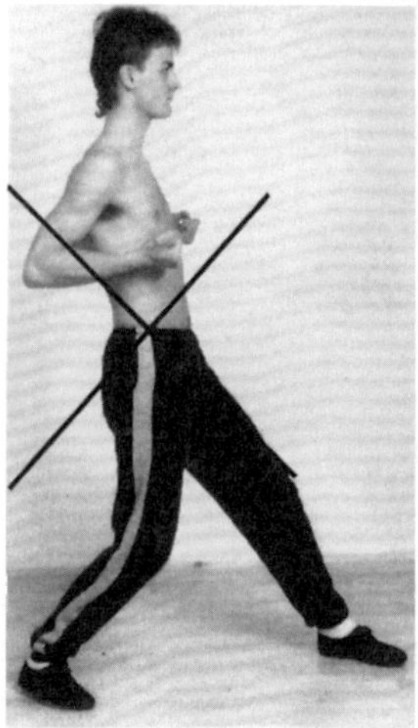

Schritt zu lang

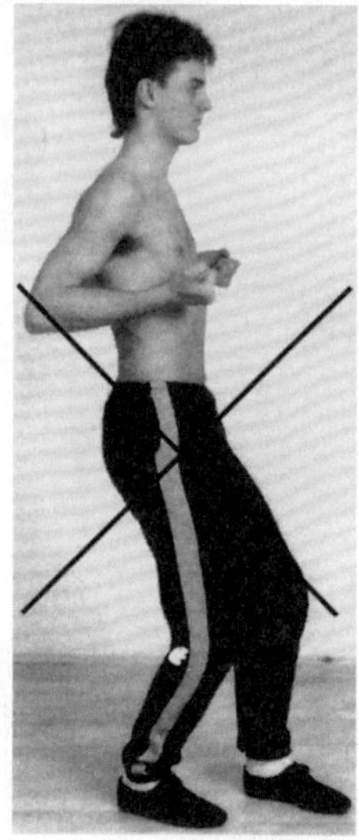

Schritt zu kurz

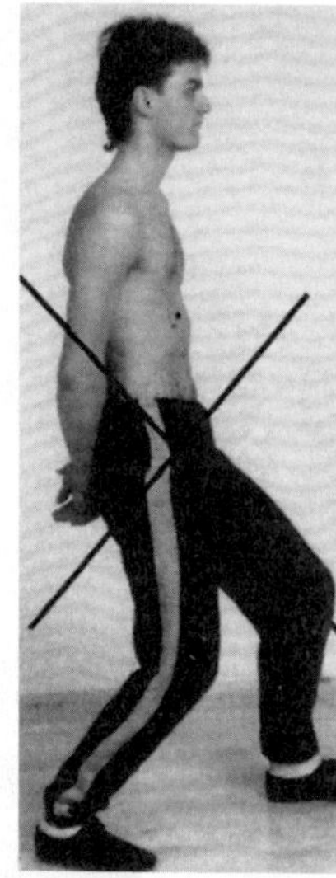

Gewicht vorne

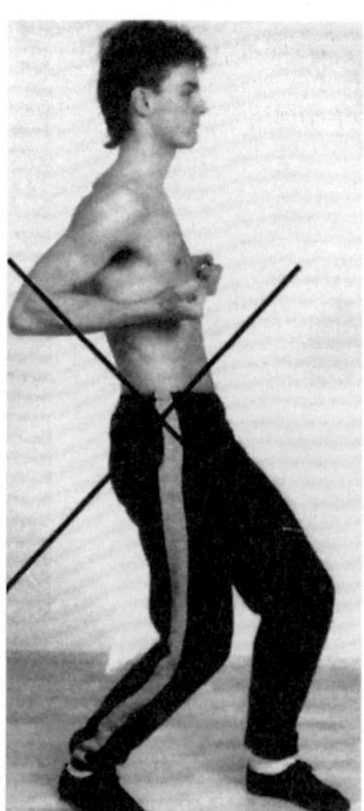

Knie zu gebeugt

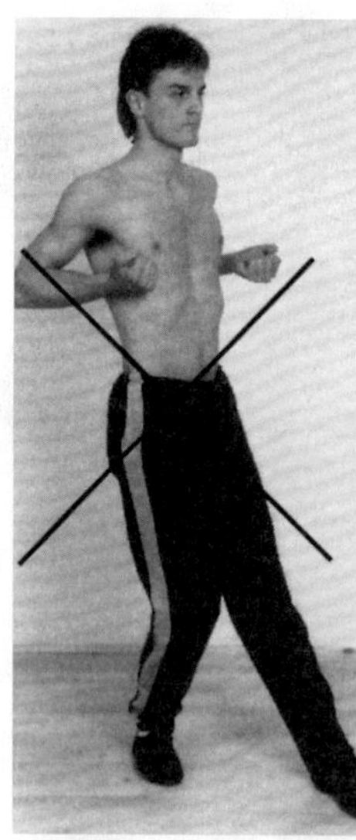

Knie zu gestreckt

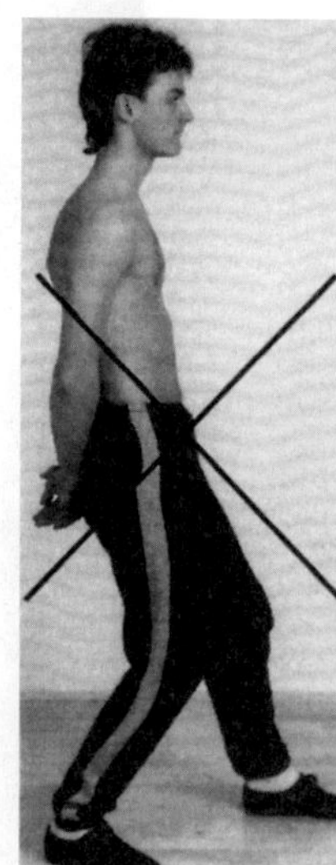

Lot nicht über der Hacke

Der Autor bei der Wendung

Die Wendung aus dem Vorwärtsschritt

Zum Beispiel bei Bong-Sao oder Djam-Sao links (Abbildungen 1, 2 und 3).
Bei Tan- bzw. Kao-Sao links oder Bong- und Djam-Sao rechts muss noch eine Wendung nach links erfolgen (Abbildung 4).

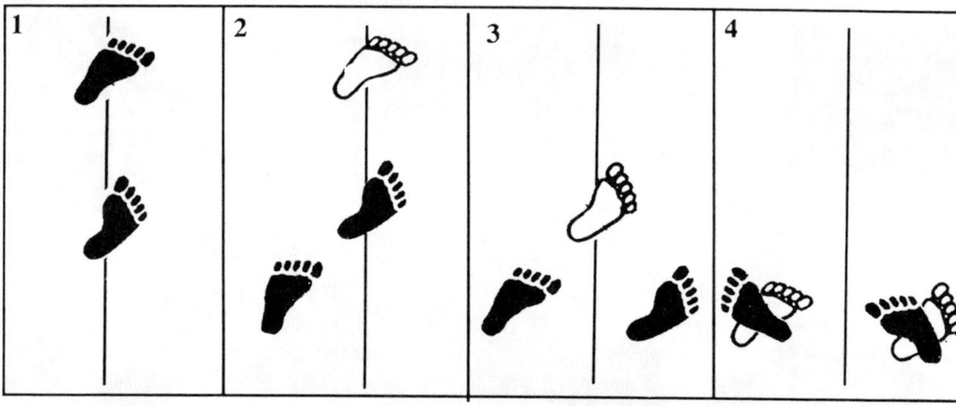

1 Angriffsstand, beide Füße auf einer Linie.

2 Der Druck des Gegners zwingt zum Rückzug, d.h. der vordere linke Fuß geht zurück.

3 Der rechte Fuß wird durch die Spannung der Adduktoren bis auf Höhe des linken Fußes nachgezogen.

4 Wendung nach links

Die Wendung aus gewendetem Stand

Ein Fuß bewegt sich zur Zeit, aber der Übergang ist so fließend, dass es fast gleichzeitig aussieht (Abbildungen 5, 6 und 7).

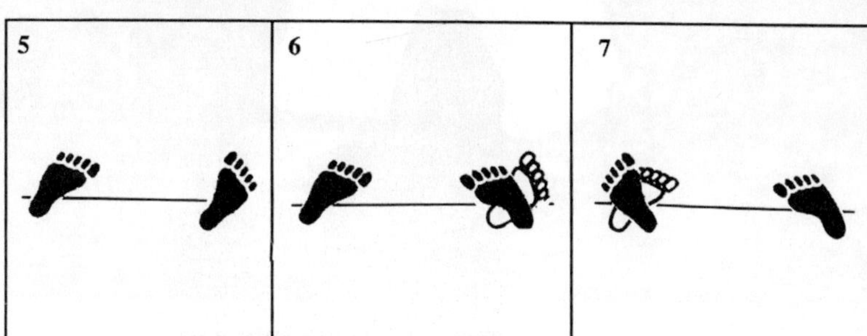

Das Anti-Blockier-System

Jeder weiß ungefähr, wie das elektronische Anti-Blockier-System (ABS) arbeitet: Ein Computer überwacht den Bremsvorgang. Für den winzigen Bruchteil einer Sekunde löst er die Bremsen dort, wo ein Rad zu blockieren droht, nur dort, unabhängig von den anderen Rädern. Das kann bis zu zehnmal in der Sekunde passieren. Der Fahrer spürt am Pulsieren des Bremspedals, dass sein ABS in Aktion ist. Das Fahrzeug bleibt so bei optimal kurzem Bremsweg lenkbar. Vor Erfinden des ABS musste der Sportfahrer eine ähnliche Wirkung durch Stotterbremsen erreichen.

Der Anwender des WT-Systems muss ähnlich reagieren. Droht er durch den Ansturm des Gegners, sein Gleichgewicht zu verlieren, muss er z.B. die Spannung im Arm oder im Bein lösen, das heißt z.B. zu Bong-Sao oder zur Wendung nachgeben.

Durch intensiven Chi-Sao-Unterricht können Sie sich mit einem körpereigenen Anti-Blockier-System ausstatten.

Nun können Sie sich nicht mit Aufpreis zum Jahresbeitrag ein WT-spezifisches ABS als Sonderausstattung ordern. Nur durch unermüdliches Chi-Sao-Training und späteres Kampftraining können Sie sich Ihr körpereigenes Anti-Blockier-System aneignen.

Der Autor unterrichtet Selbstverteidigungs-Experten des Geiselbefreiungsteams der französischen R.A.I.D.

Die Bereitschaft zur Veränderung

Der Körper muss so ausbalanciert sein, der vordere Fuß ohne nennenswerte Belastung vorschreiten, dass selbst mitten im Angriff ein Wechsel zum Zurückweichen und Wenden möglich ist.

Die ständige Bereitschaft zur Wandlung, zur Veränderung und Anpassung an die neue Situation ist ein wesentliches Merkmal des WingTsun-Systems.

Gerade in der Bereitschaft zur Wandlung, zur Änderung und zur Anpassung an die veränderte Situation liegt ein wesentliches Merkmal des WingTsun-Systems, aber auch der weichen oder inneren chinesischen Selbstverteidigungsstile insgesamt.

Der Grund liegt auf der Hand: Arbeitet man hauptsächlich mit der Kraft des Gegners, muss man sich diesem anpassen, statt wie bei den harten Stilen mit Gewalt seine eigene vorher geplante Technik durchzuziehen.

Belastet man beim Ausfallschritt jedoch das vordere Bein, ist man zu starr. Das gewichttragende vordere Bein kann dann nicht unmittelbar zurückgesetzt werden, eine vorherige Gewichtsverlagerung auf das hintere Bein wäre dafür die Voraussetzung.

Wer auf dem vorderen Bein Gewicht hat, kann nur schnell zurückgehen, indem er mit dem unbelasteten hinteren Bein zurücksetzt, auf dieses sein Gewicht verlagert und dann das vordere Bein nachzieht. Diese Methode ist aber abzulehnen, weil während der ganzen Aktion dadurch u.a. das vordere Bein den Tritten (etwa zum leicht zu verletzenden Knie) und der notwendigerweise vorgebeugte Oberkörper (Kopf) den Faustangriffen des Gegners ausgesetzt ist.

SNT lehrt die nötige Entspannung.

Das vierte Prinzip:

Zieht der Gegner sich zurück, folge!

Das vierte Prinzip vom Folgen ist die Konsequenz des Vorwärtsdruckes.

Aufgrund des ständigen Vorwärtsdruckes dringt man sofort und automatisch wie Wasser in jede sich ergebende Lücke. So ist das vierte Prinzip (*„Zieht der Gegner sich zurück, folge!“*) die Konsequenz des Vorwärtsdruckes.

Unsere Kampfsequenz zeigt das vierte Prinzip in der Praxis.

1. Der WT-Kämpfer in Vor-Kampfstellung vor seinem Gegner.

2. Der Gegner greift mit Fauststoß und Ausfallschritt rechts an. Der WT-Mann geht links mit Hand und Fuß vor. Dabei kontaktiert der angreifende Arm die Handfläche des WT-Kämpfers. Pak-Sao entsteht.

3. Der Angriffsdruck zwingt den WT-Mann zurück und in die Wendung.

4. Der Angreifer stößt ein zweites Mal, aber mit der linken Faust, wobei er den rechten Arm zurückzieht. Da der Pak-Sao Vorwärtsdruck hat, stößt die Hand des WT-Mannes automatisch auf das Gesicht des Angreifers zu.

5. Der Fingerstich trifft den Gegner, so dass dieser keine Chance hat, seinen zweiten Angriff erfolgreich zu beenden.

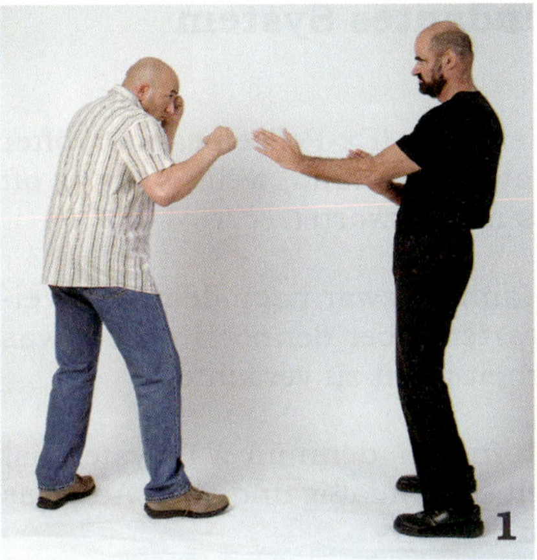
1

2

3

4

5

WT – ein redundantes System

Wer sich wie der Verfasser (Ex-Polizeibeamter) öfter in brenzligen Situationen befand, weiß, dass es oft anders kommt, als man erwartet.

Nun soll der WT-Kämpfer zwar nach dem Wu-Wei-Prinzip nichts erwarten, aber dennoch wäre etwas zusätzliche Sicherheit nicht zu verachten.

Dreifache Sicherheit serienmäßig und ohne Aufpreis ab Werk

Der Leser darf sich freuen, denn im WT-System ist dreifache Sicherheit serienmäßig und ohne Aufpreis ab Werk eingebaut.

Redundanz heißt das verheißungsvolle Wort, das Ihnen Sicherheit durch drei Sicherungen verspricht.

Wir dürfen Ihnen das an folgendem Beispiel erläutern: Ihr Gegner greift mit Faustoß zum Hals und Ausfallschritt an. Sie reagieren mit Fook-Sao und Faustoß außen mit Wendung.

Die erste Sicherung

1. Kontrolle

Durch Ihren vorgehenden Arm nehmen Sie Kontakt mit dem gegnerischen Angriff auf und sind schon im Ansatz über seine Angriffsziele informiert. Mit der reflexartigen Verformung Fook-Sao erlangen Sie Kontrolle über seinen Angriff.

Die zweite Sicherung

2. Wendung bzw. Gewichtsverlagerung

Durch Ihre passive Wendung sind Sie in Sicherheit, selbst wenn Ihr Fook-Sao aus menschlichen Gründen versagt.

Die dritte Sicherung

3. Gleichzeitiger Gegenangriff

Gleichzeitig mit den Sicherungen eins und zwei erfolgt Ihr Gegenschlag, in diesem Falle ein zentraler WT-Faustoß mit tiefem Ellbogen. Mit dem Faustoß zum Hals können Sie nicht nur den Gegner an einer Fortsetzung seines Angriffes hindern, sondern er stellt selbst (ohne Fook-Sao) eine sichere Abwehr dar.

Kombinationsmöglichkeiten und Konter

Die genannten vier Typen von reflexartigen Verformungen sind defensiver Art und erfordern weiterführende Maßnahmen – meist simultaner (gleichzeitiger) Art, d.h. Gegenangriffe, wenn der Gegner kampfunfähig gemacht werden soll.

Abwehren und Gegenangriffe sind nahezu unendlich kombinierbar, deshalb wollen wir in diesem Rahmen nur wenige Beispiele aufzeigen und den entsprechenden Reaktionen zuordnen.

Kombinationen mit Bong-Sao:

- Bong-Lap-Fak
- Bong (diagonal) – innerer Fauststoß

Kombinationen mit Tan-Sao bzw. Fook-Sao:

- Tan (innen) – Fauststoß
- Fook (außen) – Fauststoß

Kombination mit Kao-Sao:

- Kao (innen) – Fauststoß

1. Vor-Kampfstellung

2. Vorstoßen des Man-Sao

3. Bong-Sao ...

4. ... mit beendeter Wendung

5. Ansicht von der anderen Seite

6. Lap-Sao mit beginnendem Fak-Sao

7. Fak-Sao ist unterwegs.

8. Fak-Sao trifft.

1. Vor-Kampfstellung:
   Der Angreifer startet mit der linken Faust.

2. Vorstoßender Man-Sao gegen diagonalen linken Fauststoß
   verwandelt sich in beginnenden Bong-Sao.

3. Diagonaler Bong-Sao ...

4. ... mit Wendung und Fauststoß, der darüber angreift.

1. Vor-Kampfstellung

2. Man-Sao gegen Fauststoß

3. Tan-Sao mit Wendung ...

4. ... und Fauststoß

1. Vor-Kampfstellung

2. Man-Sao gegen diagonalen Fauststoß

3. Fook-Sao mit Wendung ...

4. ... und Fauststoß

1. Vor-Kampfstellung

2. ... Man-Sao gegen inneren Fauststoß

3. (Von der anderen Seite gesehen)
Der Druck erzeugt Kao-Sao ...

4. ... mit Wendung und Fauststoß

Der totale Kampf

Das WingTsun-System gehört wohl zu den wenigen Selbstverteidigungskünsten, die auf den totalen Kampf vorbereiten.
Ausgehend von den verschiedenen Distanzen teilen wir das mögliche Kampfgeschehen in fünf Phasen ein:

1. Phase: Überbrücken

Erste Phase:
Kampf mit den Füßen

Um die Entfernung geschützt zu überbrücken, sollten Sie mit einer geraden Fußtechnik (zu sehen als verlängerter Schritt) zum Gegner gelangen.

Oder Sie wehren den tiefen oder mittleren Tritt Ihres Gegners mit Ihrer (verlängerten) Zirkelschritt (= Vorwärtsschritt)-Technik ab.

2. Phase:

Zweite Phase:
Kampf mit den Händen

Gleichzeitig mit Ihrem Bein gehen Ihre Hände zentral vor. In beiden Fällen folgen Sie dem Wort: *„Ist der Weg frei, stoße vor!“*
Stoßen Sie auf größeren Widerstand, entstehen dadurch Ihre passiven Abwehrreaktionen wie Bong-, Tan-, Djam-, Pak- und Kao-Sao.
Ist der Weg wieder frei, stoßen Sie wieder vor.

Im Kampf gegen „*ellbogenkraft*lose“ Stilisten werden vor allem Kettenfauststöße und schnelle Schrittarbeit gefordert.

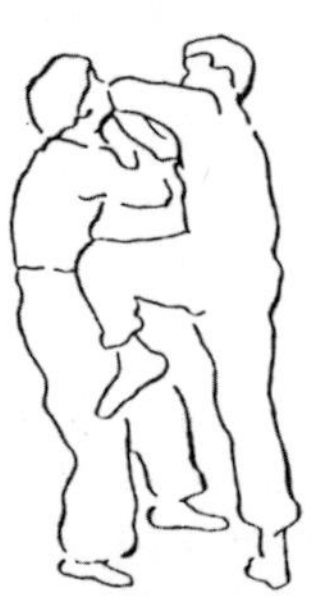

3. Phase: Ellbogen, Knie

Dritte Phase:
Kampf mit den Ellbogen und Knien

Die einfachsten Knie- und Ellbogenangriffe bzw. -abwehren sind zu betrachten als Anfangsbewegungen von schon eingeführten Fuß- oder Handangriffen. Sie entstehen aktiv durch große Nähe des Gegners oder passiv durch gegnerische Blocks oder Angriffe. Sie folgen somit den Prinzipien *„Ist der Weg frei, stoße vor!“* bzw. *„Ist die Kraft des Gegners größer, gib nach!“*.

Vierte Phase:
Kampf mit Halten, Hebeln, Immobilisieren, Kontrollieren, Würgen, Werfen, Gegenwerfen

4. Phase: Ringen, Werfen

Die vierte Phase gehört zu einem zusätzlichen Aufbauprogramm, das in der Grundstufe nicht vermittelt und in diesem einführenden Buch aus Mangel an Raum nicht behandelt werden kann. Die letzten beiden Phasen sind für die normale Selbstverteidigung nicht so relevant, gewinnen aber z.B. für Polizeibeamte, die überwältigen, aber nicht verletzen sollen, an Bedeutung.

Der Fortgeschrittene muss bei seiner letzten Schülerprüfung unter Beweis stellen, dass er einen wild um sich schlagenden und tretenden Angreifer ohne Schläge, Stöße oder Tritte „mit sanften Mitteln" unter Kontrolle bringen kann. Hierbei handelt es sich aber um Spezialkenntnisse und Fertigkeiten, die man vom Durchschnittsanwender nicht erwarten kann.

Fünfte Phase:
Kampf am Boden

5. Phase: Bodenkampf

Auch diese fünfte und letzte Phase gehört zu einem zusätzlichen Aufbauprogramm, das WT-spezifisches Fallen sowie WT-*Anti*-Bodenkampf einschließt.

Die Kampfesweise am Boden hat oberflächlich gesehen Ähnlichkeit mit Künsten wie Ringen, Judo, Sambo oder Chi-Na.

Halten und Hebeln ist hier aber keinesfalls Selbstzweck, sondern dient nur dazu, den Gegner unter Kontrolle und einen eigenen Arm bzw. ein Bein zum Stoß oder Tritt frei zu bekommen.

Achtung:

Immer wieder muss der Autor erleben, dass manche Schüler glauben, dass *jeder* Kampf grundsätzlich in die Bodenlage gehen muss. Oft sieht man sogar Lehrer, die ohne Not (aber leider auch ohne Verstand) ihren Gegner zu Boden begleiten!

Ökonomie der Bewegung

Keine Aushol- und Vorbereitungsbewegungen im WT!

WT ist ein ökonomisches und direktes System. Deshalb gibt es keine Aushol- und Vorbereitungsbewegungen zum Kräftesammeln. Das beim Karate übliche Ausholen durch Vordehnen für folgenden maximalen Krafteinsatz, *Hikkite* genannt (z.B. Faust zurückziehen, Fuß nach dem Tritt erst zurückziehen, dann absetzen usw.) widerspricht dem WT-Konzept der Ökonomie der Bewegung.

Im WT wird Zweizeitigkeit vermieden!

Das Gleiche gilt auch für zweizeitige Kombinationen, wobei ein Arm abwehrt, während der zweite zwecks Vorspannung und Vorbereitung für den Konterschlag zur Hüfte gezogen und dann nach vorne gestoßen wird.

Nach Clausewitz ist eine Verschwendung der Kräfte sogar schlimmer als ihre unzweckmäßige Verwendung, die doch zumindest einen Teil der gegnerischen Kräfte bindet und beschäftigt.

Clausewitz: *„Wer da Kräfte hat, wo der Feind sie nicht hinreichend beschäftigt, wer einen Teil seiner Kräfte .... tot sein lässt, während die feindlichen schlagen, der fahrt mit seinen Kräften einen schlechten Haushalt. In diesem Sinne gibt es eine Verschwendung der Kräfte, die selbst schlimmer ist als ihre unzweckmäßige Verwendung. Wenn einmal gehandelt werden soll, so ist das erste Bedürfnis, dass alle Teile handeln, weil die unzweckmäßigste Tätigkeit doch einen Teil der feindlichen Kräfte beschäftigt und niederschlägt, während die ganz müßigen Kräfte für den Augenblick ganz neutralisiert sind."*

Es versteht sich von selbst, dass man im WT nach Möglichkeit gleichzeitig mit der Abwehr den Gegenangriff führt, kleine Wege geht und die Kraft des Gegners beim Angriff und bei der Abwehr weitgehend ausnutzt.

„Todsünden“ im WT

= Verstöße gegen WingTsun-Prinzipien

Sünde Nr. 1: ***Ausholen (I + II)***

In der ersten Kampfsequenz finden wir im zweiten Bild eine Ausholbewegung zu Bong-Sao.
In der zweiten Kampfsequenz finden wir im zweiten Bild eine Ausholbewegung zu Fook-Sao.
In beiden Fällen soll die Ausholbewegung Schwung und Kraft bringen. Tatsächlich aber öffnet sie die Deckung und bringt den Kämpfer in Gefahr.

In beiden Fällen hätte der Kämpfer mit Man-Sao (vorderer Arm) Kontakt aufnehmen sollen. In der ersten Sequenz wäre dann wohl Djam-Sao mit Wendung, in der zweiten Sequenz Fook-Sao mit Wendung entstanden (bei Bild 3 gehört der gleichzeitige Fauststoß dazu).
Diese richtigen Lösungen wären dann wirklich *Reaktionen* auf die Aktionen des Gegners und keine *toten* Techniken.

I

1. Seitliche, WT-untypische Vorkampfstellung

II

1. Seitliche, WT-untypische Vorkampfstellung

III

1. Seitliche, WT-untypische Vorkampfstellung

Sünde Nr. 2: ***Fehlender Druck (III)***

Im zweiten Bild sieht der Pak-Sao – oberflächlich betrachtet – richtig aus. Das folgende Bild verrät aber dem aufmerksamen Beobachter, dass der Vorwärtsdruck fehlt. Denn der Pak-Sao bleibt wie tot in der Luft stehen, als der Angreifer seinen Arm zurückzieht, um ein zweites Mal mit gleichem Arm zuzuschlagen.
Hier hätte der Verteidiger den Pak-Sao durch Vorwärtsdruck, ohne überlegen zu müssen, sofort in einen Angriff (Stoß, Stich) verwandeln sollen. Nur dies wäre die richtige Lösung gewesen.
Motto:

Folge dem zurückgehenden Arm!

2. Angreifer kommt mit Fauststoß und Ausfallschritt. Verteidiger senkt vorderen Arm, um zu Bong-Sao auszuholen.

3. Verteidiger wehrt mit Bong-Sao und Wendung ab.

2. Angriff mit Fauststoß. Verteidiger holt zu Fook-Sao aus, indem er den rechten Arm senkt.

3. Abwehr mit Fook-Sao

2. Pak-Sao gegen Fausstoß

3. Angreifer zieht die Faust zurück, um ein 2. Mal mit dem gleichen Arm zuzuschlagen.

4. Verteidiger wehrt mit einer Art Fook-Sao und Fingerstich in die Seite ab.

Wie viele Gegner machst du fertig?

Neben der Frage nach der Zahl der Ziegelsteine, die man zerschlagen kann, steht dieses Problem wohl im Hauptinteresse des Kampfkunst-Laien. Aber auch viele Kampfsportler machen sich von der Realität ein falsches Bild.

Ein guter Gegner kann schon zu viel sein!

Ja, was soll man darauf antworten? Dass ein guter Gegner schon zu viel sein kann? Dass man sich drei, vier (schlechte) zutraut? Manchmal antworte ich: „So zwischen einem bis einhundert, je nach Tagesform." Das ist zwar ein Witz, spiegelt aber durchaus die Realität wider. 300 Spartaner hielten bei den Thermopylen 180.000 Perser auf. Der Pass war so schmal, dass nur immer sehr wenige Perser gleichzeitig angreifen konnten. Erst als die Perser den Pass umgehen und die Griechen auch von hinten angreifen konnten, waren die Spartaner zu besiegen.

Als Jugendlicher war der Autor neben den Kampfkünsten auch im Kraftsport nicht untätig. Aus einem alten Buch lernte er, wie man Steine zerschlägt, Nägel mit der Faust in Holzbretter schlägt, Ketten sprengt und dicke Telefonbücher zerreißt. Mit Kraft alleine geht das nämlich nicht, man muss auch den jeweiligen Trick kennen. Im Falle des Telefonbuches riffelt man die Seiten etwas und zerreißt in Wirklichkeit eine Seite nach der anderen.

Die richtige Strategie ist wichtig!

Wer gegen mehrere Gegner kämpfen muss, muss nicht nur die Methoden des Zweikampfes beherrschen, er muss die *richtige Strategie* anwenden. Er hat nur dann eine Chance, wenn er einen Gegner nach dem anderen isoliert, bekämpft und kampfunfähig macht.
Ein Mehrfrontenkrieg ist auf Dauer nicht zu gewinnen, obwohl viele Kampfkünste in ihren Katas z.B. gleichzeitige Abwehren oder Angriffe gegen zwei und mehr Gegner aufzuweisen haben.

Machen wir es wie mit dem Telefonbuch, Seite für Seite, ein Gegner nach dem anderen!

Verhalten bei mehreren Gegnern:

1. *Weglaufen ist bei einer Übermacht nicht schimpflich, sondern vernünftig.*
2. *Glauben Sie nicht den dummen Büchern, die Ihnen empfehlen, sich mit dem Rücken an eine Wand zu stellen, damit keiner von hinten kommen kann. Dann kann zwar keiner Ihren Rücken angreifen, aber Sie kommen auch nicht mehr vom Fleck weg. Was für Sie überlebenswichtig ist, ist Mobilität!*
3. *Lassen Sie sich nicht umzingeln! Ein Mehrfrontenkampf ist kaum zu gewinnen.*
4. *Isolieren Sie Ihre Gegner und bekämpfen Sie sie einen nach dem anderen. Sorgen Sie durch geschickte Ausweich- und Angriffsmanöver dafür, dass sich die Angreifer selbst im Weg stehen und sich immer nur einer zur Zeit mit Ihnen beschäftigen kann. Baut sich eine Phalanx von Angreifern vor Ihnen auf, so greifen Sie ihre linke oder rechte Flanke an.*

Ein Ausblick auf das ganze WT-System

Mit diesem Buch will ich zeigen, wie das WT-System mit nur wenigen Grundbewegungen einen wirksamen Schutz gegen körperliche Angriffe bieten kann.

Selbstverständlich konnte ich Ihnen in diesem Rahmen nur *wenige* Anwendungen demonstrieren. Aber für die Selbstverteidigung reichen sie auch völlig aus und mehr wäre weniger, wenn Sie nur begrenzte Zeit erübrigen können.

Wer sich auch für weiterführende Aspekte des WT als Kampfkunst interessiert, wird einen Bewegungsreichtum vorfinden, der durch die WT-Prinzipien und durch wenige Bewegungsmuster kaum eingeschränkt wird. Der Selbstverwirklichung und individuellen Interpretation (des fortgeschrittenen WT-Anwenders) sind kaum Grenzen gesetzt.

WT ist die Anwendung von vier Prinzipien innerhalb der Beispiele von Bewegungsmustern, die durch sechs überlieferte Formen gegeben sind. Die Formen und ihre Anwendung erlernt man am besten auf weiterführenden Seminaren der Europäischen WT-Organisation.

Je mehr Formen der WT-Anwender kennt, auf desto mehr Bewegungsmuster kann er in Verbindung mit den vier Prinzipien zurückgreifen. Für den Anfänger reicht die erste Form, in der Mittelstufe gibt es die zweite Form, der Fortgeschrittene verfügt auch über die dritte und höchste (waffenlose und gerätelose) Form, die noch bessere Möglichkeiten gegen nichtlineare Angriffe bietet. Die sog. Holzpuppenform hilft, wenn man keinen Übungspartner hat und die beiden WT-Waffenformen (Langstock und Messer) führen neue Dimensionen der Winkel und der Schrittarbeit gegen bewaffnete Angreifer ein.

Der Selbstverwirklichung und individuellen Interpretation sind kaum Grenzen gesetzt.

Es ist sogar in begrenztem Maße möglich, die WT-Prinzipien zu benutzen, um andere Selbstverteidigungsstile für sich persönlich effizienter zu gestalten. Aber dann könnte man auch gleich WT richtig lernen!

Weiterführende WT-Bewegungen

WT-Selbstverteidigung – von Frauen für Frauen gegen Männer

Das WT-System hat die besten, wirksamsten und ökonomischsten Antworten in jeder Selbstverteidigungssituation.
Es gibt wohl keinen zweiten Kampfstil, dessen Strategien und Taktiken so genial und logisch durchdacht sind und der so wenig eigene Kraft erfordert wie WT.

Die einzige wirklich für Frauen geeignete Selbstverteidigung wurde von zwei Frauen entwickelt!

Es gibt aber auch keinen zweiten Kampfstil, der von zwei Frauen entwickelt worden ist: Ng Mui und Yim Wing Tsun.

Ng Mui war die beste Kämpferin im Shaolin-Kloster und sogar den Männern überlegen. Viele Erzählungen berichten, wie die schöne Yim Wing Tsun mit ihrem ausgeklügelten System die stärksten Kämpfer anderer Stile niederschlug.

So ist das WT-System wie keine andere Selbstverteidigungskunst besonders für das weibliche Geschlecht geeignet, das damit im Ernstfall wirklich echte Chancen hat.

Dass dennoch viel mehr Männer als Frauen WT praktizieren, liegt wohl an dem sehr praxisnahen Kampftraining im WT, das die Erwartungshaltung vieler Frauen und Mädchen nach ballettartigem Training nicht erfüllt.

Parallel- oder Komplementärstil?

Manche Frauen ziehen auch das männliche und kraftfordernde Karate dem weiblich nachgebenden WT vor, weil sie dadurch im Training die männliche Seite ihres Wesens ausleben können. Ähnlich findet manch „harter“ WT-Mann Freude darin, sich klug und nachgebend zu verhalten, statt wie sonst mit dem Kopf durch die Wand zu wollen.

WT – von Frauen für Frauen gegen Männer.

Wenn es allerdings um realistische frauengerechte Selbstverteidigung geht, sollte frau nicht an dem System vorbeigehen, das für das körperlich schwächere Geschlecht geschaffen wurde.

Ellbogen und Knie gegen Straßenräuber

Simo, damals 2. Grad WT, verteidigt sich mit Ellbogen gegen Umklammerung von hinten.

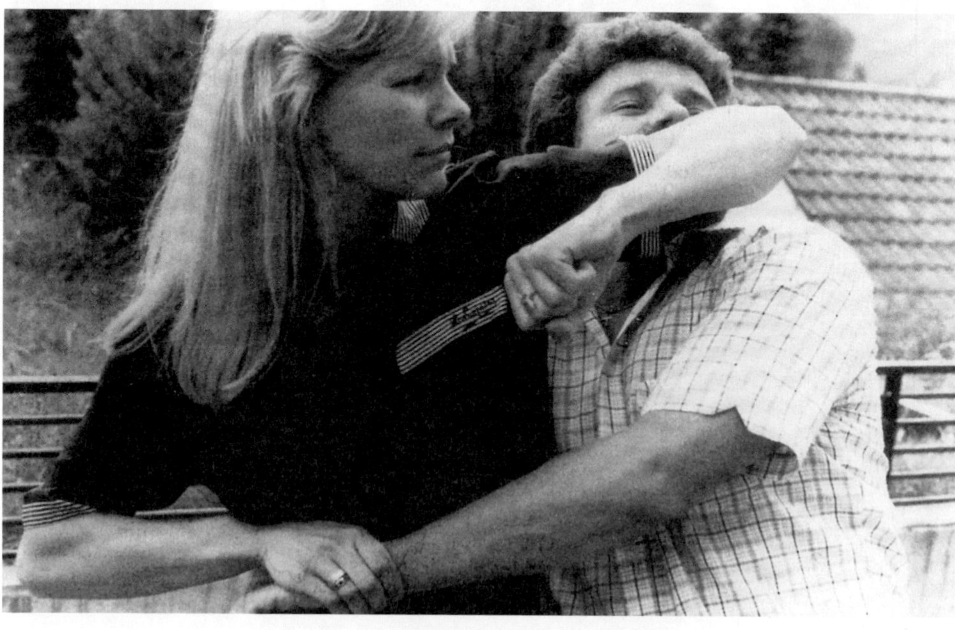

Ellbogenschlag links mit Handkontrolle ...

dann zweiter Ellbogenschlag rechts ...

und dritter Ellbogenschlag, jedesmal mit Kontrolle

Gegen Fauststoß links mit vorderem Arm ...

zentraler, vertikaler Fauststoß außen mit tiefem Ellbogen und mit zusätzlicher Deckung durch den linken Arm

Gegen Kombination von zwei Fauststößen:
zwei Mal Tan-Fauststoß/Wendung

Das original chinesische Pflaumenblüten-Pfahl-Training des WT

Der WT-Doppel-T-Balance-Balken

Eine Methode, im WT das Gleichgewicht optimal zu trainieren

Zur Gleichgewichtsschulung entwickelte ich Anfang der 80er Jahre aus dem alten „Pflaumenblüten-Pfahl-Training“ das Balance-Training auf dem Balken.

Um nach den WT-Prinzipien auch gegen Stärkere erfolgreich kämpfen zu können, müssen Sie lernen, Kräfte, die auf Sie einwirken, unter Wahrung Ihres Gleichgewichtes so aufzufangen, dass Sie ihnen Ihre Kraft nicht entgegensetzen, sondern der größeren Kraft nachgeben. Voraussetzung für ein solches Kampfverhalten ist die Fähigkeit, große Kräfte, die auf die Extremitäten oder auf den Rumpf einwirken, zu absorbieren, ohne eine Kräftekollision zuzulassen, die Sie aus dem Gleichgewicht bringen würde.

Um diese Fähigkeiten gezielt optimal trainieren zu können, entwickelte ich Anfang der 80er Jahre aus dem alten „Pflaumenblüten-Pfahl-Training“ der Chinesen für die EWTO das Balance-Training auf dem Balken, das mein Schüler, Dai-Sifu Oliver König, Ihnen jetzt in Bild und Text erklärt:

Übung 1

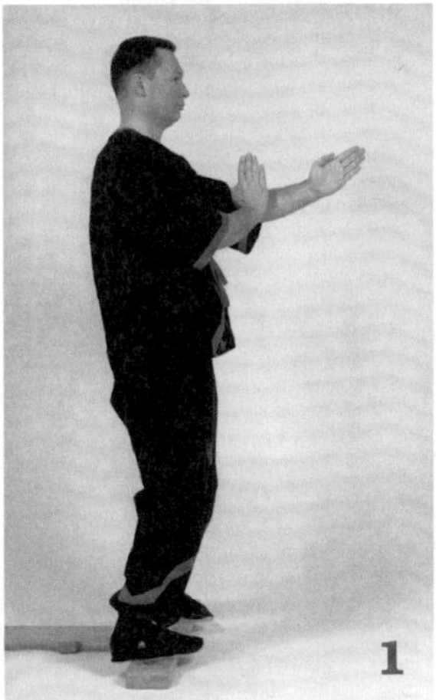

1

Einfaches Stehen und Balancehalten

Um uns beim Üben zum Stehenbleiben zu zwingen, grenzen wir mit dem Balance-Balken die Standfläche, die uns zur Verfügung steht, einfach ein; und zwar auf die Breite des Balkens, der ungefähr einem Drittel unserer Fußlänge entspricht. Einfaches Stehen und Balancehalten (später Üben kompletter WT Formen oder Teile daraus) auf diesem Balken in einem Übungsstand (Vor-Kampfstand), ohne dass äußere Kräfte auf uns einwirken, schult unser Gleichgewichtsgefühl (Bild 1).

Die nächste Stufe besteht darin, auch äußere Kräfte, die ein Übungspartner auf uns einwirken lässt, so zu verarbeiten, dass wir unser Gleichgewicht nicht verlieren.

Übung 2

Jetzt „schubst" der Partner den Übenden an den Armen, direkt am Körper oder am Bein.

Der Partner „schubst" den Übenden an den Armen, direkt am Körper (was schwerer zu absorbieren ist), oder am Bein (wobei der Übende auf einem Bein steht). Dieser muss versuchen, durch weiches Nachgeben bzw. Wenden auf dem Balken zu bleiben (Bild 2, 3 und 4).

Dabei Kontakt zur angreifenden Extremität halten!

Weiterhin müssen wir, nachdem der Angreifer geschubst hat und wir uns durch definiertes Nachgeben und Wenden haben verformen lassen, den Kontakt zur angreifenden Extremität halten, um taktil fühlen zu können, was der Angreifer vorhat.

Vor-Kampfstellung auf dem Balken

Kontaktaufnahme durch Vorschieben der Arme

Dem Druck nachgeben und sich wenden lassen

Übung 3

Beide Partner stehen auf dem Balken, nehmen Kontakt auf (Bild 5), drücken mit verschiedenen Angriffsbewegungen aufeinander zu und halten Kontakt, um die zukünftigen Bewegungen durch Fühlen kontrollieren zu können. Dabei müssen die Bewegungen so gewählt werden, dass beide Partner eine direkte Kräftekollision vermeiden und selbst nicht getroffen werden. Die Reflexe, die dazu nötig sind, stammen aus dem Chi-Sao-Bereich des WT (Bild 6, 7, 8, 9 und 10) und wurden in diesem Buch an anderer Stelle ausführlich beschrieben.

Auf der nächsten Stufe muss die Kraft des Angreifers nicht nur so verarbeitet werden, dass wir nicht getroffen werden. Jetzt müssen die Kraftlinien im Körper so gewählt werden, dass die Kraft, die wir aufnehmen, kontrolliert und möglichst ohne Verlust an einem anderen Punkt so „herauskommt", dass zeitgleich zum Angriff der Gegenangriff erfolgt. So, dass der Gegner, bevor er seinen ersten Angriff überhaupt abschließen konnte, schon außer Gefecht gesetzt wird.

7

8

9

10

Übung 4

Der Partner greift gezielt an.

Der Übende wird vom Partner gezielt angegriffen. Ausgehend von einer Vor-Kampfstellung der Arme und Beine wird nach Kontaktaufnahme die Kraft, die der Partner in den Übenden „hineinsteckt“, direkt zu ihm zurückgeleitet (Bilderfolgen 11, 12 und 13 sowie 14, 15 und 16).

11

Traditionelle WT-Vor-Kampfstellung

Dai-Sifu Oliver König (links) in traditioneller WT-Vor-Kampfstellung. Sifu Matthias Gold (rechts) in traditionellem Angriffsstand „harter“ Stile. (Bild 14)

14

Kontakt entsteht

Durch Matthias‘ Fauststoß und das Vorstrecken von Olivers Armen, besonders des linken vorderen Armes, entsteht Kontakt. (Bild 15)

Der Angreifer dreht den Verteidiger in Sicherheit und wird gekontert.

Matthias‘ Kraft dreht Oliver am (Man-Sao-)Arm, so dass Oliver so gewendet wird, bis sein Gewicht jetzt über seinem linken Bein ist.
Nahezu verzögerungslos erfolgt der Konter zu Matthias‘ Kopf. (Bild 16)

15

16

Übung 5

Beide Übungspartner stehen auf dem Balance-Balken und üben ihre einbeinige Standkraft, indem sie versuchen, sich durch Fußtritte aus dem Gleichgewicht zu bringen. (Bild 17 und 18)

Übung 6

Freikampf mit Hand und Fuß als Endziel

Weiter Fortgeschrittene setzen unter derselben Zielvorgabe gleichzeitig Hand- und Fußangriffe ein. (Bild 19 und 20)

Die Wege der Kraft im WingTsun-System

„*Sport und Fitness*"
interviewt Keith R. Kernspecht
(aktualisierte Fassung)

Zu Gast im europäischen Hauptquartier für WingTsun und Escrima

Auf Schloss Langenzell zu Langenzell bei Heidelberg befindet sich das europäische Hauptquartier für die höchstwirksame asiatische Selbstverteidigungskunst – WingTsun (WT).

„*Sport und Fitness*" wollte den Leiter der Kampfkunstakademie Schloss Langenzell, den WingTsun-Cheftrainer Keith R. Kernspecht interviewen. Zuvor aber startete man zu einer über zweistündigen Führung durch das noch gut erhaltene Schloss, das ein deutscher Prinz hatte erbauen lassen. Die genau 99 Türme und Türmchen sollen darauf hinweisen, dass der Schlossherr über 99 Ländereien verfügte. Bei 100 Ländereien hätte er ein Regiment aufstellen müssen, so dass er zu weiterer Expansion keine Lust verspürte und stattdessen ein Lustschloss baute: Schloss Langenzell. Dass damals weder an Geld noch an Personal Mangel herrschte, beweist die aufwändige Architektur und Ausstattung des Schlosses sowie der herrlich angelegte Park mit über 160.000 m^2 und die dazugehörigen Wälder.

Seit Ende 1982 benutzt die Europäische WingTsun-Organisation (EWTO) einen Flügel des Gebäudes und Teile des Schlossparks als europäisches Leistungszentrum. Die EWTO knüpft damit bewusst an abendländische Kampfkunsttraditionen an, wie sie im Mittelalter auf Schlössern und Burgen gepflegt wurden. In Jahrhunderten gewachsene Atmosphäre gibt Anfängern und Fortgeschrittenen die Möglichkeit, dem Alltäglichen zu entfliehen und sich ganz dieser Kampfkunst hinzugeben.
Unsere Reporter sahen neben exotischen Kampfkunstgeräten und asiatischen Waffen aber auch einen eisenstarrenden Kraftraum mit einer Olympia-Hantel, die mit 200 kg beladen war, sowie diverse Kurzhanteln mit bis zu jeweils 55 kg, deren Anwesenheit auf regelmäßigen Gebrauch schließen ließ.
Auf Befragen der Mitglieder kam heraus, dass der Bundestrainer selbst schon seit früher Jugend aus-

Schloss Langenzell bei Heidelberg, Zentrale der EWTO

giebig Krafttraining betreibt. Fotos im Kraftraum sowie Trainingstafeln zeigen, dass er im Bankdrücken schon Gewichte über 160 kg, im militärisch aufrechten Drücken der Langhantel im Stand um die 100 kg und im einarmigen Kurzhanteldrücken fast 70 kg bewegt hat.

Autor mit 25 Jahren

S&F: *Herr Kernspecht, nach all dem Eisen zu schließen, das hier gehoben wird, hat sich offenbar auch in Ihrem Sport die Einsicht durchgesetzt, dass progressives Krafttraining die Leistungsfähigkeit jedes Sportlers verbessern kann?*

Kernspecht: Keinesfalls. Was Sie hier sehen, ist durchaus nicht repräsentativ für die Auffassung in unserer Disziplin. Ich selbst bin mit Krafttraining aufgewachsen und betreibe es seit meinem 16. Lebensjahr. Meine Erfahrungen gebe ich natürlich an meine Schüler weiter, und mein Beispiel motiviert manche, es mir gleichzutun.

S&F: *Aber ist es denn nicht so, dass z.B. im Judo oder Karate wissenschaftliches Krafttraining längst als förderlich angesehen wird?*

Kernspecht: Ganz recht. Das trifft für japanisches Karate, Judo und koreanisches Taekwondo und für hartes chinesisches Shaolin-Kung-Fu zu.

S&F: *Nicht aber für das WT-System? Was ist denn so anders an der von Ihnen unterrichteten Sportart?*

WT ist kein Sport, weil es nicht um Zerstreuung, sondern um das Gegenteil, die Konzentration, geht.

Kernspecht: Zunächst einmal, dass WT bzw. das WingTsun-System *kein* Sport ist. Nach der lateinischen Bedeutung des Wortes soll Sport den Geist zerstreuen, bei uns geht es um das Gegenteil: um Konzentration. Es gibt im WT auch keinen Wettkampf nach sportlichen Regeln. Die Versportlichung einer Kampfkunst muss zwangsläufig zur Entschärfung, d.h. zu geringerer Wirksamkeit im Ernstfall führen.

S&F: Das ist mir schon klar, weil die wirksamsten Techniken als die wohl am gefährlichsten durch Regeln untersagt werden müssen, was zu einer technischen Verarmung führt. Aber was hat das mit dem Krafttraining zu tun?

Kernspecht: Nichts. Sie fragten, was am WT so anders ist. Es fängt damit an, dass WT – anders als

Dieser Schnappschuss zeigt den Autor im Alter von 17 Jahren, wie er einen Kameraden (70 kg) einarmig stemmt.

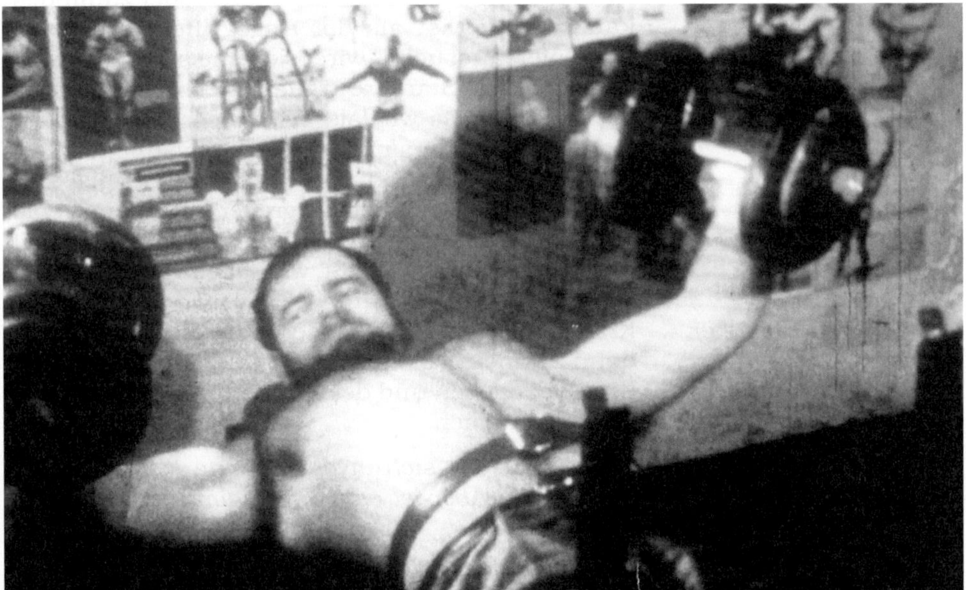

Der Autor mit ca. 20 Jahren bei Kurzhantel-Flies

Manche Leute teilen die Kampfkünste in zwei Gruppen ein: in harte und in weiche Stile.

Judo, Karate oder Taekwondo – eben doch (noch) kein Sport ist. Nun zum Aspekt der Kraft. Manche Leute teilen die Kampfkünste in zwei Gruppen ein: in die harten und in die weichen Stile. Damit wir uns gleich richtig verstehen, *weich* heißt hier keinesfalls für Weichlinge und *hart* keinesfalls für harte Männer. Gemeint ist damit nur, dass die sog. harten Stile (Karate, Taekwondo, Shaolin-Kung-Fu usw.) im Wesentlichen der Kraft des Gegners mit eigener Kraft begegnen, seinen Angriff abblocken bzw. zur Seite, nach oben oder unten wegschlagen und dann den Gegenangriff führen. Der Gegner wird als Feind betrachtet, dessen Maßnahmen gestoppt oder mit Anwendung von eigener Körperkraft verändert werden müssen.

Harte Stile benutzen die eigene Kraft, um den Gegner zu besiegen, weiche Stile borgen die Kraft des Gegners.

S&F: *Ja, ist es denn nicht so? Alles, was der Gegner von mir will, ist doch negativ, also muss ich doch dagegen angehen, sonst erfüllt sich sein Kriegsplan mit meiner Niederlage.*

Kernspecht: Die weichen Stile, zu denen das chinesische WingTsun-System zählt, gehen von anderen Voraussetzungen aus. Wir denken, dass der Angreifer in der Mehrzahl der Fälle stärker oder zumindest kampfstärker ist als der Angegriffene. Wer sich ein Opfer aussucht, wird sich meistens nicht an offensichtlich Stärkere trauen. Deshalb gehen wir davon aus, dass wir (als Verteidiger) im Kampffall die Schwächeren sind. Verlassen wir uns jetzt auf Faktoren wie Körperkraft, Gewicht und Schnellkraft, dann treten wir mit dem Angreifer auf einem Gebiet in Konkurrenz, auf dem wir ihm definitionsgemäß unterlegen sind, das heißt, wir haben von vornherein verloren. Gelingt es uns dagegen, die überlegene Kraft des Gegners für unsere Zwecke einzusetzen, dann können wir noch unsere eigene schwächere Kraft dazugeben und den Angreifer vollends kampfunfähig machen.

Anpassung ist die Stärke der Schwachen.
Wolfgang Herbst
deutscher Aphoristiker, 1925

S&F: *Das hört sich in der Theorie ja alles schön einfach an. Aber ist es wirklich ein Kinderspiel? Ist es so leicht?*

Kernspecht: Durchaus nicht. Wie alle genialen Dinge ist WT sehr einfach, aber deshalb durchaus nicht leicht. Es beginnt damit, dass man jeden Widerstand dem Gegner gegenüber vermeiden muss, damit der

WT ist einfach, aber nicht leicht.

Der Autor 1998

Angreifer keinen Ansatzpunkt für seine größere Kraft findet. Und wenn man Kraft als die Fähigkeit, Widerständen entgegenzuwirken, definiert, wird einem auch gleich der Grund klar, weshalb die meisten weichen Stile ein Krafttraining ablehnen. Die weichen Stile setzen grundsätzlich nicht Kraft gegen Kraft, sondern sie besiegen den Angreifer, indem sie seiner überlegenen Kraft nachgeben und in verschiedenster Weise seine Kraft borgen und gegen ihn selbst einsetzen.

S&F: *Sie sprechen immer von den weichen Stilen. Verstehe ich Sie richtig, dass das WingTsun-System – oder wie Sie sagen WT – nicht der einzige weiche Stil ist?*

Kernspecht: Ja, da gibt es zunächst einmal die klassischen chinesischen Stile Tai Chi, Pakua, Hsing-I; außerdem mag man noch andere Methoden wie z.B. das japanische Aikido dazurechnen. Viele Lehrer dieser Künste sind außerdem noch erklärte Feinde eines Krafttrainings, weil sie sich auf eine ganz andere Art von Kraft berufen, nämlich auf Chi oder Ki, eine angeblich „vitale“ oder „kosmische“ Energie ...

S&F: *Sie sagten „angeblich”. Soll ich daraus schließen, dass Sie selbst nicht an solche „kosmische“ Energie glauben?*

Es ist nicht nötig, kosmische Energien zu bemühen, um zweikampfspezifische Phänomene zu erklären.

Kernspecht: Das wollte ich nicht ausdrücken. Aber ich glaube nicht, dass es **nötig** ist, kosmische Energien zu bemühen, wenn es um die Erklärung zweierkampfspezifischer Phänomene geht. Auch meine Zuschauer haben oft den Eindruck, dass Naturgesetze wie Schwerkraft usw. aufgehoben werden, ohne dass sie bei mir eine Bewegung sehen. Aber es kann alles wissenschaftlich erklärt und – das ist wohl das Wichtigste – dem Schüler beigebracht werden.

S&F: *Wie verläuft denn nun der Lernprozess im WingTsun-System? Was lernt der Schüler zuerst?*

Zuerst muss der Schüler lernen, dass er seine Kraft im Umkleideraum lässt.

Kernspecht: Zuerst lernt er, seine Körperkraft im Umkleideraum zu lassen. Für Bodybuilder und Kraftsportler immer wieder eine Zumutung. Denn vorerst darf er das, was er sich in jahrelanger mühsamer Arbeit antrainiert hat, nicht verwenden.

S&F: *Weshalb denn nicht?*

Keith R. Kernspecht mit 200 kg an der Drückmaschine (1979)

1. *Mache dich frei von deiner eigenen Kraft!*
2. *Mache dich frei von der Kraft des Gegners!*
3. *Verwende die Kraft des Gegners gegen ihn selbst!*
4. *Füge zur gegnerischen Kraft deine eigene hinzu!*

Kernspecht: Zunächst muss er lernen, seine Muskeln und seinen Geist völlig zu entspannen. Wir nennen diesen ersten Ausbildungsschritt *sich freimachen von der eigenen Kraft.*

Hat der Schüler durch entsprechende Übungen (Formen) die Entspannung gelernt, dann ist er reif für den nächsten Schritt. Im Chi-Sao übt er, wie er sich *von der Kraft des Gegners*, die ihn ziehen oder stoßen will, *freimachen* kann.

Der dritte Lernschritt ist dann das Borgen der *gegnerischen Kraft*, um diese gegen den Angreifer einzusetzen. Erst im vierten Stadium fügt der WT-Kämpfer bzw. die WT-Kämpferin dann der geborgten Kraft die eigene Kraft hinzu, damit die Kampfunfähigkeit des Gegners sichergestellt wird.

S&F: *Heißt das, dass Sie das Krafttraining zwar befürworten, dass es aber erst mit dieser vierten Lernphase einsetzen soll?*

Kernspecht: Genau das meine ich. Und hier setzt auch traditionsgemäß eine spezifische Form des WT-Krafttrainings ein. Das Training ist meist kampfintegriert, d.h., man verwendet nicht nur den Widerstand von Hanteln, sondern vor allem den Widerstand des Gegners. Dadurch ist sichergestellt, dass wirklich *funktionelle* Kraft, die sich auch in realen Kampfsituationen ohne Gleichgewichtsprobleme nutzen lässt, aufgebaut wird. Dazu gibt es kampforientiertes Training mit zum Teil überschweren Waffen sowie spezielle Übungen mit isometrischem Charakter und Trainingsmethoden, die dem Negativ-Training (Training der nachgebenden Kraft) entsprechen.

S&F: *Für Sie gilt also auch der Satz, dass bei Gleichheit aller anderen Faktoren die größere Körperkraft oder bessere Kondition des Sportlers – pardon, ich meine des WT-Kämpfers – den Ausschlag gibt?*

The firstest with the mostest is the bestest.

Kernspecht: „*The firstest with the mostest is the bestest*" heißt ein alter Boxerspruch. Bei gleicher Technik, Größe, Reichweite, Erfahrung und gleichem Reaktionsvermögen sowie Kampfgeist entscheiden Körperkraft und Kondition über den Sieg.

Progressives Hanteltraining hat sich als das beste und schnellste Mittel zur Kraftsteigerung erwiesen. Im Gegensatz zu Karate- oder Taekwondo-Sportlern setzen WT-Kämpfer grundsätzlich selten mehr als ca. 65% ihrer verfügbaren Körperkraft ein. Die restlichen 35% werden als Reserve zurückgehalten, um das Gleichgewicht immer unter Kontrolle behalten zu können. Durch Hanteltraining ist es in kürzester Zeit möglich, seine Körperkraft zu verdoppeln. 70% von der verdoppelten Körperkraft entsprechen 140% der ursprünglichen Kraft. Das heißt, der ehemals Schwache erzielt mit nur 65% seiner durch Hanteltraining verdoppelten Kraft mehr als mit 100% seiner alten Kraft. Und was besonders wichtig ist: er oder sie verfügt über genügend Reserven, um das Gleichgewicht zu erhalten.

In der Selbstverteidigung gegen **Nicht**-*WT-Kämpfer sollte das Befolgen der WT-Prinzipien genügen, so dass Krafttraining nicht nötig ist.*

Aber wie Sie in Ihrer Frage ja schon andeuteten, ist solche Superkraft eigentlich nur beim sportlichen Vergleich zweier WT-Kämpfer siegentscheidend, wo man von gleichen technischen und anderen Faktoren ausgehen muss. In der Selbstverteidigung gegen einen Laien bzw. Nicht-WT-Kämpfer sollte das Befolgen der WT-Prinzipien genügen.

S&F: *Sie selbst betreiben seit ca. 1959 Kraftsport. Ursprünglich Gymnasiallehrer und Universitätsdozent verbreiten Sie nun seit ca. 1975 als WT-Bundestrainer, Autor mehrerer Bücher und Herausgeber der Fachzeitschrift „WingTsun-Welt" die Botschaft, dass richtiges Krafttraining Leistung und Gesundheit fördert. Auf welche Vorurteile sind Sie da besonders gestoßen?*

Kernspecht: Trotz zahlreicher Gegenbeweise, die täglich von Läufern, Schwimmern, Tennis- und Golfspielern international erbracht werden, glauben selbst einige Trainer immer noch, dass man Krafttraining langsam machen muss. Im Lager der weichen Kampfstile besonders verbreitet ist aber die Ansicht, dass jemand, der seine Muskeln trainiert, damit mangelndes technisches Können ausgleichen will. So dass ein weicher Stilist mit ausgeprägter Muskulatur sich eigentlich schon dadurch verdächtig macht. Diese snobistische Einstellung führt nicht selten dazu, dass gerade Anhänger der weichen Stile ihren Körper willentlich vernachlässigen und Korpulenz bzw. Muskelschwäche geradezu zu paradoxen Beweisen für technisches Können hochstilisiert werden.

Ein weicher Stilist mit ausgeprägter Muskulatur macht sich eigentlich schon dadurch verdächtig.

Mens sana in corpore sano – ein gesunder Geist in einem gesunden Körper – wäre auch hier zu wünschen.

S&F: *Aber wodurch ist die Muskulösität denn in solch einen Ruf gekommen?*

Die harten Stile haben eine begrenzte Anzahl konservierter Antworten und warten auf die **ungefähr** *dazu passende Frage.*

Kernspecht: Durch die Funktion der Muskelkraft in den sog. harten Kampfstilen. Die in diesen Stilen übliche Trainingsmethode erfolgt nach folgendem Muster: Dem komplexen Kampfgeschehen wird nicht Rechnung getragen, sondern man sucht sich die aufgrund der Versportlichung entstandenen wenigen Standardangriffe (Fragen) heraus und schleift die entsprechenden Abwehren und Gegenangriffe (Antworten) stereotyp ein.
Dadurch werden die Kämpfe immer standardisierter und die Zahl der angewandten Techniken immer geringer. Diese wenigen durch Inzest erzeugten nunmehr aber „kampfsportrelevanten" Techniken werden abrufbereit gespeichert. Anders ausgedrückt, hat man eine begrenzte Anzahl konservierter Antworten parat und wartet nun auf die *ungefähr* dazu passende Frage.

Harte Stile: „Die Lösung haben wir schon, sie passt nur nicht ganz zum Problem."

Und hier gewinnt bei den harten Stilen das Krafttraining seine überragende Bedeutung.
Da die auswendig gelernten Techniken eigentlich nie richtig passen können, da jede Kampfsituation anders ist, müssen sie mit Brachialgewalt, das heißt mit Muskelkraft passend gemacht werden. Dies gilt für alle *mechanischen, harten oder starren* – die Chinesen sprechen sogar von *toten* – Kampfstilen.

S&F: *Und wie sieht es bei den weichen Stilen aus?*

Unsere Vorstellung ist, dass der Gegner nicht gegen unseren Willen, sondern in unserem Auftrag handelt.

WingTsun-System: „Das Problem sorgt selbst für seine Lösung."

Kernspecht: Ich darf für unser WingTsun-System sprechen. Bei uns wird die eigene Kraft nicht eingesetzt, um Widerstände zu brechen, sondern um die Kraft des Gegners durch unsere eigene Kraft noch zu vermehren, so dass er umso sicherer sein Gleichgewicht verliert bzw. in unseren Schlag läuft. Unsere Vorstellung ist, dass der Angreifer nicht *gegen* unseren Willen, sondern *in unserem Auftrag* handelt Deshalb *helfen* wir ihm, seine Absicht durchzuführen, sehen aber zu, dass das Resultat zu unseren Gunsten und seinem Nachteil ausfällt.

S&F: *Das klingt zwar irgendwo logisch, ist aber dem, was ich selbst früher im Taekwondo gelernt habe, genau entgegengesetzt. Es ist wohl auch hier so, dass viele Wege nach Rom führen. Zum Abschluss möchte ich Sie bitten, unseren Lesern zu erklären,*

Der Autor mit den WT-Doppelmessern

wie ein WT-spezifisches Krafttraining mit Hanteln oder Kraftmaschinen aussehen kann.

Das WingTsun-System ist in Bewegung umgesetzter Taoismus.

Kernspecht: Hinter dem WingTsun-System und den harten Stilen stehen oft völlig verschiedene Philosophien. So ist das WingTsun-System (WT) in Bewegung umgesetzter Taoismus. Und der Taoismus lehrt, dass man sich klug und vor allem im Einklang mit der Natur – nicht gegen sie – verhalten soll.
Wir geben deshalb der größeren Kraft nach und lassen uns wie die Weide vom starken Sturm biegen, während die starke, aber starre Eiche widersteht und deshalb gebrochen oder entwurzelt wird.
Wem es nicht genügt, die Kraft am Widerstand des Übungspartners zu trainieren, muss Folgendes beachten:
Im WT benötigen wir im Wesentlichen nur die Arm- und Beinstreckmuskeln (Trizeps, Quadrizeps) sowie eine kräftige Bauchmuskulatur, wobei wir die Gegenspieler, das heißt die antagonistischen Beugemuskeln, z.B. den Bizeps, nur möglichst wenig Trainingsreizen aussetzen. Um funktionelle Muskeln zu entwickeln, trainieren wir mit freien Gewichten – die einzige Ausnahme ist die Schnell'sche Drückmaschine – und wählen Übungen, in denen wir viel Gewicht benutzen können und bei denen die Muskeln lernen, als Team zu arbeiten. Das heißt, dass wir die Muskeln nicht isoliert üben. Ein typisches Programm wird als Skelett deshalb diese drei Übungen beinhalten:

- Bankdrücken mit engem Griff (unter Schulterbreite)
- Kniebeuge mit Gewichtsbelastung
- Übungen für Bauch- und untere Rückenmuskeln

Anmerkung:
Im Jahre 2010 kehrte die Zentrale der EWTO wieder nach Heidelberg zurück. Im Landfried-Komplex an der Bergheimer Straße wurden Mitgliedsverwaltung und Trainerakademie in modern und funktionell gestalteten Räumen vereint.

Sit-ups für die Bauchmuskeln

Kniebeugen mit Gewicht für die Beinmuskulatur, eine Übung, die aber auch mit deutlich (!) weniger Gewicht Erfolge bringt.

Kurzhanteltraining für Trizeps-, Schulter- und Brustmuskeln

Krafttraining bietet Vorteile: Aber WT-Könner benutzen die Kraft des Gegners, wie dieser „kraftlos“ lässige WT-Wurf des Autors bei einem Ju-Jutsu-Schwarzgurt-Lehrgang zeigt.

Innere und äußere Kräfte

Während viele Selbstverteidigungsstile diese Begriffe für nebulöse und verworrene Chi-Kräfte verwendet wissen wollen, benutze ich diese – der Anregung eines ostdeutschen Judoexperten folgend – lieber, um wichtige, aber einfache physikalische Sachverhalte darzustellen.

Bei der inneren Kraft gehören Ursprung und Angriffspunkt der Kraft zum System, ebenso wie die von der inneren Kraft erzeugten Gegenkräfte und beschleunigten Massen.

Um *innere* und *äußere* Kräfte für unseren Zweck unterscheiden zu können, gehen wir von dem *abgeschlossenen System* aus, das durch zwei Kämpfer gebildet wird. Abgeschlossen nennen wir es dann, wenn die beiden Kämpfer (Körper) Kräfte aufeinander ausüben, ohne dass andere Kräfte von solchen Körpern hinzukommen, die nicht zu dem System gehören.
Andere Kräfte wären z.B. die Schwerkraft oder die Kraft, mit der sich ein Kämpfer etwa an einer Wand abstützt oder vom Boden abstößt.

Zieht ein Kämpfer den anderen, indem er sich zurücklehnt, wobei sich sein Schwerpunkt verlagert, liegt eine *äußere* Kraft vor. Ebenso, wenn einer sich etwa zum Schulterwurf vorbeugt. Wendet jemand seinen Körper aktiv, indem er sich mit den Füßen vom Boden wegdrückt, verwendet er eine äußere Kraft.

Bei der *inneren* Kraft gehören Ursprung und Angriffspunkt der Kraft zum System, ebenso wie die von der inneren Kraft erzeugten Gegenkräfte und beschleunigten Massen.

Es gelten folgende Gesetze:

- *Impulssatz* oder Satz von der Erhaltung der Bewegungsgröße:
  In einem geschlossenen System ist die Summe der Impulse (oder Bewegungsgrößen) unveränderlich.
- *Schwerpunktsatz*:
  Der Schwerpunkt in einem geschlossenen System bleibt in Ruhe oder bewegt sich mit gleichförmiger Geschwindigkeit weiter.

- *Drehimpulssatz*:
  In einem abgeschlossenen System, d.h. von äußeren Kräften freien Körpersystem, ist der Gesamtdrehimpuls unveränderlich.

Typische Verteidigungsaktionen mit *innerer* Kraft nach dem WingTsun-System:

Im WingTsun verwendet man mehr als in anderen Stilen innere Kräfte.

- Der Gegner greift mit Fauststoß oder Tritt an. Statt seinen Arm unter Einsatz des Körpergewichtes wegzuschlagen (*äußere* Kraft), drückt sich der Verteidiger vom Arm des Angreifers weg und damit in Sicherheit.
- Statt den schweren Gegner an sich heranzuziehen (*äußere Kraft*), zieht der WT-Verteidiger sich selbst an den Gegner heran.
- Indem der Anwender des WingTsun-Systems den Gegner nach oben drückt, vermehrt er seine eigene Standfestigkeit, weil er sich dadurch nach unten presst.

Im WingTsun-System verwendet man zwar nicht ausschließlich, wohl aber erheblich mehr als in anderen Stilen *innere* Kräfte.

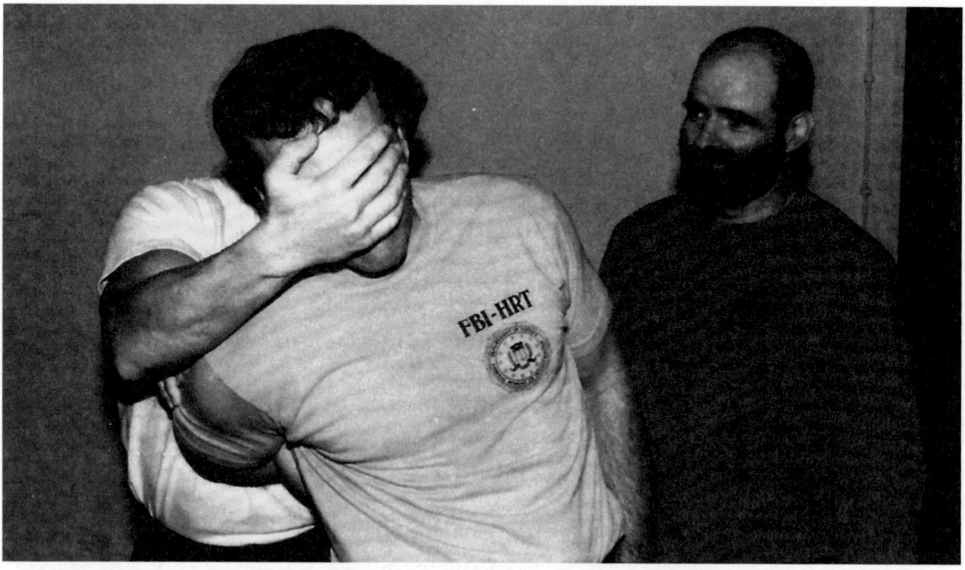

Der Autor unterrichtet die Instruktoren des HRT = Hostage Rescue Team (Geiselbefreiungsteam) des FBI.

Der Kampfgeist – die unbekannte Größe

Während Arm- und Beinlänge sowie Schulterbreite usw. dem Geübten eine verlässliche Einschätzung der richtigen Distanz und der verschiedenen Parameter ermöglichen, während sich Angriffsrichtung und Druck an unserem Man-Sao messen lassen und eine individuelle reflexartige Reaktion direkt bedingen (vorausgesetzt, man ist entsprechend trainiert), gibt es andere Größen nicht-materieller Art, die sich dem Betrachter entziehen. Neben den messbaren Faktoren wie Körpergewicht, Größe, Reichweite, Schnelligkeit, Kraft und Ausdauer gibt es noch eine geistige Größe, die oft kampfentscheidend ist: der Kampfgeist (fighting spirit).

„Nun ist aber die kriegerische Tätigkeit nie gegen die bloße Materie gerichtet, sondern immer zugleich gegen die geistige Kraft, welche diese Materie belebt, und beide voneinander zu trennen, ist unmöglich.“

Carl v. Clausewitz
in *„Vom Kriege“*

Wieso verliert der bessere Techniker oft gegen den draufgängerischen Kämpfertyp?

Wie oft erlebt man es, z.B. beim Boxen oder beim Sport-Karate, dass der bessere Techniker dem draufgängerischen Kämpfertyp unterliegt. Wer kennt nicht einen der unzähligen Fälle, wo ein Kämpfer trotz sonstiger Überlegenheit den Mut und damit den Kampf verliert!

Der Kampf ist nämlich kein abstraktes und emotionsloses Kräftemessen unter sterilen Laborbedingungen. Das Element, in dem sich alle kämpferischen Aktivitäten notwendigerweise vollziehen müssen, ist die Gefahr. Alle Tätigkeiten und Manöver, die in der zivilisierten Trainingsraumatmosphäre relativ friktionslos und stressfrei ablaufen, erhalten durch das Element der Lebensgefahr ein anderes Gesicht.

Denn die Gefahr schlägt auf die entsprechenden Gehirnregionen. Nach Darwin besteht die Funktion des Gehirns darin, für den Fortbestand des Lebens zu sorgen. Tiere können bei einem Angriff auf ihre vitalen Interessen (Bedrohung des Lebens, sexueller -

oder Nahrungsbedürfnisse oder z.B. der Bewegungsfreiheit) mit Angst (und damit Angriff) reagieren. Die phylogenetisch programmierte Aggression ist nach Erich Fromm (*Aggressionstheorie*) eine biologisch angepasste, defensive Reaktion, keinesfalls aber die häufigste. Denn das Tier greift nur dann an, wenn es keine Möglichkeit zur Flucht sieht.

Die Nervenbahnen und -zentren für Angriff und Flucht sind deutlich getrennt, liegen aber dicht beieinander. V. H. Mark und F. Erwin (*„Violence and the Brain“*):

„Jedes Tier, gleich welcher Art, reagiert auf einen lebensbedrohenden Angriff mit einer von zwei Verhaltensformen: entweder mit Flucht oder mit Aggression und Gewalttätigkeit, d.h., es kämpft. Bei der Steuerung jeglichen Verhaltens funktioniert das Gehirn als Einheit, folglich stehen die Mechanismen im Gehirn, welche diese beiden unterschiedlichen Formen der Selbsterhaltung bewirken bzw. hemmen, in enger Verbindung untereinander und mit allen anderen Teilen des Gehirns.“

„Der Mut ist ein edler Instinkt. Weil er aber das ist, so lässt er sich nicht wie ein lebloses Instrument gebrauchen, welches seine Wirkungen im genau vorgeschriebenen Maße äußert. Der Mut ist also kein bloßes Gegengewicht der Gefahr, um diese in ihren Wirkungen zu neutralisieren, sondern eine eigentümliche Größe.“
Carl von Clausewitz

Auch beim Menschen überwiegt, von Angst und Furcht diktiert, die Neigung zur (je nach Betrachtungsweise) schimpflichen oder klugen Flucht. Tritt diese Wirkung nicht ein, muss es wohl daran liegen, dass die fragliche Person *mutig* ist. Mut steigt nicht mit dem Intelligenzquotienten, sondern ist wie die Angst ein Gefühl. Nach Clausewitz ist die Furcht auf die *physische* Erhaltung, der Mut auf die *moralische* gerichtet.

Der Mut ist ein edlerer Instinkt.

So macht Klugheit Feige aus uns allen

Je blöder, desto tapferer?

Der Mut ist keinesfalls – wie schon festgestellt – dem Intelligenzgrad proportional, sondern eher antiproportional (je blöder, desto tapferer) zugeordnet. Denn während oft eine besondere Art von Gefahrenblindheit fälschlich als Mut angesehen wird, ist es gerade der Kluge, der ob seiner Klugheit und Voraussicht viel mehr Gefahren sieht als der Dumme und deshalb viel häufiger bei der Wahl zwischen Angriff oder Flucht sich für letztere entscheidet. Wer z.B. in einer Selbstverteidigungssituation verantwortungsbewusst zunächst einmal alle medizinischen, moralischen und juristischen Implikationen bis zum Rentenanspruch vor seinem geistigen Auge Revue passieren lässt, wird danach sicherlich wenig Entschlussfreude zu seiner Vorwärtsverteidigung aufbringen. So macht Klugheit Feige aus uns allen.

Paralyse durch Analyse

Den Kampfwillen besiegen

Die Gefahr geht vom Kampfwillen des Gegners aus.

Das Ziel unseres Kampfes ist das Ende der Bedrohung durch den Gegner. Tatsächlich geht die Gefahr aber nicht vom Körper unseres Angreifers aus, sondern von der Befehlszentrale, d.h. von seinem Willen.

Wie viele Boxer konnten sich – obwohl groggy und angeschlagen – bis zum Schlussgong der zehnten Runde kämpfend auf den Beinen halten, weil ihr Kampfgeist noch ungebrochen war!

Bei einem Kampf kämpfen nicht nur zwei Körper gegeneinander, sondern auch zwei *Willen*. Gelingt es Ihnen, den Kampfwillen Ihres Gegners zu zerstören, wird sein Körper keine Bedrohung mehr darstellen.

Dschingis Khan pflegte seinem Mongolenheer eine *fünfte Kolonne* vorauszuschicken, die in den zu erobernden Städten Gerüchte verbreitete, wie grausam die Mongolen solche bestrafen, die es wagen, sich zur Wehr zu setzen. Oft öffneten sich ihnen danach kampflos die Stadttore.

Köpfe über die Stadtmauern geworfen!

Während der Kreuzzüge bei der Belagerung Jerusalems sollen die Kreuzritter hunderte abgeschlagener Sarazenen-Köpfe über die Stadtmauern geworfen haben. Damit sollte die Kampfmoral der Belagerten geschwächt werden, um sie so zur Aufgabe zu pressen.

Mancher abgetakelte Kung-Fu-Kämpfer konnte dadurch überleben, dass die Überlieferung die Kämpfe seiner Jugend zu Heldentaten erhebt, so dass sein Kriegsname die Herzen der jungen Kämpfer mit ehrfurchtsvollem Schauder erfüllt.

Schon vor dem Kampf besiegt

„Man muss schon sicher sein, dass man gewinnt, sonst ist man von vornherein verloren."
Garri Kasparow (Schachweltmeister) 1990 vor seinem Kampf gegen Anatolij Karpow

Eine ähnlich abschreckende Funktion haben die nahezu magisch anmutenden vitalen oder kosmischen Chi-Kräfte, die sich manche „Meister" selbst zuschreiben. Wer möchte schon mit einem alten Mann kämpfen, der mit der kleinsten Berührung (*Dim-Mak*) töten kann? Aber – und Wundergläubigkeit selbst (oder gerade) der Intelligentesten machen solche Propagandatricks der Kung-Fu-Illusionisten zu einer wirksamen Waffe, die den leicht zu Beeindruckenden in seinem Kampfwillen trifft (anspruchsvolle internationale Kampfkunstmagazine haben wiederholt hohe Preise für solche ausgesetzt, die kampfrelevante magische Chi-Kräfte vor einem Expertenteam demonstrieren können – natürlich hat sich keiner dieser „Chi-Meister" einer Überprüfung unterziehen wollen!).

In seinem Bestseller *„Behind the Incredible"* (über EWTO Books & Videos zu beziehen) entlarvt Großmeister Leung Ting die Tricks der sog. „Chi-Meister"

Wenn der Kampfwille Ihres Gegners schon vor dem Kampf geschwächt ist, wird er aus Angst vor Ihrer Vergeltung nur halbherzig Gegenwehr leisten.

Erfolge dieser psychologischen Kriegsführung erlebt, wer sich wie vor Jahren der Autor – aus Studienzwecken bzw. beruflichen Gründen – in das Milieu einschlägiger Kneipen begibt*. Die meisten Prügeleien, denen ich beiwohnte, begannen mit einer demoralisierenden Beschimpfung des Kontrahenten, wobei man sich überdimensional aufblähte und in der Körpersprache Überlegenheit signalisierte.

* Vgl. das Buch „Karl v. der Küste"!

Die Tatsache, dass er ungestraft Beleidigungen ausstoßen darf, macht dem Schimpfenden noch mehr Mut und dem ohne Gegenwehr Zuhörenden immer mehr Angst.

Die eigene Stimme und die Tatsache, dass er ungestraft Beleidigungen ausstoßen darf, macht dem Schimpfenden noch mehr Mut und dem ohne Gegenwehr Zuhörenden immer mehr Angst. Je frecher und beleidigender das Großmaul werden kann, desto ängstlicher wird notwendigerweise der Beschimpfte.
Ist das Opfer genügend eingeschüchtert und hat man sich selbst so richtig in Rage gesteigert, dass man an seine eigene Propaganda glaubt, geht man zur nächsten Stufe, den Tätlichkeiten, über. Man stößt ihn z.B. mit leicht gebeugten Armen vor die Brust, so dass er zurückgetrieben wird, oder man rempelt ihn seitlich mit der Schulter an.

Die Reaktion des anderen zeigt, wie weit man gehen kann. Lässt er dies widerstandslos über sich ergehen, ist er reif für Ohrfeigen, Schläge, Tritte oder andere Misshandlungen und Erniedrigungen.

Der wirkliche Kampf findet vorher statt.

Sie erkennen, dass es sich hier keinesfalls um einen Zweikampf handelt, sondern um eine höchst einseitige Prügelaktion. Der wirkliche Kampf hat schon vorher auf geistiger Ebene stattgefunden. Welche Konsequenzen muss man aus dieser Erkenntnis ziehen? Schon in der ersten Phase der Einschüchterung müssen Sie reagieren, denn sonst kann es leicht passieren, dass Sie Ihrem Gegner seine Propaganda abkaufen, Ihre Beine zu zittern beginnen und Ihre Glieder Ihnen, vor Angst gelähmt, den Gehorsam verweigern.

Biedermann und das Adrenalin-Monster

Nach erfolgter Autosuggestion fühlt sich Ihr Gegner wie Supermann und greift an.

Aber es gibt noch einen zweiten, möglicherweise wichtigeren Grund, sofort zu reagieren. Zu Beginn ist Ihr Gegner sich seiner und seiner Sache keinesfalls so sicher, deshalb muss er sich an seiner eigenen Stimme und daran, dass er Sie ungestraft beschimpfen darf, berauschen. Erst nach erfolgter Autosuggestion fühlt er sich wie Supermann und greift an. Meinen Sie also als wohlerzogener und kultivierter Mensch, sich vornehm heraushalten zu können und sehen Sie tatenlos zu, wie sich Ihr Gegenüber mit Adrenalin vollpumpt und immer mehr in ein werwolfähnliches Monster verwandelt, dann gleichen Sie Biedermann, der zusieht, wie ihm die Brandstifter die Benzinkanister ins Heim tragen oder dem Mann, der ohne Gegenwehr verharrt, während sein Mörder gemächlich eine Pistole zieht, das Magazin voller Patronen füllt, das Magazin einführt, die Waffe durchlädt und endlich den Lauf zum Schuss auf ihn richtet. Dieses Ihnen hoffentlich einleuchtende Bild wie auch andere Ideen aus diesem Kapitel verdanke ich George Carpenter, Ex-Boxer, schlagendes Mitglied des amerikanischen Motorrad-Clubs „Iron Cross“.

Carpenter äußert sich in seinem Buch *„Street-Fighting“* aus praktischer eigener Erfahrung geringschätzig über Karate und betont die Bedeutung der psychologischen Kriegsführung im Straßenkampf. Manche mögen über ihn ebenso die Nase rümpfen, wie einst andere über einen zerlumpten und ungepflegten japanischen Schwertkämpfer namens Miyamoto Musashi. Können wir deshalb nichts von seinen Erfahrungen lernen und ist er deshalb nicht zitierfähig, weil seine kämpferischen Erfolge nicht als Turniersiege in Sportzeitschriften, sondern in Form von Vorstrafen und Gefängnisaufenthalten wegen Schlägereien und Körperverletzungen in den Gerichtsakten der Nachwelt überliefert sind? Ich denke, dass es Ihnen, meinem Leser oder meiner Leserin, von Nutzen sein kann zu wissen, welche „schmutzigen" Strategien und Taktiken ein Schläger gegen Sie einsetzen kann.

Zu einem Kampf gehören zwei

Manchmal hilft einfaches Weggehen.

Wie verhindern Sie, dass sich Ihr Gegner vor Ihren Augen in ein Adrenalin-Monster verwandelt? Eine Methode, die Sie im Falle eines Falles wie eine Formel anwenden können, kann Ihnen niemand bieten. Manchmal hilft gutes Zureden oder Einlenken (nach dem Motto, dass der Klügere nachgibt), manchmal macht dies den Gegner, der dies für Schwäche hält, aber noch wütender. Bei anderer Gelegenheit hilft vielleicht einfaches Weggehen. Denn zu einem Kampf sind mindestens zwei nötig. Wer zwingt Sie stehenzubleiben?

Leute, die mit solch defensiven Methoden eine drohende körperliche Auseinandersetzung im Ansatz verhindern können, sind allerdings meist dieselben, die aufgrund ihrer Persönlichkeit so gut wie nie in solche geraten.

Vielleicht haben Sie auch schon die Erfahrung gemacht, dass es eine bestimmte Sorte (ansonsten oft friedlicher) Zeitgenossen gibt, die den Ärger auf Schritt und Tritt einladen. Es ist etwas an ihrer Art zu lächeln, zu sprechen, sich zu bewegen, das andere unwiderstehlich die Faust in der Tasche ballen lässt. Solche wandelnden „Zoffmagneten" werden durch vernünftiges Zureden, das der andere womöglich nur für ironische Klugscheißerei hält, die Situation nur eskalieren.

Was also tun, wenn man nicht gerade wie die Personifikation von Nathan dem Weisen auf sein wutschäumendes, schimpfwortegeiferndes Gegenüber wirkt? Sie verzeihen mir die Wiederholung, ich kann Ihnen kein Universalrezept liefern, mit der Bewältigung solcher Situationen sind selbst Vollpsychologen und Krisenspezialisten oft überfordert. Es lässt sich zwar *hinterher* leicht analysieren, was Sie falsch gemacht haben, Sie aber müssen innerhalb von Sekunden den richtigen Ton und das richtige Auftreten finden, um die Zeitbombe zu entschärfen.

Befinden Sie sich selbst in Panikstimmung, so werden Ihre schlotternden Knie und Ihre zittrige Stimme Sie kaum überzeugend erscheinen lassen.

Gewiss wird Ihnen dies umso leichter gelingen, je sicherer Sie sich Ihrer selbst sind. Selbstsicherheit gründet sich in diesem Falle auch auf Selbstverteidigungsqualitäten. Hoffen wir, dass Sie gut vorbereitet sind und Ihre Hausaufgaben gemacht haben. Befinden Sie sich selbst in Panikstimmung, so werden Ihre schlotternden Knie und Ihre zittrige Stimme Sie wenig überzeugend erscheinen lassen. Wenn jedoch Ihre (z.B.) durch (hoffentlich sinnvolles) Kampftraining erworbene Selbstsicherheit und Ruhe in solch brisanten und aggressionsgeladenen Situationen für eine friedliche Entspannung sorgen können, haben Sie den höchsten Sieg errungen, nämlich den Sieg ohne körperlichen Kampf.

Wie ich mich selber in solch prekärer Lage verhalte, möchten Sie wissen? Seit ich meine Sturm- und Drangzeit erheblich überschritten habe und statt blutiger Steaks mehr Gemüse esse, kann ich es fast immer mit Laotse halten:

„Das noch nicht Wogende ist leicht beruhigt,
das noch Winzige ist leicht zerstreut.
Begegne den Dingen, bevor sie da sind!"

Und deshalb kommt es auch immer seltener vor, dass ich mit mir selbst nicht in Harmonie, sondern in reizbarer Stimmung bin. Meistens gelingt es mir jetzt, durch vernünftiges Einlenken oder einfaches, aber nicht provozierendes Weggehen der Situation ihren Stachel zu nehmen.

Wer aufgrund einer beleidigenden Äußerung wie z.B. „Du Idiot!“ eine Schlägerei anfängt, erbringt damit den Beweis für die Richtigkeit dieser Behauptung!

Wer aufgrund einer beleidigenden Äußerung wie z.B. „Du Idiot!“ eine Schlägerei anfängt, erbringt damit den Beweis für die Richtigkeit dieser Behauptung.

Früher, das muss ich wohl gestehen, war das anders. Ich war so ein Zoffmagnet par excellence, der keinem Streit aus dem Weg ging, sondern ihn eher (wenn auch nicht immer bewusst) suchte.

Wenn ich mir im Nachhinein vor Augen führe, wie manche Prügeleien hätten eskalieren können, welche Vorstrafen ich hätte kassieren können, dann kann ich meine jugendlichen Leser vor gewissen vermeintlich berechtigten Vergeltungsmaßnahmen nur warnen! Die Grenze zwischen herzerfrischender „Action“ und einer veritablen Katastrophe ist schnell überschritten, und manch einer lädt in jungen Jahren aus falsch verstandener Ehre oder aus Übermut schwere Schuld auf sich, an der er den Rest seines Lebens zu tragen hat.

Lassen Sie dem Adrenalin-Monster die Luft raus!

Zurück zu den Adrenalin-Monster-Bekämpfungsmethoden. Sie erinnern sich: Wenn Sie es Ihrem Gegner erlauben, sich in immer größere Kampfwut zu steigern, sinken Ihre Chancen proportional. Ich nannte Ihnen einige friedliche Methoden, die gelegentlich zur Beschwichtigung taugen. In manchen Fällen mag es opportun sein, selbst zur Einschüchterungsmethode zu greifen und dem Monster die Luft herauszulassen, bevor es sich aufblähen kann. Um dieses zu erreichen, müssen Sie durch Ihr Auftreten den Gegner davon überzeugen, dass Sie ihm haushoch überlegen sind und ihn nicht als Gefahr ansehen. Je besser Sie diese Botschaft überbringen, desto schneller und sicherer ist wieder Ruhe im Laden.
Eine von mir früher mit regelmäßigem Erfolg angewandte Methode ist das Schockieren, das auf meine Kontrahenten stets wie eine kalte Dusche wirkte. Der Effekt beruht darauf, dass Sie sich so rüde und brüsk und rücksichtslos gegenüber dem Gegner und

Signalisieren Sie Ihrem Gegner: „Für mich bist du ein bedeutungsloser Wicht, vor dessen Rache ich mir keine Sorgen zu machen brauche."

seinen Gefühlen zeigen, dass Sie ihm körpersprachlich unmissverständlich signalisieren: „Für mich bist du ein bedeutungsloser Wicht, vor dessen Rache ich mir keine Sorgen zu machen brauche."
In meiner *Blitz*Defence-Reihe stelle ich weitere abweichende, einlenkende, deeskalierende, täuschende Verhaltensweisen vor, falls Einschüchterung keinen Erfolg verspricht.

Kämpfe oder halt's Maul!

Jeder Mensch hat sein spezifisches Raumbedürfnis.

Dr. Edward T. Hall, Professor für Anthropologie an der Northwestern-University, hat festgestellt, dass jeder Mensch seine ganz spezifischen Raumbedürfnisse hat. Er teilt dabei in vier Zonen ein, die er als 1. *intime Distanz*, 2. *persönliche Distanz*, 3. *gesellschaftliche Distanz* und 4. *öffentliche Distanz* bezeichnet. Die so genannte entfernte Phase der persönlichen Distanz beträgt nach Prof. Hall zwischen einem und eineinhalb Metern. In diesem Abstand fällt es bereits schwer, das Gegenüber zu berühren und deshalb ist dies die übliche Distanz zwischen zwei Fremden, die sich auf der Straße begegnen und unterhalten. Auf einer Party hätte man es mit einer nahen Phase der persönlichen Distanz zu tun, die etwa von sechzig Zentimeter bis zu knapp einem Meter reicht.

Auch bestimmte Tierarten haben ihre Distanzen. Sie lassen einen Menschen nur bis auf diese Entfernung herankommen, bevor sie weglaufen. Nur wenn sie – wie schon vorher dargelegt – keinen Ausweg sehen, gehen sie zum Angriff über.

Lernen Sie daraus und rücken Sie Ihrem Gegner unvermittelt so dicht auf den Pelz, dass er Ihren Atem spürt. Dies ist die intime Distanz, die sonst nur bei Liebesspielen oder zwischen Eltern und ihren Kindern vorkommt. Dadurch senden Sie Schockwellen durch Ihr Opfer, das mit Flucht oder Angriff reagieren muss.

Wenn Sie in einer Disco von einem Motzer nicht in Ruhe gelassen werden und sich ihm dann plötzlich auf Tuchfühlung nähern, ihm mit der coolen Frage

Stellen Sie ihm die Alternative zu kämpfen, oder sein Lästermaul für den Rest des Abends zu halten.

„Suchst du Streit?" herausfordernd ins Auge blicken, stellen Sie ihm die Alternative zu kämpfen, oder für den Rest des Abends sein Lästermaul zu halten. Je überzeugender Sie wirken, desto eher wird der andere ganz plötzlich zu ungewohnter Liebenswürdigkeit erstrahlen und alles als Missverständnis darstellen.

Wirklich böse Menschen hören hier nicht auf, sie zwingen dem Eingeschüchterten jetzt sukzessive das ganze Ritual menschlicher Erniedrigungen auf, bis er zum Schluss die Stiefel seines Peinigers leckt und trotzdem Prügel erhält.

Sie und ich sind jedoch gute Menschen und deshalb mit dem Erreichten schon vorher zufrieden.

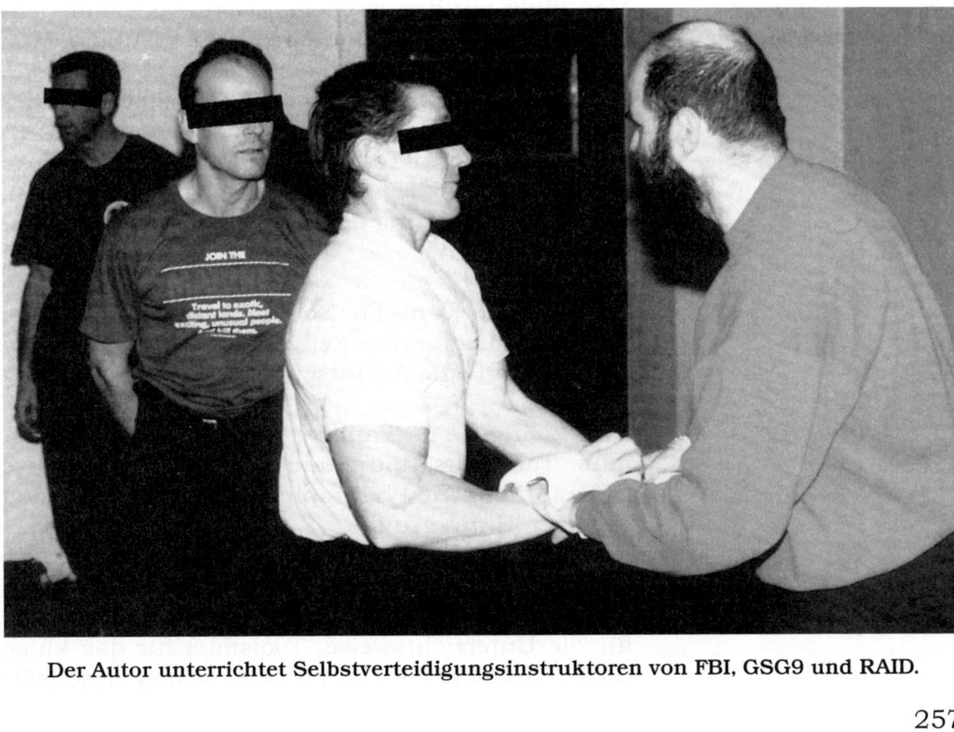

Der Autor unterrichtet Selbstverteidigungsinstruktoren von FBI, GSG9 und RAID.

Die Philosophie in der chinesischen Kampfkunst

„Wo ist denn nun der Weg des Do?", fragte ein junger, erwartungsvoller Kung-Fu-Anwärter meinen Assistenten in Heidelberg, worauf er die lakonische Antwort erhielt: *„Hier nicht, hier ist die Lenaustraße."*

Viele Anhänger asiatischer Kampfkunst kommen zu uns mit romantischen Vorstellungen, die sie aus fragwürdigen Filmen oder Büchern gewonnen haben. Sie wollen nicht wirklich erfahren, was Kampfkunst ist, sie wollen ihre *Knabenmorgenblütenträume* bestätigt sehen.

Die Philosophie im Kung-Fu ist sehr praktisch und auf das Hier und Jetzt bezogen. Der Schüler, der zu viel fragt, durch zu viel Wissen glänzen will, wird ignoriert oder durch eine heilsam knappe Antwort wieder auf den Teppich des Alltäglichen geholt.

Man fängt mit den einfachen Dingen an. Mit richtigem Stehen, Gehen, Sehen, Atmen.

Was zählt, ist *„Kung-Fu"*, die gut gemachte Arbeit. Man fängt mit den einfachen Dingen an: mit richtigem Stehen, Bewegen, Gehen, Sehen, Atmen. Man lernt nicht durch Fragen oder Lesen, sondern man erfährt durch Tun, durch Sich-Mühe-geben. Dies ist die Philosophie des Kung-Fu. Dies ist die Aufgabe der Siu-Nim-Tau (SNT). Der Schüler soll jede Bewegung der SNT so gut wie möglich ausführen, er soll die Bewegung denken, soll selbst zu der Bewegung werden.

So lernt man Kung-Fu. So lernt man WT. Alles andere ist Unsinn, eine Zeitverschwendung für den Schüler und eine Armutserklärung des Lehrers.

Drei Lehren, eine Familie

Drei Lehren, eine Familie, heißt es. Konfuzianismus, Taoismus und Buddhismus, drei teilweise widersprüchliche Philosophien gaben dem WT den geistigen Hintergrund.

Konfuzianismus steht für das wechselseitige Treue- und Respektverhältnis von Schüler und Lehrer sowie für die Unterrichtsweise, Taoismus für das kluge Nachgeben, für die Harmonie zwischen Gegensätzen, Buddhismus für unermüdliches, konzentriertes Üben und die Einstellung im Kampf.

Der Taoismus beeinflusste die Techniken des WT in hohem Maße. Es ist gut, um diese Zusammenhänge zu wissen, aber beim WT geht es nicht um akademisches Wissen, sondern um intuitives Erfahren, um Können. Deshalb ist es oft nötig, den Schüler, der durch Bücherwissen zu kopflastig wurde, aus den Wolken zu holen.

Es geht nicht um akademisches Wissen, sondern um intuitives Erfahren: um Können.

Wissen ist im WT nicht Macht. Nur Können hilft uns, eine gefährliche Situation zu meistern. Die Lösung der wirklichen Probleme kann der Verstand alleine nicht finden.

Der interessierte Leser und Schüler findet auf den folgenden Seiten in kurzen Aufsätzen Wissenswertes über die drei Philosophien und ihren Einfluss auf chinesische Kampfkunst.

Wir möchten aber auch nicht versäumen, darauf hinzuweisen, dass mit dem falsch verstandenen Praktizieren fremder Philosophien unter Umständen Gefahren verbunden sein können, die der unerfahrene Kung-Fu-Fan gar nicht übersehen kann.

Ch'an-Buddhismus

Leben ist Leiden. Das einzig Sichere ist der Tod. Aber das Leiden kann überwunden werden durch den achtfachen Weg.

Der Buddhismus ist keine eigentlich chinesische Religion. Er ist in Indien entstanden und dem Hinduismus nicht völlig fremd.
Siddharta Buddha wurde ca. 500 v.Chr. in Nepal geboren und lehrte, dass Leben Leiden ist, alles zeitlich ist, alles vergeht, aufhört zu bestehen. Das einzig Sichere ist der Tod.
Dies alles klingt sehr negativ und könnte am Leben verzweifeln lassen, hätte Buddha nicht noch drei Wahrheiten verkündet:

- Leiden entsteht durch Begierde, die Begierde zu haben und die Begierde zu sein;
- und zwar kann die Begierde überwunden werden;
- sie kann überwunden werden, indem man den achtfachen Weg geht:
  1. Richtiges Verständnis (der genannten „vier Wahrheiten")
  2. Richtiger Vorsatz (diesen Weg gehen wollen)
  3. Richtiges Sprechen (freundlich sein zu den Menschen)
  4. Richtiges Handeln (alles so gut wie möglich tun)
  5. Richtige Lebensweise (z.B. einem anständigen Beruf nachgehen)
  6. Richtiges Bemühen (die Energie aufbringen, nicht aufgeben)
  7. Richtiges Bewusstsein (seine Lage erkennen)
  8. Richtige Meditation

Um Befreiung zu finden, muss man sich von der Welt des Scheins lossagen. Der Buddhismus kennt keinen allmächtigen Schöpfergott. Es gibt viele verschiedene buddhistische Schulen. Für unser Gebiet, also für chinesische Kampfkunst, ist vor allem der Ch'an-Buddhismus (Zen) von unmittelbarer Bedeutung.

Ca. 520 n. Chr. brachte Bodhidharma (Ta Mo) den Buddhismus ins Shaolin-Kloster in China. Dort vermischte er sich bald mit spättaoistischem Gedankengut.
Die Ch'an-Schule lehnt jedes rationale Denken ab und findet die höchste Wahrheit und den Sinn des Daseins in der Meditation. Der Mensch muss seine Mitte (und seine Buddha-Natur) finden.
Durch paradoxe Antworten und Fragen versucht der Lehrer, den Schüler zu der Einsicht zu bringen, dass logisches Denken in diesem Fall ein Hemmschuh ist. Durch *Koans* (chin. *Kung-An*), die der Lehrer dem Schüler zum Meditieren gibt, will er rationales Denken während der Meditation verhindern. Rationales Denken steht im WT auch dem Erlernen der Chi-Sao-Reflexe entgegen, so dass es im WT Methoden gibt, dieses auszuschalten.
Der Einfluss des Buddhismus auf Kung-Fu ist vielerorts spürbar. Das Training selbst ist Leiden, der Schüler muss geduldig unter Schmerzen tiefe Kung-Fu-Stellungen halten, er muss seinen Körper abhärten. Beim Unterricht muss er das kleinste Detail einer Bewegung beachten, selbst wenn es ihm unwichtig erscheint. Der Schüler lernt eine Bewegung nach der anderen. So soll er sich z.B. im WT beim Üben der Siu-Nim-Tau (SNT, eine Meditation im Stand) jeweils nur eine „kleine Idee" machen, d.h. sich stets völlig auf die kleine Bewegung konzentrieren, die er gerade ausführt. Er soll noch nicht an die darauf folgende Bewegung oder gar an die praktische Bedeutung der gerade geübten Technik denken. Gerade die SNT ist stark buddhistisch beeinflusst, was man ja allein durch die *„dreifache Verehrung Buddhas"* (Wu-Sao) im dritten Satz der SNT erkennt.

Die richtige Einstellung zum Training, aber auch zum Kampf: kein Gedanke an Sieg oder Niederlage.

Außerdem soll der Buddhismus dem Schüler auch die richtige Einstellung (kein Gedanke an Sieg oder Niederlage) zum Kampf geben.

Taisen Deshimaru-Roshi, einer der führenden (*† 1982*) Vertreter des Zen-Buddhismus geht in seinem Buch „Zen in den Kampfkünsten Japans" besonders auf die inneren Aspekte der Budo-Techniken ein. Auf die Frage: *Wie soll man die Angriffstechnik auswählen?* antwortet er: *„Das ist keine Frage der Wahl. Das muss unbewusst, automatisch und natürlich geschehen.*

Das Denken darf nicht dazwischentreten, denn sonst gibt es eine Wartezeit und damit eine Lücke ... Das Bewusstsein wählt einen Schlag – Technik und Körper gehen nach vorn. Und damit Schluss ... Erst denken und dann schlagen ist nicht die richtige Handlung. Man muss das suki, die Gelegenheit, die Möglichkeit zum Handeln, erfassen. Diese Gelegenheit ist sehr wichtig. Das Denken kann dies nicht. Allein das Bewusstsein, die Intuition, kann diese Gelegenheit, die Lücke, in der man handelt, erfassen."

WT macht durch Vorwärtsdruck das alte Ideal des intuitiven Erfassens der Gelegenheit, der Lücke möglich.

Klingt das nicht nach WT? Mit der Einschränkung, dass uns im WT Vorwärtsdruck automatisch wie Wasser in jede Lücke einfließen lässt.

*Mut zur Lücke! In den Waffenmethoden: japanischer Schwertkampf, philippinischer Stock-, Macheten- oder Messerkampf, in der WT-Messerkampf***methode** *(nicht -***system***!) muss man akzeptieren, dass systematische, lückenlose Sicherheit nicht existiert, da es kein Reagieren nach Berührungsreiz gibt; denn wenn das Messer berührt, schneidet es und jede Abwehr ist zu spät. Hier mögen die nebenstehenden Worte des Zen-Meisters Bedeutung gewinnen. Anders sieht es beim waffenlosen* **System** *und auch Langstock-***System** *des WT aus; denn hier gibt es Chi-Sao bzw. Chi-Kwan = Das Reagieren auf taktile Reize und die damit verbundene „traumhafte" Sicherheit im Kampf.*

Ein Schüler schildert folgendes Erlebnis: *„Letztes Jahr sah ich in Kyoto zwei Kendo-Meister, beide etwa achtzig Jahre alt, die in einem Turnier aufeinander trafen. Fünf Minuten standen sie sich Auge in Auge gegenüber, das Schwert in der Hand, Spitze gegen Spitze, völlig unbeweglich. Und nach Ablauf dieser fünf Minuten entschied der Kampfrichter auf hikimake, unentschieden."*

Der Zen-Meister antwortet: *„Ja, wenn man sich bewegt, zeigt man immer schwache Stellen. Dort, wo junge Leute mit mehr oder weniger unbeherrschten Angriffen und Aktionen kraftvoll um sich schlagen würden, wo Männer reifen Alters all ihre technische Erfahrung ins Spiel brächten, haben sich diese beiden alten Meister mit einem geistigen Kampf begnügt, einem Kampf durch die Augen und mit den Augen. Hätte sich einer der beiden bewegt, hätte auch sein Bewusstsein sich bewegt und er eine Lücke gezeigt. Der erste, der schwach geworden wäre, wäre ganz und gar verloren gewesen, denn der andere hätte sofort zugeschlagen."*

Dieses Bild erinnert an die statischen Karate-Wettkämpfe, wie ich sie aus den 60er Jahren kenne. Jeder Schlag wurde als tödlich eingestuft, und auf eine Technik kam alles an. Jeder scheute sich vorzugehen, um ja keine Lücke zu zeigen. Und Lücken zeigen muss man beim klassischen Stil schon aufgrund der offenen und ungedeckten Stellungen.

Taoismus

Der Ursprung des Taoismus ist etwa 300 Jahre vor Christus zu vermuten. Der chinesische Weise Lao-Tse benutzte in seiner Gedichtsammlung („*Tao Te King*") den Begriff *Tao* (Weg) zum ersten Mal. Nicht um theoretische Erwägungen geht es, sondern um einen Lebensweg, den man wirklich gehen muss, um ihn zu erfahren. Von anderen (z.B. Lehrern) gegangene Pfade, fixierte *schriftliche* Lehren führen zu keinem Erfolg. Allein persönlicher Unterricht bringt die Erkenntnis.

Im Einklang mit den Gesetzen der Natur soll der Mensch leben und sich selbst als Teil dieser Natur verstehen (Mensch = Mikrokosmos, Natur = Makrokosmos).

Es ist falsch, Kraft mit Kraft zu bekämpfen.

Laotse sagte, es sei falsch, Kraft mit Kraft zu bekämpfen. Ist die gegnerische Kraft größer (als die eigene), sei es besser, erst einmal nachzugeben, um dem Gegner die Balance zu rauben und dessen überlegene Kraft gegen ihn selbst anzuwenden (einige Autoren wollen hier ein Nachgeben nach Art des Christentums, etwa Mt, 26, 52, oder Lukas, 6, 27-35, erkennen, andere vermissen im taoistischen Nachgeben die als christlich angesehene Nächstenliebe).

Die Kampfprinzipien des WT (Nachgeben, Aufnehmen der gegnerischen Kraft, keine Kraft gegen die überlegene Kraft des Gegners einsetzen, Wu-Wei usw.) sowie deren Manifestationen (die reflexartigen Verformungen, passive Wendung usw.) lassen noch deutlich erkennen, welche Philosophie beim Ursprung des WT-Systems Pate gestanden hat.

Der Taoismus gibt seinem Anhänger Ratschläge für das tägliche Leben und lehrt ihn, wie man seine Lebensenergien frei macht und störungsfrei zirkulieren lässt, wie man seine Ziele gegenüber Störungsversuchen von Gegnern erfolgreich erreicht, wie man seine körperlichen und geistigen Kräfte gesund erhält und stärkt.

Ein rücksichtsloses und falsch verstandenes Praktizieren des Taoismus steht aber im Gegensatz zu den überlieferten Tugenden des Abendlandes wie Aufrichtigkeit, Ehrlichkeit, Durchsetzungsvermögen, Tapferkeit, Treue usw.

Wir nennen Menschen, die den Weg des geringsten Widerstandes gehen, die sich (klug) vor der größeren Macht beugen, aber zuschlagen, wenn der Weg frei ist oder ihre Kraft größer wird, Opportunisten, „Radfahrer“, die nach oben buckeln und nach unten treten, Leute ohne Rückgrat, die ihr Fähnchen nach dem Winde hängen, bei Bedarf ihr Parteibuch wechseln wie andere ihr Hemd. Solchen Zeitgenossen verleihen wir gemeinhin Prädikate wie aalglatt, intrigant, unzuverlässig, wortbrüchig, egoistisch.

Die Geschichte Chinas kennt Auswüchse dieser Art, aber auch im Abendland – ohne den Taoismus – gab es verschlagene Fouchés.

Der Taoismus ist – richtig praktiziert – eine vernünftige und empfehlenswerte Lebensphilosophie.

Der Taoismus – *richtig* verstanden und praktiziert – ist jedoch eine faszinierende und praktische Lebensphilosophie.

Konfuzianismus

Konfuzius (lat. für *Kung-fu-tse*) wurde 551 v.Chr. in der heutigen Provinz Shantung geboren. Er ist sicherlich einer der einflussreichsten chinesischen Denker und Philosophen.

Konfuzius führte eine eigene Schule, in der er Dichtkunst, Geschichte und anständiges Benehmen unterrichtete. Nach einer Tätigkeit als Justizminister trat er ein dreizehnjähriges Wanderleben an, kehrte dann zurück und widmete sich nur noch seinen Schriften sowie einer Chronik seines Heimatlandes. Konfuzius war selbst ein Musterbeispiel seiner Philosophie:
„Wenn die Alten die lichte Tugend offenbar machen wollten im Reiche, ordneten sie zuvor ihren Staat, wenn sie ihr Hauswesen regeln wollten, vervollkommneten sie zuvor ihre eigene Person, wenn sie ihre eigene Person vervollkommnen wollten, machen sie erst ihr Herz rechtschaffen; wenn sie ihre Gedanken wahrhaftig machen wollten, vervollständigten sie zuvor ihr ganzes gesamtes Wissen."

Das Ideal ist der das rechte Maß bewahrende Weise.

Das Ideal des Konfuzianismus ist nicht der weltverachtende Asket, sondern der in allem das rechte Maß bewahrende Weise, der die Welt und die Menschen kennt. Der Weise zeichnet sich aus durch Selbstdisziplin, sittlichen Ernst, Verantwortungsgefühl und Ehrlichkeit gegenüber den Mitmenschen. Obwohl er finanziellen Wohlstand und soziale Stellung erstrebt, macht er sich nicht von diesen Dingen abhängig, sondern ist stets bereit, sie aufzugeben, wenn es seine moralischen Grundsätze erfordern.

Im Mittelpunkt des konfuzianischen Denkens steht der Mensch. Konfuzius glaubte, dass es sehr wichtig sei, durch Vermehrung und Verbesserung des öffentlichen Unterrichtes den Charakter des Menschen und damit des Volkes zu bilden und dadurch den Staat und die Gesellschaft zu stärken und zu sichern. Das gute Vorbild des Lehrers soll den Schüler leiten! Der Weise unterrichtet sich selbst (autodidaktisch), um als Beispiel für die anderen zu dienen.

Jeder respektiert den anderen

Großen Wert legte Konfuzius darauf, dass der Jüngere, Untergebene dem Älteren, Vorgesetzten Respekt und Achtung entgegenbringt. So entspricht der Güte des Königs die Treue des Untertanen, der Liebe des Vaters die des Sohnes, die Zuwendung des Älteren der Dankbarkeit und Ehrfurcht des Jüngeren.

Diese Wechselwirkung wird auch auf dem Gebiet des Kung-Fu deutlich. Etwa im klassischen Verhältnis von *Si-Fu : To-Dai* oder *Si-Hing : Si-Dai*. Es wird hier also nicht blinder Kadavergehorsam gefordert, sondern jeder akzeptiert seine Rolle und respektiert den anderen in seiner zum gemeinsamen Nutzen.

Yip Man war Konfuzianist

Tsun Yung, der Weg der Mitte

Unser verstorbener Großmeister Yip Man soll (unter anderem) auch Konfuzianist gewesen sein. Eines der klassischen Bücher des Konfuzianismus ist für unser Selbstverteidigungssystem besonders interessant. Es heißt *„Tsun Yung“* (Weg der Mitte). Zum Teil beruht es auf Aussprüchen von Konfuzius, zum Teil ist es von seinem Enkel verfasst. Es beschreibt den Zustand des Gleichmuts, den der Weise in allen Lebenslagen beweisen soll.

Gefahren des falsch verstandenen Konfuzianismus

Die Gefahren des *falsch verstandenen* Konfuzianismus liegen auf der Hand. Während der Taoist sich vor Schlitzohrigkeit hüten muss und der Buddhist vor Weltflucht, muss der Konfuzianist eitle Selbstgefälligkeit und unreflektierte konservative Einstellung bekämpfen, wenn er sie bei sich selbst entdeckt.

Begründung für die „Geldgier“ mancher Chinesen

Meinem Schüler Manfred S. bin ich für den Hinweis dankbar, dass die wohl negativste Eigenschaft vieler Chinesen, nämlich ihre Geldgier, Ausfluss eines in der konfuzianischen Ethik begründeten Prinzips ist, dass sich jedermann bemühen sollte, seinen Kindern ein besseres Leben zu ermöglichen, als man es selbst hatte. Damit begleicht man seine Schuld den Vorfahren gegenüber, denen man verdankt, was man ist.

Die klassische WT-Unterrichtsweise

Die beste und gleichzeitig schlechteste Unterrichtsmethode

Die traditionelle Unterrichtsweise im WT, nach der der Autor selbst seit über 25 Jahren lernt, ist sowohl geeignet, die besten Schüler hervorzubringen als auch die nur mäßig Interessierten abzuschrecken. Aufgrund dieser Methode gibt es selbst unter den Originalschülern unseres verstorbenen Großmeisters nur sehr wenige, die wirklich die Theorie Großmeister Yip Mans, der 1972 starb, verstanden haben. Yip Man war nämlich Konfuzianist und seine Art zu unterrichten, war von dieser Einstellung bestimmt.

Jeder ist sein eigener Lehrer

Karl Jaspers, der Existenzphilosoph, der durch Leben und Werk zu einem der größten Erzieher unserer Zeit geworden ist, schrieb: *„Wirkliche Erziehung schien mir immer Selbsterziehung. Sie ist Sache des Einzelnen, aber man hat im Lehren die Hoffnung, durch Aufmerksammachen, Vordenken, Vormachen, durch Mitteilen von Auffassungsweisen dazu zu ermutigen.“* Wahrhaft konfuzianische Gedanken. Dass Professor Jaspers wirklich großes Verständnis für die konfuzianische Unterrichtsweise hatte, erkennt man an seinem Werk *„Was ist Erziehung?“*

Jaspers weist darauf hin, dass nach Konfuzius Lernen nicht erreichbar ist, ohne die Voraussetzung des sittlichen Lebens beim Schüler. Der Schüler soll Eltern und Brüder lieben. Er soll wahrhaftig und pünktlich sein. Wer sich schlecht benimmt, wird im Lernen nie das Wesentliche treffen. Über einen Schüler, der sich auf den Platz eines Älteren setzt, heißt es: *„Er strebt nicht danach, Fortschritte zu machen, er will es rasch zu etwas bringen.“* Jasper betont, dass der Konfuzius-Schüler die Künste im sittlichen Wandel erlernen soll. Dazu gehören die klassischen chinesischen Künste, Riten, Musik, Bogenschießen, Wagenlenken, Schreiben, Rechnen und die Kampfkunst. Erst auf diese chinesische Allgemeinbildung bauen weiter gehende Studien wie etwa die der Literatur usw. auf.

Der Schüler soll sich stets der Schwierigkeiten bewusst sein und wissen, dass Perfektion nur ein zu erstrebendes Ideal ist. Wer das Lernen liebt, weiß täglich, was ihm noch fehlt. Er gibt sich ständig Rechenschaft über das, was er kann und das, was er nicht kann. Der Schüler muss sich darüber klar sein, dass der Weg schwer ist: *„Wer lernt, dringt darum noch nicht zur Wahrheit vor; wer zur Wahrheit vordringt, ist noch nicht imstande, sie zu festigen. Wer sie festigt, kann sie darum noch nicht im Einzelfall abwägen."* Aus diesem Grunde muss der Schüler so lernen, als würde er nie zum Ziel kommen, als müsste er befürchten, auch das wenige, was er kann, noch zu verlieren. Deshalb ist der Lehrer auch mit Lob sehr sparsam.

Der Schüler muss so lernen, als würde er nie zum Ziel kommen.

Da die moderne Unterrichtswissenschaft längst erkannt hat, dass man mit Lob mehr erreicht als durch Tadel, durch den der Schüler eher abblockt, zur Opposition und zur Demotivation geführt wird, gehört diese Unterrichtsweise – was die Europäische Wing Tsun Organisation (EWTO) anbelangt – in den Mülleimer!

Der Autor wurde von seinem Lehrer in den ersten 20 Jahren nur zweimal ernsthaft gelobt und kann sich an beide Fälle genauestens erinnern. Das letzte Mal war am 6. Januar 1984, als er mit seinem Si-Fu (Vater-Lehrer), Großmeister Leung Ting, stundenlang mit *verbundenen Augen* sparrte (Lat-Sao übte) und ohne selbst zu wissen weshalb, plötzlich in der Bewegung innehielt und sagte: *„Halt. Ich kann nicht weiter zurück, hinter mir ist die Wand."* Der Großmeister schränkte dieses Lob aber sofort wieder ein, indem er hinzufügte, dass es gut wäre, wenn der Autor auch mit offenen Augen ähnlich gut reagieren könnte und er möge sich nicht so viel auf dieses Können einbilden, es sei keinesfalls übermenschlich, denn solche Fähigkeiten hätten auch manche Menschen erlangt, die seit Geburt oder seit Jahrzehnten blind sind.

Ermutigt wird eigentlich nicht der, der seine Sache gut macht, sondern der, der unsicher ist und meint, seine Kräfte (nicht im physikalischen Sinne) reichten nicht aus.

„Einen Fehler begehen und ihn nicht wieder gutmachen (sich nicht ändern), *erst das heißt fehlen."*

Wer zweimal denselben Fehler macht, ist dumm.

Konfuzius' Lieblingsschüler wird bezeichnenderweise so gerühmt: „Er machte keinen Fehler zweimal."

Wer sich nicht wirklich bemüht, dem helfe ich nicht.

Aufschlussreich ist auch, wie Konfuzius von seinem Verhältnis zu den Schülern spricht: *„Wem es nicht ernstlich darum zu tun ist, etwas zu lernen, dem erteile ich nicht meinen Unterricht, wer sich nicht wirklich bemüht, sich auszudrücken, dem helfe ich nicht nach. Habe ich eine Ecke gezeigt und er kann nicht von sich selber auf die anderen drei kommen, ist es bei mir vorbei mit dem Erklären."*

Mit der schnellen Antwort ist es aber nicht getan: *„Ich redete mit Hui den ganzen Tag; er war stumm wie ein Dummkopf. Ich beobachtete ihn, als er sich alleine glaubte; da war er imstande, meine Lehre zu entwickeln. Er ist kein Dummkopf."* Konfuzius lobt nicht leichtfertig. *„Spende ich einem Lob, so ist es, weil ich ihn erprobt habe."*

Über sein eigenes Lernen schreibt Konfuzius: *„Vieles hören, das Gute davon auswählen und ihm folgen, vieles sehen und es sich merken, das ist zumindest die zweite Stufe der Weisheit."* Konfuzius musste sich alles mühsam erarbeiten, ebenso langsam, aber stetig war sein Fortschritt: *„Ich war fünfzehn und mein Wille stand auf Lernen, mit dreißig stand ich fest, mit vierzig hatte ich keine Zweifel mehr, mit fünfzig war mir das Gesetz des Himmels kund, mit sechzig war mein Ohr aufgetan; mit siebzig konnte ich meines Herzens Wünschen folgen, ohne das Maß zu überschreiten."*

Der Sinn des Lernens ist die Praxis.

Der Sinn des Lernens soll aber die Praxis sein: *„Wenn einer alle dreihundert Stücke des Liederbuches auswendig hersagen kann und er versteht es nicht (übertragen übersetzt) seinen Posten auszufüllen, wozu ist solch einem Menschen all seine Gelehrsamkeit nütze?"*

Wie man WT lernt

Eine traditionelle chinesische Kampfschule.

Die EWTO, die europäische Sektion der IWTA ist seit 1976 die Alleinvertreterin des WingTsun-Systems des WT in Deutschland und Europa, also eine traditionelle chinesische Kampfschule.
Das bedeutet, dass wir nicht nur das authentische chinesische Unterrichtsprogramm lehren. Wir unterrichten es auch noch auf möglichst authentische chinesische Weise. Und dies nicht, weil wir grundsätzlich alles kritiklos nachahmen, was die Chinesen machen, sondern aus Überzeugung. Die Erfahrung hat uns gezeigt, dass die traditionelle chinesische Unterrichtsmethode, wenn man sie entsprechend der europäischen Mentalität anpasst, beste und schnellste Unterrichtserfolge garantiert. Mein Lehrer formuliert das so: „Sollte ein Volk, das intelligent genug war, ein so ausgeklügeltes System wie WT zu erschaffen, nicht intelligent genug gewesen sein, eine Unterrichtsmethode zu konzipieren, die ebenso ausgeklügelt ist?"
So wie sich WT als Kampfsystem erheblich von anderen Methoden unterscheidet, so sehr unterscheidet sich auch die Unterrichtsmethode.

Man kann das Erlernen des WT hinkend vergleichen mit dem Erlernen einer Fremdsprache. Wenn ein Chinese die deutsche Sprache erlernen will, muss er sich erst einmal mit unseren andersartigen Schriftzeichen vertraut machen. Mit unserem Alphabet. Er lernt A, B, C, D, E usw. Er lernt das ABC.

SNT-Form

Wer WT lernen will, beginnt mit dem ABC des WT. Er beginnt mit der **Siu-Nim-Tau (SNT)**. Das heißt „Kleine Idee"-Form, auch erste Form genannt. Er lernt, wie man entspannte Bewegungen macht, erfährt Wichtiges über seinen Körper und dessen Maße und Bewegungsmöglichkeiten. **Allerdings entsprechen die einzelnen Techniken der Form nicht wirklich Buchstaben, deshalb nannte ich es einen „hinkenden" Vergleich.**
Weder kann unser junger Chinese sich mit unserem Alphabet sinnvoll verständigen, noch kann der WT-Anfänger mit der SNT kämpfen. Von einigen glücklichen Zufällen abgesehen. Denn natürlich

kann ein einziger „Fak-Sao“ aus dem vierten Satz der SNT-Form zwei Gegner gleichzeitig außer Gefecht setzen, wenn diese günstig stehen.
Ebenso ist aber auch u.U. eine kurze einfache Botschaft durch die glückliche Kombination zweier Buchstaben möglich. Sagt unser ausländischer Freund z.B.: „a a“, wird man ihm den Weg zur Toilette zeigen. Sagt er „w w“ (weh weh), mag er Trost oder ärztlichen Beistand finden.

Als Nächstes lernt unser Sprachenschüler Wörter (Vokabeln) wie „Hilfe“, „Achtung“, „Hunger“, „Bett“ usw.. Aber natürlich lernt er nicht **alle** Wörter, die es gibt.

Der WT-Schüler lernt die zweite Form, die **Cham-Kiu** (Suchende Arme). Hier übt er zum ersten Mal, verschiedene Elemente miteinander zu verbinden. Er bewegt zwei Arme gleichzeitig, tritt oder verändert den Stand. Mit anderen Worten, er übt festgelegte Kombinationen. Seine Verteidigungsfähigkeit hat dadurch zwar gehörig zugenommen, mit Kettenfauststößen und Angriffsschritt ist schon mancher Gegner besiegt worden. Einen schweren Angriff aber kann der Cham-Kiu-Schüler ebensowenig systematisch abwehren, wie unser Sprachenschüler einen umfangreichen Sachverhalt mit einem Wort darstellen kann.

Als Drittes muss der Sprachenschüler erlernen, wie man einzelne Wörter verändert und kombiniert, um einen Satz zu konstruieren. Er lernt deshalb Grammatik (Konjugieren, Deklinieren, Satzlehre usw.).

Chi-Sao ist die Seele des WT

Auch der WT-Schüler muss lernen, wie man reflexartig die richtigen Bewegungen zur richtigen Zeit macht. Er lernt Chi-Sao (Klebende Hände). Ohne Chi-Sao bestünde unser WT nur aus einer Anhäufung isolierter Einzeltechniken oder toter Kombinationen. Chi-Sao ist aber nicht nur der Leim, der die einzelnen Bewegungen (Wörter) zu sinnvollen nicht vorher geplanten Kombinationen (zum Satz) verbindet. **Chi-Sao kann auch eigene „Bewegungen des Augenblickes“ wie von selbst hervorbringen. Chi-Sao ist die Seele des WT.**
Das Ziel des Sprachenunterrichtes ist aber nicht der Satz, sondern die Kommunikation, die Unter-

haltung. Das heißt, man will in der Lage sein, sich mit seinem Partner über alle möglichen Themen zu unterhalten.

Das Ziel ist der kunstvolle Zweikampf.

So ist auch das Ziel des WT-Schülers, wenn erforderlich, einen längeren, kunstvollen Zweikampf bestreiten zu können. Dies lernt man im Lat-Sao (Sparring oder Freikampf).

Zur Verdeutlichung hier noch einmal die Gegenüberstellung:

WT	**Sprache**
Siu-Nim-Tau	die meisten Buchstaben
Cham-Kiu	Beispiele für Wörter
Chi-Sao	Grammatik, Syntax
Lat-Sao	freie Unterhaltung

Das Ziel im WT ist die Kampffähigkeit, also die Lat-Sao-Übung. Um dorthin zu gelangen, ist dies der traditionelle Weg: SNT, CK, Chi-Sao, Lat-Sao.

Wer diesen Weg geht, zeigt, dass er zielstrebig ist. SNT und CK liefern ihm einige Buchstaben und Beispiele für Wörter (Bewegungen), Chi-Sao unter anderem die Grammatik (Leim), die Wörter zu Sätzen formt und verbindet. SNT, CK, CS sind die Zwischenstationen zum Erlernen von Lat-Sao (Kampf bzw. Selbstverteidigung). Je besser er diese drei Stufen gelernt hat, je gewissenhafter er seine Hausaufgaben gemacht hat, desto besser ist er auf Lat-Sao vorbereitet.

Die vier Flöße des traditionellen WT

Vielleicht ein anderes Bild. Um vom Anfänger zum Könner zu werden, muss der WT-Schüler vier Flüsse überqueren. Dazu benutzt er nacheinander vier Flöße, das erste Floß heißt SNT, das zweite CK, das dritte CS und das vierte endlich LS.

Vor Jahren erhielt ich die telefonische Abmeldung eines Schülers (der noch in der Chi-Sao-Phase steckte), der sich beklagte, dass eine bestimmte CK-Bewegung (seiner Meinung nach) nicht funktioniere.
So kurios das klingt, viele Schüler begehen insge-

1992 stellte Keith R. Kernspecht mit neun Assistenten WT und Escrima ca. 130 Selbstverteidigungsexperten internationaler Elite-Polizeieinheiten vor.

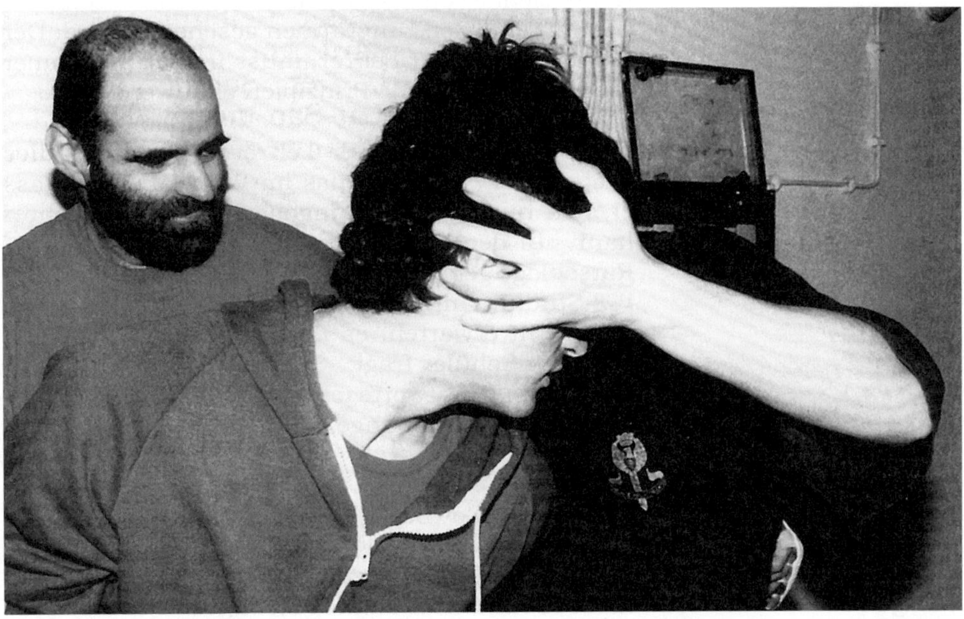

Der Autor unterrichtet „sanfte Mittel“. Hier mit Experten der berühmten italienischen Spezialeinheit N.O.C.S.

Dreiteiliger Unterrichtsaufbau im traditionellen WT:

1. Form
2. Chi-Sao-Reaktionstraining
3. Kampf

heim solche Denkfehler. Sie vergessen den traditionellen, dreiteiligen Unterrichtsaufbau des WT:

Form, Chi-Sao, Lat-Sao. Erst erlernt man die Bewegung (abstrakt) in den Ein- und Zweimannformen, dann übt man sie gefühlsmäßig durch spezielle Chi-Sao-Reaktionsübungen, dann setzt man sie im Freikampf (Lat-Sao) ein.

Erst in dieser Phase kann der WT-Anwender beginnen, sich als Kämpfer zu betrachten, der ohne zu denken, aufgrund taktiler Reflexe zur rechten Zeit das Erforderliche tut, sich befreit von der Kraft des Gegners, dessen Kraft zu seiner eigenen macht und über das durch Chi-Sao-Reaktionstraining erworbene Gefühl mit Vorwärtsdruck in die Deckungs- oder Drucklücken des Gegners eindringt.

Wer sein WT-Studium mit der falschen Einstellung beginnt, darf nicht erwarten es richtig zu beenden.

Man glaube also bitte nicht an Wunder, sondern lasse dem WingTsun die Chance, seine Wirkung zu tun. Und dabei geht nichts ohne das Zutun des Gegners. Der Schüler, nicht der Lehrer, muss z.B. in Chi-Sao arbeiten, bis ihm die Haare um die Handgelenke von der Reibung wegbrennen und ihm die Haut von den Unterarmen gescheuert wird. Der Schüler, nicht der Lehrer, muss im Lat-Sao immer wieder üben, die WT-Prinzipien anzuwenden.

Dein Erfolg wird so groß sein wie deine Anstrengungen.

Der Schüler, nicht der Lehrer, muss alles dies leisten. Der Schüler muss im WT verstehen, dass er sich nur selbst gut machen kann. Der Lehrer kann nur den Weg weisen, junge Reflexe pflanzen, Ratschläge geben, Lob und Kritik äußern. Wer sein WT-Studium mit der falschen Einstellung beginnt, darf nicht erwarten, es richtig zu beenden. Wenn mich ein Schüler fragt: „Si-Fu, wie groß wird mein Erfolg sein?“, antworte ich ihm mit Seneca: „So groß wie deine Anstrengungen!“

Man kann das Pferd zur Tränke führen, aber man kann es nicht zum Trinken zwingen.

Oder in der Cowboy-Sprache:

Man kann das Pferd zur Tränke führen, aber man kann es nicht zum Trinken zwingen.

Lernen ist wie Rudern gegen den Strom – sobald du aufhörst, beginnt dein Rückschritt

WT ist kein Schnellkurs, man bleibt ständig ein Schüler, ein ewig Suchender.

Das Studium des WingTsun-Systems ist kein Schnellkursus, den man in ein paar Wochen hinter sich gebracht hat. Im WT bleibt man ständig ein Schüler, ein ewig Suchender. Hierin liegt für mich und viele meiner Kollegen und Schüler der besondere Reiz des WT. Immer wieder ist es möglich, persönlich neue Erkenntnisse zu erfahren und sich neue Bereiche zu erschließen.

Ständig zu lernen, bedeutet aber auch, immer ein Schüler zu bleiben. Immer einen Lehrer zu haben, der uns kritisiert, unsere Fehler sieht und benennt, der uns in eine Rangordnung stellt.

Selbst der Lehrer bleibt immer der Schüler seines Lehrers, wie ein Vater der Sohn seines Vaters bleibt.

Für einen hoch graduierten Schüler, der selbst schon als Ausbilder fungiert und andere unterweisen darf, ist dies manchmal unerträglich. Da hat er schon ein paar Jahre WT hinter sich, kann sich der Bewunderung seiner Schüler sicher sein und ist für seinen Lehrer doch immer noch der Schüler, der Fehler macht.

Wer mir schmeichelt, ist mein Dieb. Wer mich kritisiert, ist mein Lehrer.

Mancher wird dann böse auf seinen Lehrer, denn er versteht nicht das Wort:

Wer mir schmeichelt, ist mein Dieb. Wer mich kritisiert, ist mein Lehrer.

Eine Aufgabe des Lehrers ist die Kritik. Wer sonst sollte den Schüler, der als Ausbilder oder gar Lehrer tätig ist, auf seine Irrtümer aufmerksam machen? Der eigene Schüler etwa? Für ihn ist die Technik seines Ausbilders (Si-Hings) oder Lehrers (Si-Fu) wunderbar, er schmeichelt ihm. Er ist sein Dieb! Sein Lob macht ihn selbstzufrieden und satt, indem es ihn der Notwendigkeit beraubt, weiter zu lernen.

Kritik ist nicht das Recht, sondern die Pflicht des Lehrers!

Wer mich kritisiert, ist mein Lehrer. Oder anders: Kritik ist Aufgabe und Pflicht des Lehrers.

Schloss Langenzell: Großmeister Leung Ting und der Autor erklären WT.

Er will keine Kritik, um sich das Bild, das er von sich selbst hat, das seine Bewunderer von ihm haben, nicht zerstören zu lassen. Er möchte der Supermann seiner kleinen WT-Welt bleiben.

Manch ein fortgeschrittener Schüler (Ausbilder, Lehrer) mag die Kritik, die zum Unterricht gehört, aber nicht mehr ertragen. Er will sich dieser Kritik nicht mehr stellen, möchte sich nicht trennen von liebgewonnenen Angewohnheiten und Fehlern. Er möchte keine Veränderung. Alles soll so bleiben, wie es ist. Er will auch nicht, dass sein Lehrer die Lehre verbessert (d.h. verändert), denn das erfordert die Mühe des Umdenkens, des Neulernens, des Wieder-Schüler-Seins. Er hat genug. Er ist lange genug gegen den Strom gerudert, hat lange genug gelernt und ist nun müde. Er will sich sein Bild von sich selbst nicht zerstören lassen. Er möchte der Supermann bleiben, den er in seinem Kreis, seiner kleinen WT-Welt, darstellt. Er verhält sich wie der berühmte Kung-Fu-Star, der immer auf den Titelbildern der amerikanischen Magazine abgebildet ist. Er liest die Artikel über sich, die ihn als größten Kämpfer aller Zeiten anpreisen – und vergisst, dass jedes Wort von ihm selbst oder von seinem PR-Agenten geschrieben worden ist. Er glaubt seiner eigenen Propaganda, seiner eigenen Schmeichelei. Er ist selbst sein Dieb, der ihn am Fortschritt hindert.

Sein Lehrer wird dadurch sein Feind, denn der muss ihn kritisieren. Deshalb erfindet der Schüler Scheingründe, die ihm für sich selbst und für die Kollegen und eigenen Schüler als Alibi dienen.

Nun ist sein eigener Lehrer eine Gefahr für ihn, sein Feind, der ihm diesen Traum zerstören will. Unterrichtet werden heißt kritisiert werden. Deshalb gibt dieser Schüler seinem Lehrer keine Möglichkeit mehr, ihn zu unterrichten. Er hört auf, zum Unterricht zu erscheinen. Und er erfindet dafür Scheingründe, die ihm als Alibi für sich selbst und für die Mitschüler dienen: „Ich habe keine Zeit, muss mich meiner beruflichen Fortbildung widmen. Ich habe Verletzungen, die mir kein Training erlauben. Ich habe private Schwierigkeiten, mit denen ich voll ausgelastet bin. Mein Lehrer behandelt mich ungerecht, unterrichtet mich falsch, zeigt mir zu wenig oder zu langsam. Mein Lehrer bevorzugt andere bzw. weiß weniger als ich selbst.“

Jeder Schüler macht diese Entwicklungsphase durch.

Aus eigener Erfahrung weiß ich, dass es diese Phase in der Entwicklung fast jedes Schülers gibt. Bei dem einen früher, bei dem anderen später. Wer das weiß, kann sie als solche erkennen und bewältigen.

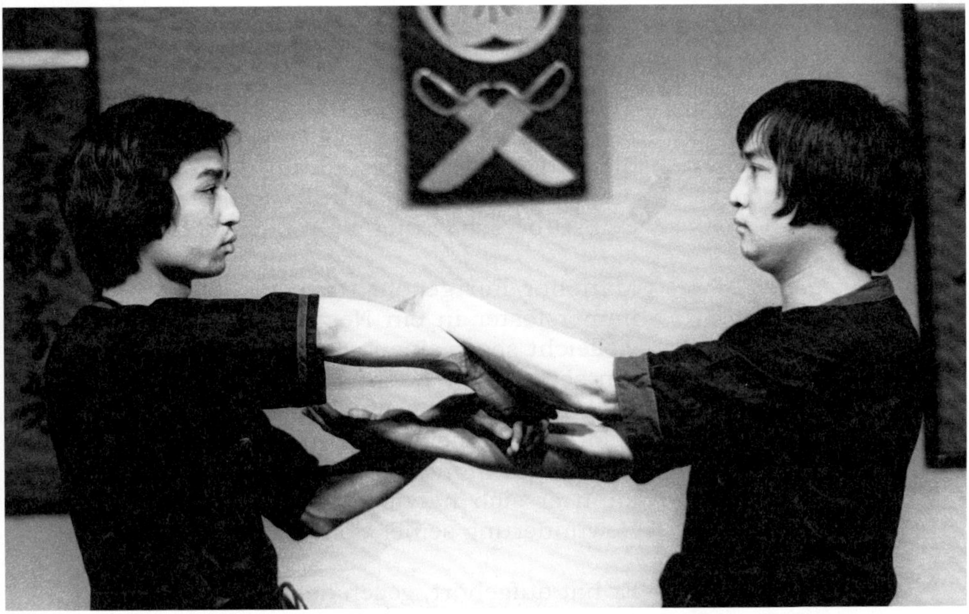

Chi-Sao – der Leim, der die einzelnen Bewegungen zu sinnvollen, vorher nicht geplanten Kombinationen verbindet.

Wer die Gefahr kennt, kann sich aus ihr befreien. Entscheidend ist, ob man sich aus dem Sumpf der Selbstüberschätzung befreien kann.

Der Autor macht kein Hehl daraus, dass auch er sich schon in dieser Phase befand, als selbst die amerikanischen Magazine ihn als „Kaiser of Kung-Fu“ feierten und der überwältigende Erfolg ihn blendete. Jeder wirklich erfolgreiche Lehrer wird dieses Entwicklungsstadium durchmachen, aber manche können sich aus dem Sumpf der Hybris und Selbstüberschätzung nicht mehr befreien.

Si-Fu von eigenen Gnaden – ein immer wieder auftretendes Phänomen in der Kampfkunst

Mancher Fortgeschrittene verstrickt sich dann immer fester in ein Netz von Alibis und erfindet vielleicht sogar einen geheimnisvollen Meister, der ihn selbst über Nacht zum *Si-Fu* (chin. Ausdruck für Vater-Lehrer) gemacht hat. Durch diese Selbstbeförderung meint er nun, sich der Kritik seines Lehrers für immer entzogen zu haben. Nun endlich kann er sich narzisstisch in der unqualifizierten Bewunderung seiner Schüler „spiegeln“.

Er hat aufgehört, gegen den Strom zu rudern.
Sein Rückschritt hat begonnen.

Dienstleistungsverhältnis?

Der Lehrer ist nicht der Diener und etwas leisten soll der Schüler!

Wer WT lernt, betritt eine Welt, in der andere Gesetze herrschen als draußen. Wer die Tätigkeit seines WT-Sifus (Lehrers) für eine Dienstleistung hält, verkennt die Tradition des chinesischen Kampfkunstunterrichtes. Der Lehrer ist sicherlich nicht der Diener seines Schülers, und etwas leisten soll im Training der Schüler und nicht der Lehrer. Der Autor erhält seit über 30 Jahren Unterricht von seinem chinesischen Meister und musste ebenfalls umlernen. Da Technik und Philosophie im WT untrennbar verbunden sind, muss man diese Regeln akzeptieren oder eine verwestlichte Kampfsportart lernen, wo der Lehrer kein Sifu, sondern ein Trainer ist.

Ein Sifu ist kein Trainer!

Es fängt damit an, dass man vor dem Unterricht bezahlt. Und nicht der Lehrer bedankt sich für das Geld, sondern der Schüler bedankt sich, dass der Lehrer es annimmt und einwilligt, ihn zu unterrichten.

Das Preis-Leistungs-Verhältnis stimmt im WT nämlich überhaupt nicht. Der Lehrer gibt mehr, als der Schüler zahlt!

Im WT stimmt das Preis-Leistungsverhältnis nicht: der Lehrer gibt mehr als der Schüler!

Kürzlich fragte ein neuer Schüler seinen Lehrer, ob er Rabatt erhält, wenn er nicht zwei, sondern gleich zehn Stunden im Voraus zahlt. Der Lehrer bedauerte und trieb die Sache scherzhaft ins Paradoxe, indem er dem Schüler zu verstehen gab, dass die einzelne Stunde dann eigentlich mehr kosten müsse. Da der Lehrer nämlich bei jeder Stunde Geld drauflegt, könne er sich nicht leisten, dem Schüler mehr als zwei Stunden so günstig zu geben.

Andererseits ist der Schüler aber auch nicht der Leibeigene oder Sklave des Sifus. Das Verhältnis von Geben und Nehmen zwischen ihnen muss ausgeglichen sein!

Neue Schüler stehen auch oft auf dem Standpunkt, sie hätten für ihr Stundenhonorar den Lehrer gekauft, sie stellen sich in die Halle und denken sich: „Ich hab dich gechartert, nun mach mal was mit mir.“ Tatsächlich sind sie es, die trainieren sollen. Der Lehrer beobachtet sie, korrigiert sie und gibt ihnen neuen Stoff, wenn der alte beherrscht wird.

Vergleich dich nicht mit anderen!

Seit der erste Neandertaler seine erlegte Beute in die heimelige Höhle schleppte und seiner Neandertalerin mit stolzgeschwellter Brust vor die Füße legte, wissen wir, auf was ein Mann programmiert ist: ausschließlich auf „Erfolg". Erfolg ist seine Marschrichtung, seine Motivation, sein Selbstvertrauen, seine Potenz, sein Stimulanz, sein Lebenelexier, sein Rechtfertigungsgrund für alles. Dafür darf er stehlen, betrügen, andere austricksen, ohne dass er dabei die Selbstachtung verliert. Aber Misserfolg haben, auch unverschuldet, arbeitslos zu sein oder kein Geld zu haben, das wird als schmachvoll und als Tabu empfunden. Darüber spricht man nicht, da verlässt der heimlich arbeitslose Mann lieber mit der Aktentasche das Haus oder dreht den Gashahn auf.
Ein richtiger Mann darf nicht versagen. Niemals. Sein ganzes Leben ist eine Übung, wie man Niederlagen vermeidet. Deshalb spricht „mann" auch nur die Frauen an, die „mann" glaubt bekommen zu können, darum sagt der Schläger auch nur zu denen „Ist was, was guckst du so blöde?", die er zu schaffen glaubt.

Erfolg kann für den einen dies und für den anderen das bedeuten.

Frauen und andere Erwachsene wissen, dass man nicht immer und auf allen Gebieten Erfolg haben kann, dass Erfolg für den einen dies und für den anderen das bedeuten kann.

Außerdem geht es gar nicht darum, besser als ein anderer zu sein. Man muss besser werden wollen, als man *selbst* ist. Man muss *sich* verbessern. Aber man soll sich nicht mit anderen vergleichen, weil jeder einzigartig ist = einzig in seiner Art. Sich vergleichen, vergleichen, was in Wirklichkeit unvergleichlich ist, das schafft Unzufriedenheit, Neid und Leiden.

Wer genügend Stärken auf einem Gebiet besitzt, der kann Lücken auf anderen Gebieten zugeben.

Konfuzius sagte, dass man sich zu seinen Fehlern bekennen soll. Wer genügend Stärken auf einem Gebiet besitzt, der kann Lücken auf anderen Gebieten zugeben, ohne in seiner eigenen Selbstachtung zu sinken.

Wer jedoch außer WT wenig kann, sich kaum etwas durch Schule, Beruf, Selbstunterricht oder Lektüre

Der im Grunde unsichere und von Minderwertigkeitskomplexen gequälte Mann muss jeden realistischen Anflug von Selbstkritik im Keime ersticken und fremde Kritik wie ein Panzer überrollen.

angeeignet hat, was ihm genügend Selbstvertrauen gibt, was die nagenden Selbstzweifel besänftigt, ob er wirklich so „toll" ist, wie er sich und die Umwelt glauben machen möchte, der darf in nichts, aber auch in gar nichts versagen. Dieser im Grunde unsichere und von Minderwertigkeitskomplexen gequälte Mann muss jeden realistischen Anflug von Selbstkritik im Keime ersticken und fremde Kritik wie ein Panzer überrollen und niedermachen. Er wird dann zu einem, „mit dem man nicht reden kann, der anderen Ideen nicht zugänglich ist", kurz, zu einem starren, „kopfsteifen" Rechthaber.

Ich kenne leider manchen WingTsun-„Könner", der nur körperliches WT betreibt. Warum nur wendet er unsere WT-Prinzipien nicht in seinem täglichen Leben an? Weshalb lebt er nicht wirklich WingTsun? Warum ist er nicht bereit, seine eigene Idee aufzugeben, warum schiebt er nicht mit leichtem Druck seinen geistigen Man-Sao vor, um der Meinung des anderen zu begegnen und ihre Gültigkeit zu prüfen? Warum bleibt er nicht ein wenig „dran" und versucht, sich in den anderen hineinzuversetzen? Warum bricht er stattdessen den Kontakt ab, wendet sich weg? Warum blockt er und wird steif und unnahbar, statt, wenn nötig, einzulenken, nachzugeben? Warum geht er nicht hinterher und folgt, wenn der andere sich zurückzieht?

Was auch immer seine technische Graduierung sein mag, er ist noch nicht tief in das wahre WingTsun eingedrungen, er befindet sich immer noch auf der Oberfläche, ist noch im Körperlichen, im rein Technischen gefangen.

Das körperliche Training ist nur das Mittel, um das Innere, was wirklich zählt, zu erreichen.

Auch von der Technik muss man sich am Ende freimachen. Zumal, wenn man wahre „Meisterschaft" erreichen will. Das körperliche Training ist nur das Mittel, um das Innere, was wirklich zählt und uns immer – auch im Alter – begleiten wird, zu erreichen. Es geht nur oberflächlich oder als Erstnutzen darum, wie man andere besiegt. Der Sieg über sich selbst ist das Endziel wie in fast allen fernöstlichen Lehren.
Auch hier können wir wieder erkennen, dass wir uns nur mit uns selbst vergleichen sollen, mit unserer

Wir sollen uns nicht mit anderen vergleichen. Das ist der sicherste Weg, um Neid, Ängste und Aggressionen zu entwickeln.

Er unternimmt alle möglichen geistesakrobatischen Verrenkungen, bis er sich selbst glaubt, dass er das, was er nicht erreicht hat, auch nie beabsichtigt hatte.

Leistung in der Vergangenheit und unserer Leistung jetzt. Aber wir sollen uns nicht mit anderen vergleichen. Das ist der sicherste Weg, um Neid, Ängste und Aggressionen zu entwickeln: denn wer trotz seiner Machofassade wenig echtes Selbstvertrauen hat, muss für seinen Seelenfrieden jemand finden, dem er die Schuld für das, was er als fehlenden „Erfolg" ansieht, zuweisen kann.
Oder er unternimmt alle möglichen geistesakrobatischen Verrenkungen, bis er sich selbst glaubt, dass er das, was er nicht erreicht hat, auch nie beabsichtigt hatte:
Wer die harte Anstrengung scheut, seinen Körper in Form zu bringen, wird sich damit trösten, dass er mehr am geschäftlichen Erfolg interessiert ist.

Häufig ist auch der Typ, der nicht den gewünschten geschäftlichen Erfolg hat und deshalb alle, die auf diesem Gebiet mehr erreicht haben, als „Geschäftemacher", sich selbst aber als „Idealisten" sehen möchte.

Ich erhalte häufig Briefe von Schulleitern, denen von (aufgrund scheinbar ausgebliebenen „Erfolgs") unzufriedenen oder gar neidischen Schülern bzw. Assistenten am Ende vorgeworfen wurde, sie hätten alles für ihren Si-Fu oder Si-Hing usw. geopfert.

Man möge mir verzeihen, aber so viel Idealismus, so viel Uneigennutz ist mir verdächtig. Besonders, wenn solche Personen sich ansonsten durch übergesundes Gewinnstreben auszeichnen. Sie haben vielleicht alles getan, um von ihrem Lehrer gelobt zu werden, um sich bei ihm beliebt zu machen, um Ansehen zu erlangen, um berühmt zu werden, Techniken zu erlernen, die angeblich kein anderer bekommt. Alles Beweggründe, die uns selbst antreiben, Handlungsweisen, die ihren Lohn selbst produzieren. *Ich gebe, damit auch du gibst!*

Das ist aber *nicht* Selbstlosigkeit, das ist nicht wirklich Altruismus als Gegenteil von Egoismus!

Um es auf die Spitze zu treiben: Selbst jemand, der Bedürftigen spendet, kann nicht davon ausgehen, dass er dabei *völlig* selbstlos, altruistisch handelt, nicht einmal dann, wenn er anonym Geld spendet. Denn so unegoistisch ist sein Handeln trotzdem nicht, verschafft er sich doch Befriedigung durch ein gutes Gefühl oder beruhigtes Gewissen.

WT ist ein realistisches System, in dem man sich nichts vormachen sollte. Um WingTsun zu meistern, und zwar auch im täglichen Leben, braucht man eine gehörige Portion Intelligenz, Selbstkritik und man muss sich selbst erkannt haben. Man muss bis zur letzten Zwiebelschale seiner wahren Natur vorgedrungen sein und sich selbst nackt und bloß als das erkennen, was übrig bleibt, wenn man alle angelernten, ankonditionierten, alle von der Gesellschaft erzwungenen Masken abgelegt hat.

So wie man sich im körperlichen WT von der eigenen störenden Kraft befreien muss, so muss man sich auch von all diesen Masken oder dem, was man fälschlich für seine ureigene Persönlichkeit hält, trennen. Denn schon das Wort „Persönlichkeit" bzw. „Person" bedeutet auf griechisch „Maske", nämlich die Maske, die die Schauspieler des klassischen Griechenlands vor ihr Gesicht hielten, durch die sie sprachen, um eine bestimmte Männer- oder Frauenrolle zu „spielen".
Durchschauen wir also unsere Rollen, dringen wir zu unserem Kern vor. Der Selbsterhaltungstrieb ist nichts Schlimmes, er ist von der Natur gewollt, wie kann er da falsch sein?

Verleugnen wir den gesunden Egoismus nicht, unterdrücken wir ihn nicht, sonst kommt er woanders wieder hoch in verkleideter Form in der Maske der Heuchelei.

Verleugnen wir den gesunden Egoismus nicht, unterdrücken wir ihn nicht, sonst kommt er woanders wieder hoch in verkleideter Form in der Maske der Heuchelei. Nein, bekennen wir uns ehrlich dazu; denn wir sind Überlebensmaschinen, blind programmiert zur Erhaltung unserer selbstsüchtigen Gene, die versessen auf ihre Replikation und Ausbreitung unser Verhalten diktieren. Das wissen wir seit Darwin, seit Samuel Butler und spätestens seit dem wohl bedeutendsten Evolutionstheoretiker und Nobelpreisträger Richard Dawkins. Wir mögen es gut finden oder nicht, der „Selbsterhaltungstrieb" ist eine starke und von der Natur gewollte Macht in uns allen, und er ist eine Tatsache. In Kenntnis dieser Tatsache können wir bewusst etwas für unsere

Mitmenschen tun und unseren „Trieb“ entsprechend der „Tsun-Yung-Philosophie“ von Konfuzius zu mäßigen, aber nicht zu bekämpfen denn der Taoismus lehrt uns, nicht gegen die Natur zu gehen. Wir dürfen überhaupt nicht *gegen* irgendetwas sein. Kraft gegen Kraft? Widerstand leisten? Kann das richtig sein? Lehrt uns WT nicht immer das Gegenteil?

Und was ist besser: Heuchler oder Egoist zu sein? So bekenne ich hier ehrlich und oute mich: Ich habe 1975 *nicht* Sifu Leung Ting zuliebe WingTsun in Deutschland eingeführt, ich habe mich nicht zum höheren Ruhm des WT mit Anhängern der anderen Stile herumgeschlagen.

Ich arbeite täglich immer noch über sechzehn Stunden, weil ich wissen will, was in mir steckt, weil ich es mir und vielleicht auch den anderen zeigen will.

Nachdem ich das kleine Deutschland (natürlich mit Hilfe meiner Ausbilder!) zum stärksten WT-Land der Erde gemacht hatte, habe ich Ähnliches mit Italien (2. Platz) wiederholt. Ich wollte wissen, ob ich es noch kann.

Seit 1975 Jahren habe ich nicht mehr als dreimal Urlaub gemacht, kein nennenswertes Privatleben gehabt, war zweimal in einer Disko und vielleicht zwölfmal im Kino, ich kenne nur Flughäfen, Hotels und Turnhallen. Aber ich lebe so aus freier Wahl und es macht mir Spaß, sonst würde ich es nicht fortsetzen.

Anfang der siebziger Jahre habe ich „wing chun“ nach Deutschland und 1975 WT in Form von Sifu Leung Ting nach Europa geholt. Ich freue mich über den Ehrennamen *„Vater des WingTsun in Europa“*, denn ich habe wirklich alles aus dem Nichts aufbauen können (natürlich nicht alleine, sondern mit meinen Assistenten). Ich bin nicht nur von Schule zu Schule gereist und habe anderer Leute Kühe auf Lehrgängen gemolken. Ich habe erst die Grundlagen schaffen müssen, das Berufsbild „WT-Lehrer“ oder „Kampfkunstlehrer“ gab es vor mir gar nicht.
Was mich jetzt noch bei der Stange hält, ist Verantwortung gegenüber denen, die meinem Beispiel

folgend WT zu ihrem Beruf gemacht haben, und ich empfinde egoistische Befriedigung und Freude darüber, dass ich ihnen durch meine Programme, Veröffentlichungen, Vorlesungen, Seminare usw. helfen kann, besser zu leben. Aber ich muss ihnen auch dankbar sein, dass sie mir gute Gefühle verschaffen, weil ich ihnen nutzen kann. So tue ich es letztlich für mich und helfe dadurch gleichzeitig meinem Si-Fu und unserem Weltverband. WT in Europa, und vielleicht im Westen überhaupt, mag seine Existenz zu einem Teil mir verdanken, aber ohne meine Assistenten und ohne den verstorbenen Altmeister Yip Man und meinen Si-Fu wäre es mir nicht möglich gewesen.

WT ist gut für mich und ich bin gut für WT. Wir profitieren gegenseitig voneinander. Jeder gewinnt dabei.

Ich tue alles, um WT voranzubringen, habe ihm mein ganzes Leben gewidmet, aber ich werde es meinem Si-Fu nie vorhalten, dass ich es *„nur für ihn"* getan habe.
Das würde er mit eigenen Worten für Heuchelei ansehen, für Mangel an Intelligenz und kritischer Selbsteinschätzung.

(geschrieben 2001)

Gravierende Unterschiede zwischen dem WingTsun-System und herkömmlichen Stilen	
Herkömmliche Stile	**WingTsun-System**
Kampf-*Sport*	Kampf-*Kunst, Strategie, Taktik*
Voraussetzungen: Körperkraft, Gelenkigkeit im Hüftbereich, Ausdauer, Schnellkraft	Keine besonderen körperlichen Voraussetzungen; Gelenkigkeit im Handgelenks- und Schultergelenksbereich Theoretisches Verständnis ist gefragt
Drillmäßiger, militärischer *Massen*-Unterricht	*Individueller* Unterricht durch Lektionieren (ähnlich Fechten, Boxen)
Separate Gymnastik	*Integrierte* Gymnastik
Stil bzw. *Methode*	*System*
Kein regelmäßiges Üben mit Waffen, das heißt Waffe gegen Waffe	Üben mit langen und kurzen Waffen gehört zum fortgeschrittenen Aufbau-Programm
Keine echte Selbstverteidigungschance für Schwächere, besonders Frauen	Echte Selbstverteidigungschance für Schwächere, da frauenspezifisch konzipiert; von Frauen für Frauen gegen Männer entwickelt
Asiatische Philosophie nur Ornament bzw. *Lippenbekenntnis*	Jedes Prinzip, jede Bewegung ist *Manifestation* der taoistischen Philosophie
Unnötige Schnörkel, Schönheit und *Vielfalt* der Bewegung als Selbstzweck	Keine einzige unnötige Bewegung; Motto: *weniger ist mehr*
Viel Zeremonie	Nur die *allernötigste* Zeremonie
eigene Kraft wird benutzt	Kraft wird *vom Gegner geborgt*
Vorgeplante („tote") Techniken	*lebendige, angepasste* Reaktionen

Herkömmliche Stile	**WingTsun-System**
Aktionen des Gegners werden als *Störungen* aufgefasst, die die eigene saubere Technik behindern	Die Aktionen des Gegners werden *begrüßt* als Impuls- und Energiespender, durch die unsere Reaktionen direkt erzeugt werden
Starre, *abgehackte*, aneinandergereihte Einzelaktionen	*Fließende*, ineinander übergehende Bewegungen
Ungeschützte Körpermitte bei Angriff und Abwehr	*Geschlossene* Körpermitte, geschütztes Vorgehen bei Angriff und Verteidigung
technikorientiert	konzeptionsorientiert
Äußere Kräfte	*Innere* Kräfte
Mindestens *0,745* Sekunden Gehirnschaltzeit	Nur Minimalschaltzeit von *0,10* Sekunden aufgrund der **Universallösung** (Vorgehen mit Hand und Fuß)
Verkrampfte, angespannte Kampfesweise	*Entspannte*, flexible Kampfesweise
In der Vorkampfstellung ist Oberkörper *angespannt*, Beine meist *entspannt*, oder alles ist angespannt	In der Vorkampfstellung ist der Oberkörper *entspannt*, aber Beine sind leicht *angespannt*
Kraft sammeln durch *Ausholen* (Telegraphieren)	*Ansatzloses* Stoßen bzw. Treten
Verteidigung durch *Abwehr und Konter*	Verteidigung durch *Vorgehen* in den Gegner
Angriffseinschätzung über die *Augen* (visuell), dadurch optische Täuschung möglich	Sicheres Angriffserkennen und Bestätigen des visuellen Eindrucks über das *Berührungsgefühl* (taktil). Optische Täuschung nicht möglich, da man nur auf das reagiert, was man fühlt, das heißt, was konkret da ist.

Herkömmliche Stile	**WingTsun-System**
Optische Täuschung *immer* möglich. Sehr fintenanfällig, da Fortgeschrittene Anteperzeption ausnutzen.	Optische Täuschung *kaum* möglich. *Wenig* anfällig für Finten.
Struktur zwingt informationstheoretisch mindestens zur visuellen Unterscheidung bezüglich der Merkmale: *oben, Mitte, tief, rechts, links, gerade, kurvig*	Das WingTsun-System reagiert auf feindseliges Überschreiten der Sicherheitsdistanz[1] durch *Universallösung*: Vor mit Hand und Fuß. Wenn der Kontakt dann hergestellt ist, braucht es nur hinsichtlich *zwei* Basisreaktionsgruppen taktil zu unterscheiden: innen und außen
Keine komplexen Abwehren. Sicherungen gegen Folgetechniken des Gegners sind *nicht* von vornherein eingeplant.	Alle Bewegungen werden so ausgeführt, als läge ein komplexer Angriff vor, so dass *auch* auf Folgetechniken ohne Zeitverlust reagiert werden kann. Zu diesem Zweck hat jede Angriffsbewegung geeignete Charakteristiken von Abwehrbewegungen inne.
Lassen *Abstand und Pausen* entstehen, so dass der Gegner sich erholen und seinen Angriff neu organisieren kann.	Durch *Ketten ununterbrochener Angriffe* in schneller Folge und durch ständiges Verfolgen des Gegners hat dieser keine Möglichkeit zur Erholung.
Oft unbeherrschtes, *emotionsgeladenes* Kämpfen, Geschrei.	*Emotionsfreies*, entspanntes Kämpfen mit kühlem Kopf.
Zweizeitigkeit: 1. Block 2. Konter	*Gleichzeitigkeit*, simultane Aktionen
Seitlicher Kampfstand	*Frontaler* Kampfstand gegen einen einzelnen Gegner
Viele verschiedene Stände zu erlernen	Nur *ein* Stand zu erlernen
Kampf nur auf *lange bis mittlere Distanz* (z.B. Karate, Taekwon Do). *Nicht* wirklich nahkampftauglich.	*Lange, mittlere und nahe* Distanz. Ganz besonders nahkampftauglich.

[1]Dies gilt für Angriffe aus einer gewissen Entfernung

Herkömmliche Stile	**WingTsun-System**
Tiefe, weite und dadurch *unbewegliche* Stellungen	Relativ *hohe* und sehr *mobile* Positionen
Lange Schritte	*Kurze* Schritte
Aktives Wenden	*Passives* Wenden
Beim Vorgehen kommt Kraft aus dem *Oberkörper*. Kopf geht *vor*.	Bein und Hand führen beim Vorwärtsschritt. Kraft vom *Knie*. Kopf bleibt *hinten*.
Weite Bewegungen	Sehr *kurze* Bewegungsabläufe
Beim Fauststoß wird Arm *nicht* ganz gestreckt.	Beim Fauststoß wird Arm ganz gestreckt.
Aktives Abwehren	*Passives* Abwehren
Abwehren meist Wegschlagbewegungen in *Zone 1 und 2*	Abwehren gehen dem Angriff bis in *Zone 3* entgegen.
Keine „Ellbogenkraft“	„Ellbogenkraft“
Lehrer oft Halbgott im weißen Gi	Lehrer kann angefasst werden
Meist werden nur *zwei* Phasen des totalen Kampfes praktiziert.	*Alle* fünf Phasen des totalen Kampfes werden praktiziert: 1.Fußtritt-Distanz 2.Handtechnik-Distanz 3.Ellbogen- und Knie-Einsatz 4.Hebeln, Halten, Würgen, Werfen, Konterwerfen 5.Bodenkampf

Kurzinformation über WT

Legende von der Entstehung des WT

Vor 250 Jahren

Man sagt, dass vor ca. 250 Jahren während der Belagerung des Shaolin-Klosters durch Mandschu-Soldaten ein Feuer ausbrach, das das Kloster in Schutt und Asche legte und die Bewohner des Klosters tötete.
Einige wenige Kampfkunst-Experten konnten entkommen und lebten seitdem unter falschen Namen an anderen Orten. Zu diesen Überlebenden gehörte *Ng Mui* eine der so genannten fünf Älteren des Shaolin-Klosters. Die buddhistische Nonne zog nach einem Berg, der an die Szechwan-Provinz in China grenzte.

Das neue System sollte die Schwächen des Shaolin-Kung-Fu ausnutzen.

Um sich an den Verrätern zu rächen, die dem Shaolin-Kloster so übel mitgespielt hatten, hielt Ng Mui es für nötig, eine neue Kampfmethode zu schaffen, die dem Shaolin-Kung-Fu überlegen war. Dieses neue System sollte alle Schwachpunkte der Shaolin-Technik für sich ausnutzen.
Nachdem es ihr gelungen war, solch ein System zu schaffen, gab sie es weiter an ein Mädchen namens *Yim Wing Tsun.* Das Ergebnis war ein völlig neues Kampfsystem: WingTsun.

Nahezu das Gegenteil der anderen Stile

Ob sich diese Geschichte nun wirklich genau so ereignet hat oder nicht, eines steht fest: Das WT-System wurde entwickelt, um die Techniken des Shaolin-Kung-Fu zu besiegen. Somit stehen sie in völligem Widerspruch zur traditionellen Theorie der meisten asiatischen Kampfkünste, die sich (z.B. wie Karate oder Taekwondo vom Shaolin-Kung-Fu herleiten).

Vergleich der Stellungen

So werden z.B. im Shaolin-System weite und tiefe Stände benutzt, um den Schwerpunkt zu senken und die Stabilität zu erhalten.

Im WT geht es zwar auch um Balance, aber man nimmt keinen besonders tiefen Stand ein; denn im

Wer höher steht, hat bessere Chancen.

Gegensatz zur alten Auffassung hat der Kämpfer bessere Chancen in der Verteidigung und im Angriff, der höher steht.

Die herkömmlichen Stile vertreten die Ansicht, dass ein hoch stehender Kämpfer keine stabile Balance haben kann, so dass seinen Schlägen die Kraft fehlt. Wie aber wurden dann hoch stehende Boxer wie Muhammad Ali oder Gene Tunney Schwergewichtsweltmeister?

Die typische WT-Grundstellung verkörpert diesen Gedanken: hohe Stellung und trotzdem Balance. Bei diesem Stand bilden die leicht nach innen gedrehten Füße ein gleichschenkliges Dreieck. Das Gewicht ruht zwischen den Beinen und wird von den Füßen getragen, wobei die Theorie dieser Konstruktion dem Stehaufmännchen oder dem Eiffelturm ähnelt.

Welche Chance hat der Schwächere?

Die Kraft, die der Shaolin-Anhänger benutzt, ist schiere Muskelkraft. Wenn jedoch zwei Kämpfer sich auf ihre Körperkraft verlassen, ist der Stärkere immer im Vorteil. Wo bleibt hier die Chance für den Schwächeren? Für die Frau?

WT borgt die Kraft des Gegners.

Ein WT-Anwender versucht deshalb gar nicht erst, mit Gewalt gegen die Kraft des Gegners anzugehen. Stattdessen macht er sich dessen Kraft zunutze. Er „borgt“ sich sozusagen die Kraft des Gegners.

Distanz

Ein traditioneller Kung-Fu-Mann hält gerne einen größeren Abstand zu seinem Gegner. Dadurch macht er es dem anderen aber möglich zu entkommen, auszuweichen oder seine Kräfte wieder zu einem neuen Angriff zu sammeln.

Nahkampf bevorzugt

Der WT-Kämpfer bevorzugt den Nahkampf, um den Angriff so lange fortsetzen zu können, bis der Gegner, der keine Zeit hat, Atem zu schöpfen oder sich neu zu organisieren, überwältigt ist.

Der größte Unterschied

Der größte Unterschied ist das revolutionäre Gesamtkonzept!

Der gravierendste Unterschied zwischen den herkömmlichen Kung-Fu-Stilen und dem WT ist jedoch nicht in Äußerlichkeiten, sondern im revolutionären Gesamtkonzept zu sehen. Das traditionelle Kung-Fu vertraut auf vorher festgelegte, stereotype Bewegungsfolgen, d.h. auf eingeschliffene Kombinationen.

In einem richtigen Kampf jedoch greift der Gegner (anders als der Partner beim Üben) niemals genauso an, wie man es einstudiert hat. Und er zeigt vorher nie, was er beabsichtigt.

Im WT wird unsere Bewegung direkt durch die Bewegung des Angreifers bestimmt. Unsere Technik ist die direkte und genau angepasste Reaktion auf die Aktion des Gegners. Um schnelle und sinnvolle Reaktionen zu erreichen, ist das Chi-Sao-Training entwickelt worden.

Yip Man

Ein Geheimsystem

Von Ng Mui über Yim Wing Tsun und folgende Generationen wurde das WT als Geheimsystem weiter vermittelt. Aber erst Großmeister *Yip Man* machte diese Selbstverteidigungskunst der Öffentlichkeit zugänglich, Nichtchinesen waren allerdings ausgeschlossen.

Verschiedene Auffassungen unter den Schülern Yip Mans

Verschiedene Auffassungen über die wahre Lehre

Nach Yip Mans Tod (1972) herrschten unter seinen Schülern die verschiedensten Auffassungen über die wahre Lehre. Diese abweichenden Meinungen rührten u.a. daher, dass diese Schüler verschiedenen Jahrgängen und damit verschiedenen Unterrichtsperioden Yip Mans (der seine Kunst weiterentwickelte) angehörten, aber auch daher, dass die Auffassungsgabe der Menschen verschieden ist und die chinesische Unterrichtsmethode (siehe Konfuzianismus) nur den Begabten fördert.

Leung Ting

Der letzte Schüler

Si-Fu *Leung Ting*, mein Lehrer, ist der auserwählte Schüler, den Großmeister Yip Man als „closed door"-student aufnahm, nachdem er sich schon offiziell vom Unterricht zurückgezogen hatte (daher der Name „closed door"-student: der Schüler, der noch eingelassen wurde, nachdem die Tür der Schule schon geschlossen war). Leung Ting war es, der von Yip Man die Lehre, die er in seiner letzten Unterrichtsperiode (Altersstil) konzipierte, vermittelt bekam und die er an mich weitergab.

Der Erbe des Altersstiles

Leung Tings Auffassung vom WT unterscheidet sich ganz erheblich von den Theorien der Yip Man-Schüler der früheren Perioden.

Europäische WingTsun Organisation

Die größte professionelle Kampfkunst-Organisation der Welt

Die EWTO ist in den meisten europäischen Ländern vertreten, deren Cheftrainer alle in Deutschland ausgebildet wurden.
Wer Zweifel an der Qualifikation eines WT-Anbieters hat, kann sich zwecks Verifikation an die Zentrale in Heidelberg wenden:

EWTO-Bürozentrale/EWTO-Trainerakademie
Postfach 110322
69072 Heidelberg
Tel.: +49 6221 7262600
Fax: +49 6221 7262650
E-Mail: headoffice@ewto.com

Lehrmaterial, Bücher, Filme

Über WT sind viele deutschsprachige Bücher erschienen. Während das Ihnen vorliegende Lehrbuch sich mit der Theorie des WT, mit der Strategie und Taktik beschäftigt, sind die meisten anderen Bücher praxisorientiert.
Eine umfassende Darstellung des WingTsun wird die vierbändige Buchreihe „Kampflogik" bieten, deren Praxisband „Kampflogik 3!" im Juni 2011 veröffentlicht wurde. Ihm wird im Frühjahr 2012 als zweiter der Grundlagenband „Kampflogik 1!" folgen.

„Wing Tsun Kuen“

Das Standardwerk für traditionelles WingTsun ist das **„Wing Tsun Kuen“** von Großmeister Leung Ting. Der Gesamtband ist als Liebhaber-Ausgabe erhältlich und umfasst die Geschichte des WingTsun von der Nonne Ng Mui über alle Großmeister der Vergangenheit bis hin zu Yip Man, Leung Ting und den letzten Entwicklungen im Westen. Die erste und die zweite Form werden detailliert gezeigt, ebenso wie das Chi-Sao-Programm bis in die Lehrergrade. Aber dieses ca. 400-seitige Buch geht darüber hinaus. Neben den höchsten Theorien des WT behandelt das Buch auch die traditionellen höheren Programme des WT bis zum 8. Meistergrad. Das bedeutet die dritte Form, die Holzpuppentechnik, Arbeit mit Langstock und WT-Doppelmessern.

„116 WT-Holzpuppentechniken“

Ein sehr spezialisiertes Buch überliefert das Vermächtnis des verstorbenen Großmeisters Yip Man, die **„116 WT-Holzpuppentechniken“**, mit Originalfotos von Yip Man. Leung Ting verfasste es in Zusammenarbeit mit einem Sohn Yip Mans.

„Krafttraining für Kung-Fu und Karate“

Das spezifische Krafttraining des WT wird in Eberhard Schneiders vortrefflichem Lehrbuch **„Krafttraining für Kung-Fu und Karate“** genauestens erklärt. Außerdem enthält dieses Werk einen ungewöhnlich informativen Teil über Ernährung und Vitamine.

“Dynamisches WingTsun“

Jetzt in deutscher Sprache erhältlich ist das am Vollkontaktkampf oder an der realistischen Selbstverteidigung orientierte Lehrbuch Leung Tings **„Dynamisches WingTsun“**, das über diesen Verlag bestellt werden kann und *sehr vereinfachtes* WT zeigt.

*„Blitz*Defence*“-Reihe:*
„Angriff ist die beste Verteidigung“
„Der Letzte wird der Erste sein“

Die *„Blitz*Defence*“*-Reihe zeigt WT für die reine Selbstverteidigungspraxis. **„Angriff ist die beste Verteidigung“**, handelt vom typisch männlichen Territorialkampf, der mit *„Hast du ein Problem? Was guckst du so blöde?“* beginnt. **„Der Letzte wird der Erste sein“** zeigt, dass der Verteidiger als Reagierender schneller ist als der Angreifer.

Poster der WT-Formen und Anwendungen

WT-Lehrposter sind lieferbar über die erste, zweite, dritte und Holzpuppenform. Ein fünftes Poster gibt es über die Anwendung der Formen.

WT-Videofilm

Über das gesamte System hat Leung Ting das hochwertige Lehrvideo **„Authentic WingTsun“** von 60 Minuten Länge herausgebracht. Es zeigt als Rarität sogar den verstorbenen Altmeister Yip Man bei der ersten Form und bei der Holzpuppenform.

Der Weg der Kampfkünste

Wo und wann in der Geschichte der Menschheit ist etwas entstanden, das man mit „Kampfkunst", d.h. Kämpfen als Kunst, bezeichnen kann?
Die meisten Fachleute, aber auch Laien würden kaum einen Augenblick zögern und Asien (China, Japan, Korea o.Ä.) als Wiege der Kampfkünste angeben. Aber stimmt das denn wirklich? Hatten wir Europäer nicht auch unsere Helden, Kämpfer, Ritter?

So genannte Kung-Fu- und Karate-Filme haben uns unser heroisches Erbe vergessen lassen. Viele Europäer schämen sich sogar, wenn sie an das – wie sie glauben – niedrige technische Niveau ihrer Altvorderen denken. Denn unsere westlichen Kampf- und Abenteuerfilme (z.B. Herkules, Maciste usw.) geben ein völlig falsches Bild von der europäischen Kampfkunst, die der östlichen keinesfalls nachstand. Unsere europäischen Kämpfer verließen sich durchaus nicht nur auf rohe Kraft. Ihre Kampfmethoden brauchten an Kunstfertigkeit und Wirksamkeit keine östlichen Stile zu scheuen.

Noch im 19. Jahrhundert praktizierten wir Europäer Techniken, die verblüffende Ähnlichkeit mit Aikido, Ju-Jutsu, Judo, Karate ja sogar mit so „esoterischen" chinesischen Systemen wie WT aufwiesen. Wir übten mit Waffen, die man heute als Sai, Nunchaku, Bo, Langstock usw. bezeichnet und für original asiatische hält.

Ägypten

Ägypten

Aber fangen wir doch von vorne an. Die Wiege der Kampfkünste der Welt stand auch nach Ansicht der asiatischen Experten (z.B. Mas Oyama, Oberhaupt des Kyokushinkai-Karate in der Welt) in **Ägypten**. Die ältesten Zeugnisse von unbewaffneter Kampfkunst sind auch nach Oyama (*„What is Karate?"*, Tokio, Japan, Juli 1974) die Hieroglyphen der ägyptischen Pyramiden. Dort findet man, dass Ägyptens Krieger schon vor etwa 6.000 Jahren Kampftechniken benutzten, die modernem Ringen und Boxen ähneln.

Griechenland

Griechenland

Auch Oyama glaubt, dass diese Methoden (sie werden u.a. im 23. Buch der Ilias Homers beschrieben) über Kreta nach **Griechenland** kamen. Die Kämpfe waren grausam und endeten oft mit dem Tode eines Kämpfers. Oyama fügt an, dass Theogenes, ein Champion aus dem 5. Jh. v. Chr. genau 2.102 Gegner ausknockte, von denen dann 1.800 starben! So war das Vorbild Oyamas ohne Zweifel der berühmteste griechische Ringer Milon, der einen ausgewachsenen Bullen einmal um das Olympia-Stadium trug, ihn mit einem Schlag tötete und ihn dann ganz alleine auf(fr)aß.

Im griechischen Pankration (Allkampf aus Boxen, Ringen, Treten) war kaum etwas verboten. Selbst das Ausstechen der Augen war auf einigen Veranstaltungen erlaubt.
Nicht zufällig kommt das Wort „Athlet“ aus dem Griechischen. Schon vor fast 3.000 Jahren kämpfte man in Griechenland im realistischen Vollkontakt – aber ohne Safeties um sein nacktes Leben. Es gab eine große Gruppe professioneller Kämpfer, die damals umgerechnet über 60.000,– € Kampfbörse erhielten. Die Siegertafeln (Ringen, Boxen, Pankration) geben lückenlos Aufschluss über die Verbreitung griechischer Kampfkunst.

Die ersten Katas (Schattenboxen) gab es möglicherweise in Griechenland, wie Vasenzeichnungen beweisen. Sandsacktraining wurde ebenso praktiziert wie progressives Krafttraining, zu dem sich die Japaner und Koreaner (Judo, Karate, Taekwondo) erst kürzlich, und die „weichen“ chinesischen Methoden (Tai Chi, Pakua, Hsing-I, WingTsun) noch immer nicht so recht, entschließen konnten.

Rom

Während den Griechen das Pankration später zu grausam erschien, haben es ihre Erben, die **Römer**, im Gladiatorenkampf wieder aufleben lassen.

Europa

Das Pankration und der Waffenkampf wurden später die Vorgänger unserer europäischen (z.T. mittelalterlichen) Kampfkünste, wie es die Abbildungen bedeutender Zeichner (z.B. Dürer) beweisen.

Pankratiasten beim Bodenkampf

Zwei griechische Kämpfer ca. 430 v. Chr.

Wir hatten also in **Europa** – möglicherweise noch vor den Asiaten – hoch entwickelte Kampfkünste, die den asiatischen verblüffend ähnelten.

So gab es auch schon bei uns in Europa Techniken, die fast wie WT-Techniken aussahen: den zentralen Vorwärtstritt mit nach außen gedrehtem Fuß, den vertikalen Faustst0ß, ähnliche Abwehren, Immobilisierung durch Kontrolle des gegnerischen Fußes etc.

Aber was ist von unseren europäischen Künsten erhalten geblieben, wenn man von der Fechtkunst, dem Boxen und dem Ringen sowie von dem französischen Savate (von dem die Thais glauben, es sei vom Thaiboxen befruchtet, während manche Franzosen glauben, dass die Thais von ihnen gelernt haben) absieht?

Bob Fitzsimmons, dreifacher Boxweltmeister, dritter in der Reihe der Schwergewichtsweltmeister, gewann den Titel von Corbett.

Leider sehr wenig. Das Pankration ist auch in Griechenland ausgestorben. Nach USA ausgewanderte Griechen haben versucht, es auch unter anderem Namen wieder zum Leben zu erwecken. Aber die Kenntnis um die alten Originaltechniken ist nicht erhalten geblieben, so dass realiter WT- oder Jeet-Kune-Do-Techniken (m.E. zwei Stile desselben Systems) unter falscher Flagge dem unwissenden Schüler als Original-Pankration angeboten werden.

Ganz zweifellos aber weist WT weitgehende Ähnlichkeiten mit dem griechischen Pankration auf. Selbst der Pankration-Kampfstand mit Gewicht auf dem hinteren Bein, frontaler Stellung zum Gegner, vorgestrecktem vorderen Arm und zentralem schützenden hinteren Arm stellt eine faszinierende Parallele zum WT dar.

Weshalb starben unsere europäischen Kampfkünste fast völlig aus, während die asiatischen bis heute überlebten? Bei uns praktisch veranlagten Europäern bewirkte die Einführung der Schusswaffen das Ende der Kampfkünste als Kriegsmittel. Die Chinesen hatten zwar das Pulver erfunden, zogen daraus aber nicht sofort die tödliche Konsequenz wie die Europäer, sondern setzten es vornehmlich beim Neujahrsfeuerwerk ein.

Ähnlichkeiten bei Tritten und Handtechniken;
aus Albrecht Dürers Fechtbuch (um 1512)

Schon damals: Betrug mit Chi-Kraft!

Groteskerweise glaubten die chinesischen Kung-Fu-Kämpfer noch während des Boxeraufstandes um 1900, dass sie durch ihr Chi gegen Kugeln aus Pistolen und Gewehren immun seien (manche glauben es immer noch). Wie manche Historiker berichten, unterstützten fanatische Si-Fu (Lehrer) diesen Aberglauben, indem sie vor dem Kampf mit Platzpatronen auf ihre Schüler schossen, damit diese sich durch ihr Chi-Kung für unverletzlich hielten.

„Unter friedlichen Umständen fällt der kriegerische Mensch über sich selber her."
Friedrich Nietzsche

Die traditionsbewussten Asiaten kultivierten und erhielten in beneidenswerter Weise das Erbe ihrer Ahnen. So verfeinerten die Japaner ihr Bu-Jutsu (Kriegskünste) zum Bu-Do (Weg) und machten aus dem rauhen Kriegshandwerk ein Mittel zur Erziehung des Charakters (dass sie die Effektivität dadurch möglicherweise herabsetzten, weil ihnen der Weg wichtiger war als das Erreichen des Zieles, steht auf einem anderen Blatt).

Woher rührt nun die unglaubliche *äußerliche* Ähnlichkeit zwischen Pankration, mittelalterlicher europäischer Kampfkunst und asiatischen Methoden wie z.B. dem WT-System?

Es gibt, vereinfacht dargestellt, zwei grundsätzliche Möglichkeiten:

Parallele oder unabhängige Entwicklungen?

Parallele oder unabhängige Entwicklungen?

Es liegen **parallele** und voneinander **unabhängige Entwicklungen** vor. Jeder Mensch hat nun einmal zwei Arme und zwei Beine und bestimmte Bewegungsmöglichkeiten. Es gibt nur eine bestimmte Anzahl möglicher (tatsächlich wirksamer) Angriffe und Abwehren.

Während sich manche Kampfkünste mehr der Meditation, der schönen (für den Kampf oft unsinnigen) Bewegung und der Gesunderhaltung des Körpers widmeten, haben Pankration, Gladiatorenkampf, mittelalterlicher Landsknechts-Nahkampf, Thaiboxen und z.B. WT eines gemein: sie sind realistische und praktisch erprobte Kampfmethoden. Derjenige

Kampfposition mit dem englischen Quarterstaff;
aus *Swetnams Schoole of Defence*

Langstock-Kampf;
aus Meyers *Gründliche Beschreibung*

James J. Corbett, der Vater des modernen wissenschaftlichen Boxens, demonstriert die korrekte Vor-Kampfstellung.

Lehrer, der unwirksame Methoden im Kampf anwandte, starb und konnte seine fehlerhafte Technik nicht weiter unterrichten. Durch diese strenge und tödliche Auslese überlebten bei den echten Kampfstilen nur die absolut wirksamen Techniken. Das Kriterium war nicht „Wie sehe ich aus, wenn ich diese Technik mache?“ oder „Ist mein Kampfstil für meine Fans und Zuschauer spektakulär genug?“ oder „Erhalte ich mehr Punkte für einen Sprung ins Gesicht oder einen tiefen Tritt ins Knie?“ oder „Kann der Kampfrichter meine schnelle, aber unübliche Angriffstechnik überhaupt als Treffer erkennen, oder mache ich lieber eine Technik, die er immer mit einem Punkt honoriert?“

Die Frage, die über die Verwertbarkeit einer echten Kampftechnik entschied, lautete: „Wie vernichte ich meinen Gegner bzw. Feind in kürzester Zeit, ohne mein eigenes Leben, meine eigene Gesundheit unnötig zu gefährden?“

Durch ähnliche körperliche Voraussetzungen und durch ähnliche Fragestellung erhielt man ähnliche Antworten, das heißt auch ähnliche Techniken.

Brachten die Griechen ihre Kampfkunst nach China?

Brachten die Griechen ihre Kampfkunst nach China?

Die zweite Möglichkeit besteht darin, dass eine Kampfkunst die andere entstehen ließ. Gibt es eine Verbindung zwischen Griechenland und China, die das griechische Pankration zum Vorfahren des chinesischen Kung-Fu hätte werden lassen können?

Schütteln Sie Ihren Kopf nicht zu kräftig, immer mehr Fachleute und Historiker vertreten die durchaus mögliche Auffassung, dass Griechenland nicht nur die Wiege unserer abendländischen Kultur, sondern auch der wirksamsten und ausgeklügeltsten waffenlosen Kampfmethoden war.

Diese Historiker sehen (kurzgefasst) die Weltgeschichte der Kampfkünste so:

Schulfußboxen der Paare;
aus einem deutschen Lehrbuch
für Hand- und Fußboxen (1863)

- **Ägypten**

  Entstehung der Kampfkünste, über Kreta nach Griechenland

- **Griechenland**

  Pankration, Boxen, Ringen. Von Griechenland durch den Welteroberer Alexander den Großen um 372 v.Chr. nach Indien

- **Indien**

  Alexanders Indienfeldzug. Alexander führte die besten griechischen Pankratiasten zur Truppenunterhaltung im Heer mit und ließ sie stets siegreich gegen die besten Kämpfer der besiegten (indischen) Fürstenhöfe antreten. Selbst nach seinem Tode wurde die Hellenisierung des Morgenlandes von Alexanders Offizieren fortgesetzt. Die indische Krieger-Klasse erlernte zu ihren indischen Methoden die neuen Techniken der Griechen.
  Bodhidharma (Ta Mo), indischer Königssohn, lernte diese griechischen Kampfmethoden, die sich bald mit indischen Yoga-Praktiken zu einem jetzt typisch indischen Stil vermischt hatten. Etwa 520 n.Chr. brachte Bodhidharma den Buddhismus nach China.

Dieser Stein vor dem Shaolin-Kloster weist auf die Mauer hin, vor der Bodhidharma meditierte.

- **China**

  Er lehrte im *Shaolin-Kloster* in Honan (China) die so genannten 18 Mönchs-Boxübungen, die aber mehr meditativen als martialischen Charakter hatten. Gleichwohl werden sie von den meisten Fachleuten aber als Ursprung des Karate bezeichnet werden. Diese Techniken wurden von späteren Meistern auf erst 72 und dann 170 Techniken erweitert. Es entstanden die Kung-Fu-Tierstile, aus denen sich unzählige Stile entwickelten.
  Um ca. 1700 n.Chr. schuf die höchste Shaolin-Meisterin aus den bestehenden Stilen eine überlegene und praktischere Kampfmethode, die sie dem Mädchen *Wing Tsun* zeigte, deren Name zum Namen unseres Systems wurde. *Yip Man* brachte WingTsun von China in die damalige englische Kronkolonie Hongkong.

Treten gegen den Sandsack.; Karikatur um 420 v.Chr.

Pankratiast kontrolliert gegnerischen Arm, gibt Innenfauststoß und Knietritt in den Unterleib.

- **Hongkong**

  Yip Man unterrichtete über tausend Schüler, unter ihnen waren besonders zwei für die Verbreitung des WingTsun von besonderer Bedeutung: *Bruce Lee* und *Leung Ting.*

- **USA**

  Bruce Lee machte WingTsun (oder wie er es schrieb „wing chun") in Amerika bekannt. Sein erster Schüler und Assistenzlehrer war *Jesse Glover.* Später nannte Lee seine Methode *Jeet Kune Do.*

- **Europa**

  Mitte der 70er Jahre kam der chinesische WT-Großmeister Leung Ting auf Einladung des damaligen Wing-Chun-Lehrers *Keith R. Kernspecht* nach Deutschland, um die ersten WT-Seminare und -Lehrgänge zu veranstalten. Die EWTO, der größte WingTsun-Verband der Welt, entstand, ausgehend von Deutschland, in Europa.

Der Kreis hat sich geschlossen!
Es gibt sogar starke Hinweise, dass WingTsun schon um 1920 von Zentralasien nach Europa und Mitte der dreißiger Jahre nach USA kam.

Der Kreis hat sich geschlossen. Die europäischen Techniken, die mit den indischen Yoga-Methoden und den *chinesischen Philosophien* zu einer natürlichen Einheit verschmolzen und zu dem ausgeklügeltsten Kampfsystem wurden, das die Menschheit kennt, kehrten nach Europa zurück und erleben jetzt hier ihre zweite Blüte, während das Interesse der Hongkong-Chinesen bereits mehr amerikanischen Fitness-Sportarten gilt.

Was Sie nicht unbedingt wissen müssen

Manche Stile, z.B. Pankration, weisen – oberflächlich gesehen – eine große Ähnlichkeit mit WT-Techniken auf. Der Vorgänger des Thaiboxens, die Ling-Lom-Selbstverteidigung, ist sogar mit WT eng verwandt.
WT ist aber *nicht* die Summe einiger Einzeltechniken, sondern das geniale Konzept, die Kampfprinzipien machen WT aus. Leben erhält WT erst durch seine einzigartige Trainingsmethode *Chi-Sao,* die es in dieser Form in keinem anderen Stil gibt.

Sifu Leung Tings erste private WT-Vorführung im Westen: 1976 in Kiel; Opfer: ein Kieler Rechtsanwalt

Seine Schüler erwarten ihn am Flughafen: Leung Ting (1977).

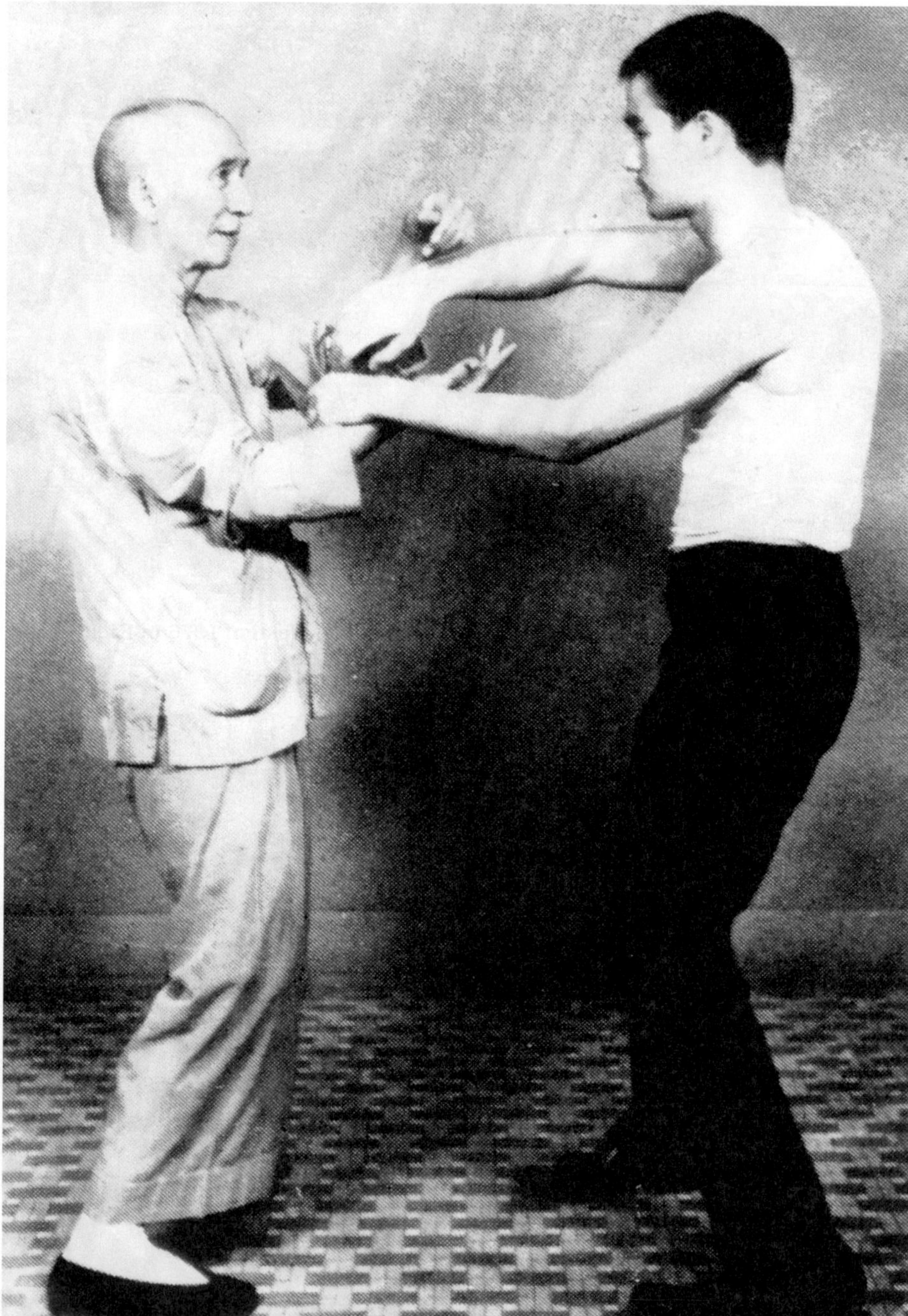

Bruce Lee übt Chi-Sao mit Yip Man.

Vereinfachter Stammbaum des WT-Systems

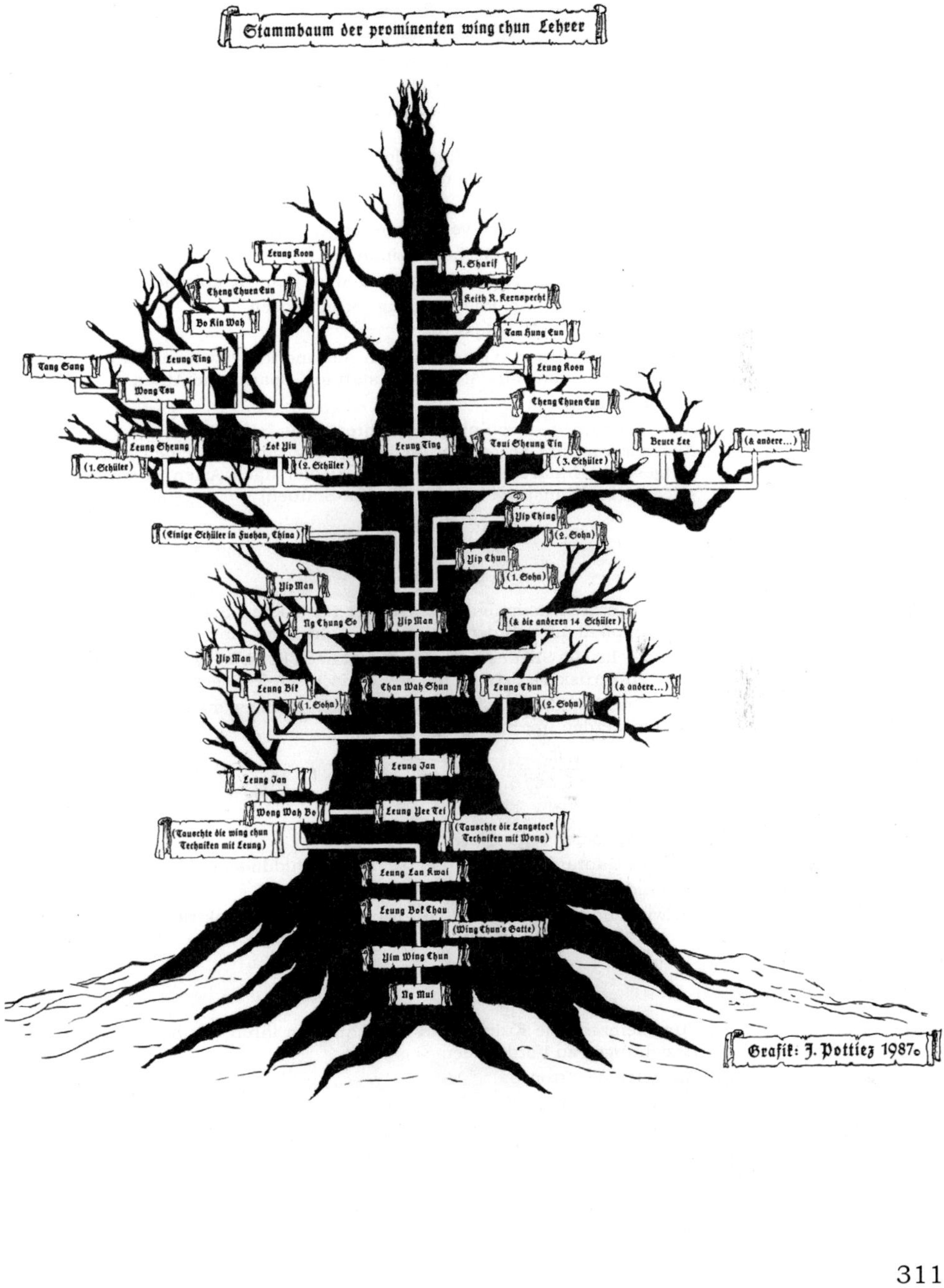

Zeittafel der Kampfkünste
(unter besonderer Berücksichtigung des WT-Systems)

Ägypten, Griechenland

4000 v.Chr.	Unbewaffnete Kampfkunst in Ägypten
3000	Faust- und Ringkampf-Bilder in den Ruinen von Sumer in Mesopotamien
3000	Kampf um Troja? Homer berichtet über Kampftechniken im 23. Buch der Ilias (ca. 900 v.Chr.). Homers Beschreibungen entsprechen genau den Ringerbildern von Beni Hasan
2300	Faust- und Ringkampfbilder in den Überresten von Beni Hasan (Ägypten), die alle Griffe und Kombinationen zeigen, die auch heute bekannt sind
776	Beginn der Olympiaden
707	18. Olympiade. Das weit verbreitete Ringen wird zur olympischen Disziplin
648	Pankration wird olympische Disziplin
540	Milo gewinnt zum ersten Mal im Ringen bei den Olympischen Spielen
334	Alexander der Große; Rachefeldzug gegen Persien
333	Sieg über Darius II. bei Issos
332	Besetzung Ägyptens; Gründung von Alexandria; jetzt kommen die neuen Ringer-Champions aus Alexandria statt aus Sparta und Athen
327	Zug nach Indien
323	Alexander stirbt – noch nicht 33 Jahre alt – in Babylon. Aber die von ihm begonnene Hellenisierung wird von seinen Marschällen fortgesetzt. Einströmen griechischer Siedler nach Asien; Auswirkungen griechischer Kunst auf Indien (Buddha-Statuen)

Rom

900 v.Chr.	Von Kleinasien kommen die Etrusker nach Rom. Sie bringen Ring- und Boxkampfstil mit von den „asiatischen" Griechen. Kaum Regeln!
200	Der griechische Stil des Ringens kommt nach Rom. Dieser Stil wird mit dem von den Etruskern gebrachten zum Griechisch-Römischen Ringkampf
146	Wird Griechenland ein Teil des Römischen Reiches; auch Boxen und Pankration werden übernommen

Indien

1500 v.Chr.	Entstehung der Yoga-Systeme?
438	Tod des Gautama Buddha (Begründer des Buddhismus)
327 - 325	Alexander der Große in Indien
250	Einwirkungen griechischer Kultur und Kunst (von Baktrien aus)

China

1600 v.Chr.	Jungsteinzeitliche Kulturen in Nordchina, in ihren westlichen Teilen mit Beziehungen zu Vorderasien
1500	Auftreten der Bronze
1450 - 1050	Beginn der chinesischen Geschichte
1050	Kriegerischer Adel
600	Lao-Tse, der Begründer des Taoismus, wird geboren
551 - 479	Konfuzius
206	Kaiser Wu-Ti (141 - 86 v.Chr.); Seidenhandel mit dem Westen; westliche und südliche Einflüsse in China

Nach Christus

65 n.Chr.	Eindringen des Buddhismus
220 - 265	Buddhismus Weltreligion
ca. 520	Bodhidharma (Ta Mo), indischer Mönch, Prinz in China Shaolin-Tempel in Honan; 18 Mönchs-Boxübungen; später von anderen erst auf 72, dann auf 170 Bewegungen (Drachen, Tiger, Schlange, Kranich) erweitert
627 - 649	Beziehungen zu Indien und Japan. Entstehung der klassischen drei „inneren" Stile zwischen 590 und 906 in der Tang-Dynastie?
1215	Mongolen Dschingis Khans erobern Peking; Nordchina mongolisch
1280 - 1294	Kublai-Khan, Großkhan der Mongolen und Kaiser von China; der Venezianer Marco Polo in China?
ca. 1500	Hohe Kampfkunst in Europa; waffenlos, Fecht- und Langstockkunst
1516	Portugiesen in Kanton
1557	Macao portugiesische Kolonie
1600	Chin-Na = Chinesisches Ringen
nach 1700	Entstehung WingTsun aus dem Shaolin-Kung-Fu
1839 - 1842	Opiumkrieg gegen England; Hongkong wird englische Kolonie Choy-Lee-Fut-Stil; Affen-Stil?
1900 - 1901	Feldzug Europas wegen Boxeraufstand
1920	Anfang des Karate in Japan
Anfang 1920	WT-ähnliche Systeme gelangen über Zentralasien nach Europa und gegen 1930 in die USA
1949	Sturz Tschiang Kai-sheks durch Mao Tse-tungs kommunistische Erhebung. Die Nationalregierung flieht nach Formosa (Taiwan). Yip Man unterrichtet Wing Tsun in Hongkong.
1955	Anfang Taekwondo in Korea
1960	Bruce Lee unterrichtet Wing Tsun (Wing Chun) in Seattle (USA)
1967	Keith R. Kernspecht gründet Budo-Zirkel in Kiel
1969 - 1972	Leung Ting übernimmt Yip Mans Klasse als Chief-Instructor der Ving Tsun Athletic Association Hongkong
1976	Leung Ting auf Einladung des Budo-Zirkels in Kiel, Hamburg, Hannover Erstes deutsches WingTsun-Buch von Kernspecht/Leung
1977	Budo-Zirkel führt Escrima in Deutschland ein Zweites deutsches WT-Buch *„WingTsun Leung Ting Kung-Fu"*
1978	Heidelberg, später Schloss Langenzell, Zentrum des Wing Tsun in Europa
1979 - 1981	Kernspecht studiert in USA das modifierte Wing Tsun Bruce Lees (später Jeet Kune Do genannt) und führt bis 1981 mit Bruce Lees Original-Schülern in Deutschland und der Schweiz Seminare durch Drittes deutsches WT-Buch *„WingTsun Kuen 1"* und Lehrbuch von Schneider über *„Krafttraining für Kung- Fu und Karate"*
1987	Über 100 WT-Gruppen in Deutschland. 28 WT-Länder in der Welt In Deutschland ausgebildete Landestrainer und Ausbilder unterrichten in vielen Ländern (DK, S, FIN, CH, A, I, F, NL, E, P, TR, GR u.a.) Das Buch *„Vom Zweikampf"* erscheint
1992	Durchbruch: über 400 WT-Schulen alleine in Deutschland. WT hat sich in der Fachwelt ebenso durchgesetzt wie bei den internationalen Elite-Polizeien *(SEK, NOCS, RAID, Hostage Rescue Team des FBI)*
2000	2.000 WT-Schulen in D, AU und CH; Kernspecht stellt sein 1.*„Blitz*Defence"-Buch *„Angriff ist die beste Verteidigung"* vor: WT-Technik plus Rollenspiel, Kommunikation, Körpersprache, Deeskalationsstrategien und Notwehrkenntnisse
2004	*„Der Letzte wird der Erste sein"* von Keith R. Kernspecht; Beginn eines akademischen WingTsun-Studiums in Verbindung mit der Universität Plovdiv (Bulgarien).
2006	Keith R. Kernspecht erschafft das erste systematische Programm zum Einpflanzen der wichtigsten WT-Reaktionen.
2011	Der erste Band der Kampflogik-Reihe erscheint: *Kampflogik 3!* – Der Praxisband

Fragen und Antworten

Wie kommt man zur Weichheit?

Alle Stile wissen, dass das eigentliche Ziel das Weiche ist. Wie kommt man am besten dahin? Soll man hart anfangen und dann weich werden? Oder soll man gleich weich anfangen?
Manche Leute meinen, dass man nur über das Erlebnis des Schmerzempfindens zur Einsicht für das Weiche kommen kann.

Ich selbst bin vom Harten zum Weichen gekommen. Über zehn Jahre lang übte ich sehr intensiv harte Stile wie Shaolin, Shotokan-Karate, Kempo, Taekwondo und wing chun bevor ich zum besonders weichen WT meines Lehrmeisters Leung Ting fand. Die Tatsache, dass mir diese Umstellung nach nun über 45 Jahren Kampfkunst doch geglückt ist, soll nicht darüber hinwegtäuschen, dass es mir oft sehr schwer gefallen ist, die weichen, taoistischen Prinzipien in Bewegung umzusetzen. Ein Prinzip zu verstehen, ist eine Sache, ein Prinzip in jeder Situation zu verwirklichen, ist eine andere.

Aber weshalb sollte es mir besser gehen als bedeutenderen Männern wie unserem verstorbenen Großmeister *Yip Man*, der zuerst die (relativ) härtere Schule von Chan Wah Shun lernte, bevor er in die weiche und raffiniertere Lehre Leung Biks eingeweiht wurde.
Meinem eigenen Lehrer Sifu Leung Ting ging es nicht viel anders. Zuerst lernte er, ich glaube sechs Jahre, die schon relativ weiche Methode von Leung Sheung, bevor er durch Großmeister Yip Man in das weichste WT eingeführt wurde.

Freude an der Harmonie

Vom Harten zum Weichen, das ist wohl auch ein Entwicklungsprozess. In der Jugend will man mit dem Kopf durch die Wand und seine Kräfte erproben, wenn man älter, weiser und hormonbefreiter wird, findet man Freude an der Harmonie und macht Schwäche zur Stärke. Früher war es in China so: Jüngere lernten hartes Shaolin, Ältere Tai Chi.

Als ich Anfang bis Mitte der siebziger Jahre WT in Deutschland einführte, folgte auch ich dem Weg hart zu weich. Erstens erschien mir dieser Weg logisch und vertraut, da ich ihn selbst gegangen war und zweitens war das Verständnis für weiche Selbstverteidigung in Deutschland nicht vorhanden. Nach einem kurzen, aber erfolglosen Versuch, weich zu beginnen, musste ich erkennen, dass meine Schüler, meine Ausbilder und möglicherweise auch ich selber dazu noch nicht reif genug waren. Es ist nämlich nicht nur schwerer, einen weichen Stil zu erlernen (z.B. weil das Erfolgserlebnis sich nicht so schnell einstellt wie bei harten Stilen), sondern es ist auch viel schwerer, ihn zu vermitteln.

Erst Anfang der 80er Jahre traute ich mich an meinen zweiten Versuch, von Anfang an weich zu unterrichten. Dieses Mal war der Erfolg überwältigend.

Wer hart beginnt, wird im Alter nicht weich, sondern meistens nur schwach und brüchig.

Meiner Meinung nach hat es jemand, der hart beginnt, sehr schwer, jemals so weich zu werden, wie jemand, der gleich das Weiche kennen lernt. Die meisten, die hart beginnen, werden als alte Männer nicht wirklich weich, sondern nur schwach. Sie verwechseln diese Schwäche mit Weichheit. Weich bedeutet nicht schwach. Weich heißt flexibel, anpassungsfähig, geschmeidig. Im Gegensatz zu starr, unbeugsam, tot, brüchig.

Andererseits muss ich aber auch einräumen, dass auch viele Fortgeschrittene weich mit schwach verwechseln und sich deshalb scheuen, ihre Muskeln zu benutzen und dadurch lasch und nicht explosiv genug wirken.

Während ein schlechter Vertreter eines harten Stiles auf den oberflächlichen Beobachter wirkt, als wüsste er, was er tut, macht ein schlechter Vertreter einer weichen Methode den Eindruck, er könne überhaupt nichts.

Dieses Gefühl täuscht nicht. Um mit der weichen Methode Wirkung zu erzielen, muss man einen viel höheren Grad an Können erreicht haben.

Suaviter in modo, fortiter in re.
Sanft in der Art, hart in der Tat.

Man sagt, die harte Methode habe schlussendlich das gleiche Ziel wie die weiche, nämlich die Weichheit. Während die weiche Methode zunächst alle Muskeln entspannt und allmählich immer weitere – wenn nötig – einsetzt (und dabei die Antagonisten entspannt). spannen die meisten harten Stile zunächst alle Muskeln vom Scheitel bis zur Fußsohle an. Später entspannt der kluge Fortgeschrittene dann immer mehr störende Gegenspieler und unnötige Muskelgruppen. Theoretisch könnte dieser Weg tatsächlich zum gleichen Ziel führen, in der Praxis gelingt es aber kaum einem.

Oft erzählte man mir von einem alten Meister, der einen harten Stil unterrichtet und der jetzt ganz weich arbeiten soll. Wenn ich das überprüfte, konnte ich diese Meinung nie teilen. Vielleicht war dieser alte Mann relativ weniger hart als seine Schüler, aber er war immer noch zehnmal zu hart, als dass ihn ein weicher Stilist als weich bezeichnen könnte.

„Der Mensch, der nicht geschunden wird, wird nicht erzogen."
Menander

Hilft das Schmerzerlebnis, um weich zu werden? Vielleicht. Scherzhafterweise sage ich im Unterricht gelegentlich zu besonders hartnäckigen und unbelehrbaren Schülern: „Wenn du nicht auf meine Ratschläge hörst, lass Schmerz dein Lehrer sein!" Die alten Griechen hatten den Spruch „Der nicht geschundene Mensch kann nicht erzogen werden." Aber als Unterrichtsmethode, um das Weiche zu vermitteln, ist Prügeln sicherlich nicht geeignet; das führt zur Verhärtung, zur Verkrampfung und damit zum Feind des Weichen.

Wie man im WT Weichheit erreicht

Im WT haben wir unsere eigenen erprobten Methoden, Weichheit zu erreichen: SNT und Chi-Sao-Reaktionstraining. Besonders im Chi-Sao lernt der Schüler sehr schnell, dass er schwach wird und sein Gleichgewicht verliert, sobald er eine scheinbar starke Stellung einnimmt oder „kräftig" angreift.
Diese Einsicht wird dann durch Training zur ständigen Körpererfahrung. Aber erst, wenn der Fortgeschrittene die Prinzipien des klugen Nachgebens auch im täglichen Leben realisieren kann, hat er sie verinnerlicht, so dass Schwäche ihm zur Stärke wird.
Mein Rat: SNT, Chi-Sao und Tao Te King lesen!

Welche Rolle spielt die Atmung in der WT-Selbstverteidigung?

Wer aufhört zu atmen, stirbt.

Eine überaus wichtige, denn wenn wir aufhören zu atmen, sterben wir. Aber wahrscheinlich wollen Sie jetzt etwas über esoterische Atem- und Meditationsmethoden von mir hören, für die Kung-Fu berühmt ist.

526 kam Bodhidharma (Ta Mo), der Begründer des Ch'an-Buddhismus (Zen), nach China. Diese Schule lehrt Meditation. Nun ist es zur Meditation erforderlich, dass man über eine ungeteilte Konzentration, richtige Atmung und gesunde körperliche Verfassung verfügt. Wie man weiß, sind die beiden größten Schwierigkeiten für den Meditationsanfänger Unkonzentriertheit und Schläfrigkeit.

Besonders gegen Schläfrigkeit stellte Bodhidharma den Mönchen des Shaolin-Klosters in Honan zunächst zwölf verschiedene Kräftigungsübungen zusammen, die später auch an die Laienbuddhisten weitergegeben wurden.

In der SNT sind viele der ursprünglichen Mönchsübungen enthalten.

Interessanterweise findet man in der Siu-Nim-Tau (SNT) des WT-Systems eine große Anzahl sehr ähnlicher, wenn nicht gleicher, Bewegungen wieder. Tatsächlich hat die SNT unter anderem auch die Funktion einer Atem- und Meditationsübung. Wenn der Könner bei größter Winterkälte im Freien seine SNT praktiziert, empfindet er keine Kälte, sondern es bricht ihm trotz (oder wegen) der langsamen Bewegungen der Schweiß aus und die weißen Handflächen werden purpurrot.

Dabei ist die Atmung im WT ganz natürlich, einfach und nicht forciert, sondern von der Bewegung bestimmt. Damit sind sie für jeden Menschen geeignet, während z.B. manche Yogaübungen komplizierter und nach Prof. Palos („*Atem und Meditation*“) wegen der Möglichkeit gefährlicher Auswirkungen nur besonders geschulten Menschen zu empfehlen sind. Dr. Martin Parkinson, Acupuncture Research Centre Guildford (GB): *„... ist der Beginn der Atemübungen stets mit Gefahr verbunden, wenn die geeignete*

Führung fehlt. Dies wurde immer wieder festgestellt von dem taoistischen Hsien, den zenbuddhistischen Mönchen, den Yogameistern und dem verstorbenen Dr. Wilhelm Reich. Solche Übungen nehmen äußere Energien auf und setzen innere Kräfte frei, die einen übermäßigen Einfluss auf den Betreffenden ausüben. Sie erheben ihn zu einer ekstatischen Erfahrung oder treiben ihn in die Tiefe der Verzweiflung. Ohne Führung können Atemübungen darum gefährlich sein wie ein unüberwachter Versuch mit LSD 25. Weder Akupunktur noch Atemtherapie sollte von Menschen ausgeführt werden, die nicht genügend unterrichtet sind in der traditionellen Medizin und die keinen Sinn für Verantwortung und Berufsmoral haben. Die westliche Medizin öffnet nicht das Tor zu den Geheimnissen und Verflechtungen der orientalischen Medizin. Viele westliche Mediziner, die über diese Themen schreiben, wissen nicht, dass Nadelstiche oder auch nur ein 10 bis 15 Sekunden andauernder Druck auf bestimmte therapeutische Zentren Gehirnschaden, Frühgeburt, selbst Tod hervorrufen kann, während Missbrauch der Atemmethoden augenblicklich zur Spaltung der Persönlichkeit führen kann wie LSD 25 und die Einlieferung in ein Nervensanatorium notwendig macht. Das Manipulieren der Sauerstoffversorgung kann Energie, Ekstase, Schlaf oder Tod verursachen. CO2 kann ebenso gefährlich sein wie LSD 25 oder andere Arzneimittel.“ Meditation und Atemtechniken sind zur Zeit in Mode. Deshalb habe ich diesen ernsten Warnungen Dr. Parkinsons, der das Vorwort zu S. Palos *„Atem und Meditation“* (Scherz bzw. Otto Wilhelm Barth-Verlag) geschrieben hat, so viel Raum gegeben.

„Die Manipulation der Sauerstoffversorgung kann Energie, Ekstase, Schlaf oder Tod verursachen. CO_2 kann ebenso gefährlich sein wie ein unüberwachter Versuch mit LSD.“

Dr. Parkinson

Wie kann Ihnen chinesische Atemtechnik aber in der Konfrontation mit Ihrem Gegner helfen? Hier werden von vielen Romantikern und Wundergläubigen oft die phantastischsten Hoffnungen gehegt. Häufig sogar von Menschen, die sich ansonsten durch kritisches Denken auszeichnen. Jack Dempsey, Sonny Liston und Muhamad Ali oder Wilfried Dittrich („Der Kran von Schifferstadt“) haben nie etwas von femöstlicher Atemtechnik gehört, hätten aber in ihrer Zeit mit allen sog. Atem-Kung-Fu-Meistern usw. die Halle gefegt. Ich bin meinen Lesern gegenüber zur Ehrlichkeit verpflichtet und sehe keinen Grund, die gleichen Märchen zu verbreiten wie die

Auch in Asien gibt es keine geheimnisvollen Meister, die kosmische Chi-Kräfte kampfrelevant einsetzen können.

Kung-Fu- bzw. Karate-Filme und Comics. Seit über vier Jahrzehnten betreibe ich Kampfkunst. Ich bin Mitglied der bedeutendsten chinesischen Kampfkunstverbände, habe deshalb Zugang zu allen Stilen und kenne die berühmtesten Meister persönlich. Meister, mit denen ich keine Verbindung habe, sind meinem Lehrer oder meinen Kollegen bekannt.

Zauberkünstler sind leicht dazu in der Lage, alle so genannten Chi-Demonstrationen unter Anwendung von Tricks zu wiederholen.

Wer heute nicht an die Kampfbedeutung von übermenschlichen Chi-, Ki- oder Prana-Kräften glauben will, wird zu leicht für unwissend gehalten. Damit Sie mich nicht für einen solchen Ignoranten halten, möchte ich hier nur kurz andeuten, dass ich auf diesen und ähnlichen Gebieten schon im Alter von fünf Jahren meine ersten Erfahrungen machte. Mein Vater war einer der bedeutendsten Illusionisten seiner Zeit und unterrichtete mich schon sehr früh in der „magischen" Kunst. Ich übte neben den üblichen Bühnentricks (mit Apparaten) auch Hypnose, Hellsehen, Telepathie, Telekinese usw. Während mein Vater sehr stark im Hellsehen war und deshalb auch von Behörden zur Aufklärung von Verbrechen und so genannten Spukphänomenen (z.B. Klopfgeister) herangezogen wurde, hatte ich in der Kindheit die Gabe, verlorene Gegenstände mit größter Sicherheit wiederzufinden. Ich betrieb diese Studien, bis mein Vater starb.

In seinem Bestseller „Behind the Incredible" (zu beziehen durch diesen Verlag) entlarvt Leung Ting viele Tricks der so genannten „Chi-Meister".

Mein zweiter Lehrmeister war und ist Sifu Leung Ting. Auch er betreibt – immer noch – die chinesische Kunst der „Magie". Wir beide sind durchaus in der Lage, jede sog. Chi-Demonstration (Steine zerschlagen, Speer gegen Kehlkopf, der nicht wegzuschiebende Meister usw.) als Trick darzustellen oder zu entlarven.

Zauberkunststücke für den Kindergeburtstag.

Während ich durchaus bereit bin, manche scheinbar wundersame *Heilwirkungen* aufgrund von Chi-Kräften anzuerkennen, lehne ich es wie die Mehrzahl der aufgeklärten Kung-Fu-Lehrer ab, an ihre Relevanz fürs Kämpfen zu glauben.

Die chinesischen Märchen sind voll von Schilderungen übermenschlicher Chi-Kräfte. Da gibt es die *Wind-Hand*, mit der der Meister auf Entfernung, ohne zu berühren, seinen Gegner umwirft. Vor etwa

Einen ähnlichen Trick führte Leung Ting 1991 vor hunderten von aufgeklärten Zuschauern in Mülheim und Aachen vor. Selbst nach der Erklärung des Tricks, der unter anderem auf Suggestion beruhte, wollten es viele weiterhin für „echte" Chi-Kraft halten. Der Mensch möchte halt an sein Wunder glauben …

15 Jahren demonstrierte ein ehrwürdig wirkender und international renommierter chinesischer Großmeister an meiner Frau dieses Kabinettstückchen. Wir waren ihm tatsächlich auf den Leim gegangen, denn diesen Trick kannte ich noch nicht. Als ich später Großmeister Leung Ting davon begeistert berichtete, kamen ihm beinahe die Tränen vor Lachen, denn mit diesem Trick vergnügen sich die Kinder in Hongkong bei Geburtstagsparties.

Dim-Mak

Das Tollste ist wohl *Dim-Mak* (The delayed Death-Touch). Es führt hier zu weit, auf dieses interessante Thema näher einzugehen. Nur so viel sei gesagt: der sog. Meister des Dim-Mak muss angeblich während des Kampfes nur leicht, aber natürlich mit der richtigen Energie und zum korrekten Zeitpunkt auf eine genau zu treffende Körperstelle des Gegners schlagen, stoßen, drücken oder treten, dann sollen je nach Punkt und Intensität leichte bis schwerste Schädigungen des anderen eintreten, die der Dim-Mak-Experte etwa so voraussagen kann: „In 30 Tagen bist du tot."

Dim-Mak oder „In 30 Tagen bist du tot!"

Natürlich kennt man im WT auch diese Punkte und besitzt diese theoretische Kenntnis. Tatsächlich hat sogar unser verstorbener Altmeister Yip Man darüber selbst ein Buch handgeschrieben, das ich als Kopie besitze.

Es handelt sich aber nur um eine theoretische Studie Yip Mans, der diesem Thema keine realistische Kampfbedeutung zumaß. Wer hat schon in der Hektik des Kampfes die Gelegenheit, die chinesische Zeit-Tabelle in z.B. die deutsche umzurechnen und dann einen winzigen Punkt zielgenau mit der nötigen Energie zu treffen. Der Gegner wird Ihnen kaum Zeit dazu lassen.

Sog. Dim-Mak-Experte und 10. Meistergrad verlor vor Zeugen und Filmkameras.

Im September 1986 fand zwischen einem von der internationalen Fachpresse als „größter so genannter Dim-Mak-Experte" hochgelobten chinesischen Großmeister und einem meiner Schüler ein realistischer Herausforderungskampf ohne Regeln (Kong-Sao) und ohne Schiedsrichter vor ca. 60 Zeugen statt. Mein Schüler gewann den Kampf souverän. Der Chinese hatte selbst im Bodenkampf keine Gelegenheit, irgendeine Dim-Mak- oder sonstige mysteriöse Nervenpunkt-Technik einzusetzen. Dass mein Schüler später auf Strategeme-Tricks eines anderen Asiaten hereinfiel, ist eine andere Geschichte ...

Richtige Atmung beseitigt Ängste vor dem Kampf.

Damit will ich nun keinesfalls die korrekte Atmung als für den Kampf unwichtig bezeichnen. Im Kampf kommt es darauf an, dass man entspannt und nicht verkrampft ist. Nur dann hat man den Kopf frei und kann schnell reagieren. Richtige Atmung kann unmittelbar vor und während des Kampfes Ängste beseitigen und ruhiges Selbstvertrauen schaffen.

Lassen Sie sich in den Schultern los!

Wenn Sie aufgeregt sind, sollen Sie zunächst einmal Ihre Schultern anheben und sie dann fallen lassen. „Lassen Sie sich in den Schultern los!“ sagen die Meditationslehrer. Lassen Sie dabei die ganze Last und Aufregung fallen, während Sie *aus*atmen. Diese bewusste körperliche (äußere) Entspannung färbt auf Ihre gesamte (innere) Bewusstseinslage ab. Denn ebenso, wie Ihre innere Haltung Ihrer äußeren Haltung entspricht, so bestimmt Ihre äußere Haltung auf wunderbare Weise Ihre innere. Dadurch, dass Sie die Haltung und Atemweise eines gelassenen Menschen einnehmen, werden Sie tatsächlich gelassen und ruhig. Kein Zweifel, dass es sich gelassen besser kämpft.

Wir benutzen die Beckenbodenatmung.

Atemtechnisch gesehen, benutzen wir die *Beckenboden*atmung. Wir atmen geräuschlos durch die Nase ein und aus. Dabei lassen wir dem Atem seinen Lauf, je nach der Bewegungsart. Die Ausatmung ist dabei wichtiger als das Einatmen, was wie von selbst erfolgt. Unsere WT-Atem- und Meditationsübungen erfolgen im Stehen oder in der Bewegung und sind in die allgemeinen Übungen integriert.

Großmeister Leung Ting entlarvt Chi-Kung-Tricks.

Schlusswort des Autors – Mein unwiderlegbarer Irrtum

Mehr als 300 Seiten nur über zwei Bewegungen, vier Reaktionen und eine Wendung (links und rechts)

Dem aufmerksamen Leser wird nicht entgangen sein, dass der Autor auf mehr als 300 Seiten nur zwei Bewegungen, vier Reaktionen und eine Wendung beschreibt. Dies Buch ist für die Praxis, und für die Praxis muss man *viel* können, aber nicht *vielerlei. Multum non multa!* Im Ernstfall ist weniger mehr. Zu viel totes Wissen ist nur Ballast und vergrößert die Verwirrung.

Zweck der Arbeit war es, transparent zu machen, wie und weshalb WT funktioniert.

„Vom Zweikampf" wurde als schriftliche Arbeit für den nächsten Meistergrad im WT verfasst. Zweck der Arbeit war es, transparent zu machen, *wie* und *weshalb* WT funktioniert. *Dass* es funktioniert, haben WT-Kämpfer überall in der Welt immer wieder unter Beweis gestellt. Als Begründung für die Wirksamkeit des WT wurden dann von den Lehrern oder Kämpfern Schlagwörter wie „Gleichzeitigkeit von Abwehr und Angriff", gefühlsgesteuerte Reaktion, ansatzloses Zuschlagen, Ökonomie der Bewegung und dergleichen Wahrheiten mehr angeführt. Alles richtig und doch nur Stückwerk! Der Praktiker – egal in welcher Selbstverteidigungsmethode – muss für seine Trainingsarbeit Prioritäten setzen, er muss den Stellenwert von Form, Meditation, Gymnastik, Grundschule, Partnerübungen, Reflextraining, Kampftraining, Krafttraining usw. kennen. Gibt es nicht immer noch Budoka, die man glauben gemacht hat, dass Kata-Training auf den Ernstfall vorbereitet?

Der Praktiker – egal welcher Selbstverteidigungsmethode – muss für seine Trainingsarbeit Prioritäten setzen. Er muss den Stellenwert von Form, Meditation, Gymnastik, Grundschule, Partnerübungen, Reflextraining, Kampftraining, Krafttraining usw. kennen.

Nun, dies entspricht nicht der WT-Auffassung, mindestens 80% unserer Trainingszeit ist dem Training am Mann – dem Partnertraining – gewidmet. Aber die meisten WT-Leute werden nach kurzer Zeit Chi-Sao-süchtig, die Harmonie des Chi-Sao, das Nachgeben, das Sich-tragen-lassen, das Sich-Aufgeben, das Durch-Schwäche-Siegen vermittelt ein ungeahntes Glücksgefühl. Man will mehr davon und macht Chi-Sao zum Ziel des WT. Zweifellos ist Chi-Sao die Seele des WT. Es ist nicht nur der Leim, der alles verbindet. Chi-Sao gibt allem erst Leben, aber Chi-Sao ist bei aller Wichtigkeit nur Mittel zu einem höheren Zweck, dem freien Kampf ohne stilistische Einschränkungen.

Viele fortgeschrittene WT-Leute, selbst WT-Lehrer, verwechseln hier immer wieder das Mittel mit dem Zweck. Deshalb sage ich es an dieser Stelle einmal in brutaler Deutlichkeit: Auch Chi-Sao ist nichts als eine Krücke, die überwunden werden muss. Chi-Sao ist ein Floß, das uns von einem Ufer zum anderen bringt.

Viele fortgeschrittene WT-Leute, selbst WT-Lehrer, verwechseln hier immer wieder das Mittel mit dem Zweck. Deshalb sage ich es an dieser Stelle einmal in brutaler Deutlichkeit: Auch Chi-Sao ist nichts als eine Krücke, die überwunden werden muss. Chi-Sao ist ein Floß, das uns von einem Ufer zum anderen bringt. Ist das Ufer erreicht, muss man das Floß nicht auf dem Rücken mit sich schleppen. WT-Unterricht erzieht zur Selbstständigkeit, dem Meister genügt am Ende die Holzpuppe. Form – Chi-Sao – Kampf. Kampffähigkeit ist der Zweck. Liebe WT-Leute, verachtet mir nicht den Zweck als primitiv und barbarisch, indem ihr das Mittel zu Eurem Gott macht!

Der beste Kämpfer ist nicht der beste Lehrer und der beste Lehrer nicht der beste Kämpfer.

Nur der WT-Lehrer ist in der (bemitleidenswerten?) Rolle des Fährmannes, der immer wieder zurück muss, zurück zur Form, zurück zum Chi-Sao. Er liefert den Schüler am anderen Ufer ab, der Schüler zieht weiter, der Fährmann muss zurück, um den nächsten überzusetzen. Er allein kann Form und Chi-Sao nicht überwinden, er darf die Krücken nie abwerfen. Deshalb trennt man im WT auch meist die Funktionen Lehrer und Kämpfer. Der beste Kämpfer ist *nicht* der beste Lehrer und der beste Lehrer *nicht* der beste Kämpfer.

Aufgabe des vorliegenden Buches war es, zu erkennen, wie klassisches WT bei Fortgeschrittenen funktioniert.

1. Universallösung (Vorgehen mit Hand und Fuß)

1. Der WT-Kämpfer reagiert auf **feindseliges*** (*spürt man bzw. frau bei entsprechender Erfahrung)* Überschreiten der Sicherheitsdistanz mit Universallösung (Vorgehen mit Hand und Fuß). Dabei spielt die Art und Weise des Angriffes (Faustschlag, Tritt) keine grundsätzliche Rolle. Meistens führt der Angreifer (als Nicht-WT-Anwender) seinen Angriff nicht entlang der Zentrallinie. Er wird z.B. den horizontalen Fauststoß einsetzen, bei dem der Ellbogen immer außen stehen muss. In diesem Falle oder wenn die Position des Angreifers zu schwach ist, wird der WT-Kämpfer mit seiner Universallösung mit Hand oder Fuß oder gar mit Hand und Fuß durchdringen, d.h. treffen.

* soweit die technische Lösung. Da sie aber juristische Probleme wenig berücksichtigt, hat der Autor später zur Ergänzung das WT-„*Blitz-Defence-Programm*“ geschaffen.

2. Kleben bleiben!

2. Falls der Angreifer das Vorstoßen des WT-Kämpfers behindern kann, „klebt" der WT-Kämpfer an der gegnerischen Abwehr (das gilt für Arme und Beine; Mittel: Chi-Sao- und Chi-Gök-Training), das heißt, er zieht seinen Arm (seine Arme) bzw. sein Bein nicht (selbst) zurück. Er bleibt dran!

3. Einsatz von Chi-Sao-Reflexen

3. Aufgrund von Druckverhältnissen kommt es zu Chi-Sao-Reflexen (die essentiellen vier wurden hier beschrieben, aber es gibt noch mehr). Der Gegner wird immobilisiert und aus dem Gleichgewicht gebracht. Ist der Weg frei, setzt der WT-Kämpfer ungebundene Arme oder sein Bein ein.

Erkennen wir, dass Chi-Sao-trainierte Reaktionen **erst an zweiter Stelle** abgerufen werden. Viele Kämpfe entwickeln sich gar nicht erst bis zum Einsatz von Chi-Sao-Reflexen, sondern werden schon vorher durch die Universallösung (plus Kettenfauststöße mit Verfolgungsschritten) entschieden. Im Nahkampf (Ringen, Greifen, Werfen usw.) geben allerdings Chi-Sao-Reflexe die Oberhand.

Vorgehen und Chi-Sao müssen gleichermaßen geübt werden!

Aus all dem folgt für die Praxis zwingend, dass dem Üben der Universallösung (dem Arme- und Beine-Suchen, aber nicht dem -Verfolgen) ebenso viel Aufmerksamkeit gewährt werden muss wie dem Chi-Sao.

Schlag- und Trittkrafttraining

Je stärker Ihr erster Treffer, desto schneller und sicherer der Sieg. Daraus folgt die Bedeutung eines Schlag- und Trittkrafttrainings mit Geräten. Ich verweise zu diesem Zweck auf *„Wing Tsun Kuen"*, *„BlitzDefence – Angriff ist die beste Verteidigung"*, *„116 Holzpuppentechniken"* und *„Dynamisches WingTsun"*, die ebenso bei EWTO Books & Videos erschienen sind.

Training des Kampfgeistes

Eine große Bedeutung kommt dem Training des Kampfgeistes zu. Dies geschieht unmerklich durch die Nahkampfbetonung des WT. Der Schüler lernt sehr schnell, dass er aggressiv vorgehend und aus allen Rohren feuernd am sichersten ist. Die Ruhe vor dem Kampf vermittelt die Form (= Meditation in Bewegung) sowie die dadurch erlernte Atemtechnik.

Dieses Buch soll dem Leser helfen, Ordnung in seine Vorstellung vom Zweikampf zu bringen.

Dieses Buch soll dem Leser helfen, Ordnung in seine Vorstellung vom Zweikampf zu bringen. Ich habe mich bemüht, Wichtiges von Unwichtigem zu trennen. Ich bin den ganzen Weg gegangen und habe dabei viel Schutt und Gerümpel zur Seite geräumt, mir mit dem Haumesser einen Weg durch das Gestrüpp wirrer Theorien und Traditionen gebahnt. Dabei sind viele lieb gewonnene Illusionen auf der Strecke geblieben, manch heilige Kuh wurde notgeschlachtet – auch manche Rindviecher aus dem eigenen Lager.

Diese letzte Wahrheit ist für mich nur mein zur Zeit unwiderlegbarer Irrtum.

Ist dies jetzt das letzte Wort über den Zweikampf, die letzte Wahrheit? Vor zehn Jahren hätte ich diese Frage noch vorbehaltlos bejaht, heute weiß ich zu viel. Diese letzte Wahrheit ist für mich nur mein zur Zeit unwiderlegbarer Irrtum.

Man wird nicht als Karate- oder WT-Mann geboren. Nach längerem Training verwechselt man sich mit „seinem" Stil. Man hat vergessen, wie sehr Zufall, Laune, Willkür damals entscheidend war, als man zu „seinem" Stil fand und wie viele andere Stile man stattdessen hätte erlernen können.

Noch ein Wort an die Leser, die bislang einen anderen Selbstverteidigungsstil praktizierten und mir dennoch bis zu dieser Seite gefolgt sind: Man wird nicht als Karate- oder WT-Mann geboren. Nach längerem Training verwechselt man sich mit „seinem" Stil. Man hat vergessen, wie sehr Zufall, Laune, Willkür damals entscheidend waren, als man zu „seinem" Stil fand und wie viele andere Stile man stattdessen hätte erlernen können.

Dies Buch soll keinen Budo-Stil herabsetzen, dies Buch handelt auch gar nicht von Budo, nicht von Karate und nicht von Taekwondo, auch nicht von Ju-Jutsu oder vom Boxen. Alle diese Künste haben einen unschätzbaren Wert, der über das Thema dieses Buches weit hinausgeht. Viele Budokünste erfüllen Bedürfnisse, die die WT-Selbstverteidigung nicht (oder nur am Rande) befriedigen kann. Die meisten Stile betreiben nur am Rande Selbstverteidigung – WT ist darauf spezialisiert.

„Die schlechtesten Leser sind die, welche wie plündernde Soldaten verfahren: Sie nehmen sich einiges, was sie brauchen können, heraus, beschmutzen und verwirren das Übrige und lästern auf das Ganze."
Nietzsche

Ich weiß, dass *Sie* ein guter Leser sind!

Beidarmiges Greifen/Ziehen mit Tritt ins Knie

Expertenmeinungen

Auf den nächsten Seiten äußern anerkannte Meister und Ausbilder der verschiedenen orientalischen und okzidentalischen Kampfsportarten ihre Meinung zum praktischen Selbstverteidigungswert ihrer Kampfkünste, Manchem mag das *auf*dringlich erscheinen, wo es nur *ein*dringlich sein und das Bewusstsein verändern soll.

So wie seinerzeit die Einführung von Vollkontakt-Wettkämpfen vielen Budoka ihre gefährlichen Illusionen von der tödlichen Technik raubte, so soll dieses Buch seinen bescheidenen Beitrag dazu leisten, den asiatischen Selbstverteidigungskünsten zu einer ehrlicheren und realistischen Einschätzung zu verhelfen.

Selbstverteidigungswert von westlichem Ringen und Boxen höher!

Verblüffend mag es für manche sein, dass manche Experten den Selbstverteidigungswert von westlichem Ringen und Boxen höher einstufen als den der herkömmlichen asiatischen Stile. Wir Europäer dürfen mit Recht stolz sein auf unsere Box-, Ring-, Tret- und Waffenkampfkunst.

Das beste System ist so schlecht wie der Mann, der es vertritt.

Und wir alle müssen uns klar darüber sein, dass das beste System so schlecht ist wie der Mann, der es vertritt. Schon 1975 schrieb ich in „Wing Tsun Kung-Fu": „Im Kampf treten nicht Stile gegeneinander an, sondern Menschen."

Kampfgeist – die letzte unbekannte Größe

Der Kampfgeist ist die letzte unbekannte Größe, die oft ausschlaggebendere Bedeutung hat als alle anderen in diesem Buch genannten Faktoren.

Wir danken allen Experten für ihre uns freundlicherweise zur Veröffentlichung zugesandten Stellungnahmen und Gutachten. Mögen wir nicht immer ihrer Meinung sein, so können uns ihre Erfahrungen und Ansichten doch manchen Denkanstoß geben.

Stellungnahme eines 4. Dan Ju-Jutsu

Erstmals wurde ich durch Fachzeitschriften auf das WT-System aufmerksam. Nachdem ich einige von Leung Ting und Keith Kernspecht verfasste Bücher über das WT gelesen hatte, besuchte ich WT-Einführungslehrgänge.

Der WT-Unterricht unterscheidet sich deutlich von den anderen asiatischen Kampfstilen, die ich bisher kennenlernte. 1970 begann ich mit Judo (4 Jahre), später trainierte ich auch Karate (4 Jahre), Aikido (1 Jahr) und Ju-Jutsu (14 Jahre), bei dem ich bis heute geblieben bin.

In den mir bekannten Stilen bildet die Grundschule eine Art Rucksack, den man immer mit sich herumschleppt, dessen Inhalt man teilweise später nicht mehr braucht. Beobachtet man z.B. Wettkämpfe, so schrumpfen die oft umfangreichen Grundtechniken auf ein Minimum. Zum Teil, weil das Regelwerk diese oder jene Technik verbietet, aber auch, weil einige Techniken nicht praktikabel sind.

Bei der persönlichen Selbstverteidigung stören diese Regeln nicht mehr, dennoch sollte man rechtzeitig darüber nachdenken, welche Techniken eine erfolgreiche Verteidigung ermöglichen.

Keine WT-Bewegung ist unnötiger Ballast!

Nach einem knappen Jahr WT-Training warte ich immer noch auf die erste Technik, die ich vergessen kann, weil ich sie später nicht mehr brauche!

Seit über zehn Jahren bin ich als Ju-Jutsu-Trainer bemüht, meinen Schülerinnen und Schülern eine wirksame Selbstverteidigung an die Hand zu geben. Das heißt für mich, sich auch gegen einen körperlich überlegenen Gegner durchsetzen zu können.

Um diesem Anspruch zu genügen, war es nötig, die Methode und auch die einzelne Verteidigungskombination vom Ballast zu befreien.

Der Angreifer sieht sich einem Fluss von Angriffs- und Abwehrbewegungen gegenübergestellt.

Nachdem ich die Grundzüge des WT kennen gelernt hatte, wurde mir einiges klar: Da war das Gleichzeitigkeitsprinzip von Abwehr und Angriff, hierdurch gewinnt der Verteidiger Zeit, die dem Angreifer bei weiteren Aktionen fehlt. Automatisch erhöht sich die Eigensicherung. Im WT sind Abwehr- und Angriffsbewegungen auf ein Mindestmaß beschränkt, es werden nur direkte Wege gegangen, wieder wird kostbare Zeit gespart. Es gibt keine Pausen zwischen den einzelnen Techniken, der Angreifer sieht sich einem Fluss von Abwehr- und Angriffshandlungen gegenübergestellt, die oftmals auch noch gleichzeitig erfolgen.

Durch WT veränderte sich meine Selbstverteidigung.

Durch diese neuen Erkenntnisse veränderte sich meine Selbstverteidigung in den nächsten Jahren. Damit konnte ich zwar nicht den Ballast ablegen, den man auch in vielen anderen Stilen immer noch mitschleppt, um der Prüfungsordnung gerecht zu werden, der Selbstverteidigungswert war jedoch erheblich gestiegen.

WT-Handtechniken setzen auf wenige Zentimeter ähnlich hohe kinetische Energie frei wie der konventionelle Fauststoß.

Aufgrund der gerade beschriebenen Eigenschaften stellt das WingTsun-System eine hochwirksame Selbstverteidigung dar. Schon in der Grundschule wird auf jeden Schnörkel verzichtet. Darüber hinaus ermöglichen die eingesetzten Kurzwegtechniken eine optimale Verteidigung auf engstem Raum. Erstaunlich für den Außenstehenden ist, dass die Handtechniken auf wenigen Zentimetern ähnlich hohe kinetische Energie freisetzen wie z.B. der konventionelle Fauststoß.

Durch die besondere Form des Partnertrainings entwickelt sich nach einer gewissen Zeit ein Körpergefühl für Abwehr und Angriff, wodurch alle Bewegungen auf der Basis von Reflexen erfolgen. Das bedeutet, Verteidigung und Angriff werden ohne langes Überlegen ausgeführt.

Die Frage nach meinen Schwierigkeiten beim Erlernen des WT möchte ich stichwortartig beantworten:

- Am Anfang war der Stand ungewohnt.
- Später kam der Angriffsschritt mit dem rückwärtig betonten Schwerpunkt hinzu.
- Der sichere, feste Stand ist für mich noch ein Fernziel.
- Besonders übungsbedürftig ist das anders gelagerte Timing (erst Stoß, dann Schritt).
- Es ist nicht immer leicht, gesehene Bewegungen in eigene umzusetzen, geschweige denn, sich eine Bewegungslogik einzupflanzen.
- Und dann ist da natürlich die eigene Kraft, die spätestens dann im Wege ist, wenn es mal etwas schneller wird.

Absolute Präzision

- Ganz neu ist für mich die absolute Präzision der Bewegungen, die die hohe Effektivität ermöglicht. Hier gilt es immer wieder, die eingeschliffenen Bewegungsmuster auszumerzen.

Wer sich ernsthaft für Selbstverteidigung interessiert, sollte das WingTsun kennenlernen.

Joschim Albrecht

4. Dan Ju-Jutsu
Sachbearbeiter für Schulung und Technik
in Niedersachsen

Jivko Vangelov, dreifacher Ringer-Weltmeister und Olympiasieger von Seoul, über seine Begegnung mit WT und Keith R. Kernspecht

- 12 x bulgarischer Meister
- 2 x Europameister
- 2 x Weltmeister
- Gewinner des Weltpokals
- Titel *„Bester Ringer der Welt“*
- Silbermedaille bei den Olympischen Spielen in Seoul 1988
- seit 1992 Trainer der bulgarischen Nationalmannschaft

Ich habe mehrere Stunden persönlich mit Prof. Kernspecht gerungen, wobei er auf alle Schlag-, Stoß- und Tritttechniken des WT verzichtete und sich auf reine Kontrolltechniken beschränkte.

Dr. Kernspecht schien jede meiner Bewegungen zu kennen, bevor ich sie ansetzte.

Das erste Mal sah ich WingTsun (WT) bei einer Vorführung von Professor Dr. Kernspecht an der Staatsuniversität von Plovdiv, wo ich selbst Dozent für Ringen bin. Als erfahrener und begeisterter Kampfsportler wurde natürlich sofort meine Neugier für dieses geniale Kampfkunstsystem geweckt.

Deshalb nahm ich nur zu gern die Einladung von Prof. Margaritov an, ihn bei einem Besuch an der WT-Lehrerakademie auf Schloss Langenzell zu begleiten und konnte eine Woche lang mit Prof. Kernspecht die Techniken des Ringens und des EWTO-WingTsuns in der praktischen Anwendung miteinander vergleichen. Ich habe mehrere Stunden persönlich mit Prof. Kernspecht gerungen, wobei er auf alle Schlag-, Stoß- und Tritttechniken des WT verzichtete und sich auf reine Kontrolltechniken beschränkte.

WT zeigte sich mir als einfaches, aber höchst effektives System, mit dem es möglich ist, wie von selbst jeden Angreifer zu kontrollieren, ohne – wie z.B. im Ringen – exzessive Kraft anwenden zu müssen. Prof. Kernspecht schien jede meiner Bewegungen zu kennen, *bevor* ich sie ansetzte. WT verzichtet – anders als z.B. Karate und Taekwondo – auf Show-Techniken und orientiert sich vornehmlich am Kontakt zum Gegner. Die Kraft des Gegners wird für die eigene Verteidigung eingesetzt. Dabei sind die WT-Bewegungen absolut geschmeidig, weich und flexibel und können in Rekordzeit zur Verteidigung gelernt werden. Zur Meisterschaft braucht es allerdings ein längeres Studium.

Viele Elemente des Chi-Sao könnten im Ringen eingesetzt werden. Ich als Ringer und Weltmeister meine, dass Ringer-Techniken durch Chi-Sao entscheidend verbessert werden könnten. Was ich bisher erlebt habe, begeistert mich total und hat mich auf viele neue Ideen gebracht.

Keith R. Kernspecht und seine Assistenten zeigen WingTsun gegen Ringen.
Oben Sifu Kernspecht mit Weltmeister Jivko Vangelov.

Zusammen mit Prof. Margaritov und Prof. Kernspecht arbeiten wir an einer Studie, die Gemeinsamkeiten zwischen WT und Ringen aufzeigen soll.

Darüber hinaus sind wir bemüht, WT in Bulgarien an den Schulen und Universitäten zu verbreiten. Hier können bereits Chi-Sao-Elemente in den herkömmlichen Unterricht für Ringen, das in Bulgarien sehr verbreitet ist, eingebaut werden. Meine Kollegen und ich werden auf breiter Ebene, d.h. in der Kampfkunstfakultät der Staatsuniversität Plovdiv, im Sportmanagement und im Ringen die Struktur der EWTO und ihr WingTsun (WT) in ganz Bulgarien verbreiten.

Für mich ist WT die beste Kampfkunst überhaupt, sie entwickelt gleichermaßen Körper und Geist. Was kann man mehr verlangen?

Denn für mich ist WT die beste Kampfkunst überhaupt, sie entwickelt gleichermaßen Körper und Geist. Was kann man mehr verlangen?

Jivko Vangelov

2. Dan Okinawa-Karate: WT ein Weg zurück zum Ursprung der realen Kampfkunst

Erst 1917 kam Karate erstmals nach Japan durch Gichin Funakoshi, einen Schüler der Meister Azato und Itosu. Er etablierte in Tokio seinen speziellen Stil, das Shotokan, benannt nach seinem Dojo.

In sechs Jahrzehnten verwandelte sich Karate von einer Selbstverteidigung zu einem Wettkampfsport oder zum wirklichkeitsfremden Grundschultraining. Natürliche, relativ hohe Grundstellungen wurden zu supertiefen.

In den sechs Jahrzehnten bis heute wandelte sich das Karate und passte sich auch westlichsportlichen Einflüssen an. Aus einer Selbstverteidigung wurde ein sportliches, wettkampfadaptiertes systematisierbares Karate. Natürliche, relativ hohe Grundstellungen wurden zu supertiefen, aber leichter lehrbaren Kunstprodukten umfunktioniert. Teils um die effektiven Techniken zu verschleiern, teils um eine Grundschule zu schaffen. Kein guter Karatekämpfer kämpfte aus einer extrem tiefen Grundschulstellung. Diese Entwicklung lässt sich durch alte Fotos der Meister belegen, die eine eher hohe, natürliche Grundstellung einnahmen. Karate entstand aus der Selbstverteidigung und wurde zum Kickboxen oder andererseits zum wirklichkeitsfremden Grundschultraining.

Der Shorin-ryu-Matsumura-Stil wird noch in seiner alten Form gelehrt, das heißt Straßenkampf als Ausgangsbasis. Die Wettkampfform, teils in der Technik durch die Schutzausrüstung verändert, läuft dazu parallel, steht aber nicht im Vordergrund. In allen Grundstellungen beträgt der Fußabstand etwa Schulterbreite, die Gewichtsverteilung ist gleichmäßig, 50% auf jedem Fuß. Schon in den ersten Schülergraden wird Wert auf Gleichzeitigkeit gelegt. Das bedeutet, Abwehr und Angriff erfolgen zusammen. Entsprechend dem untersetzten, athletischen Körperbau der Einwohner Okinawas wird die Technik mit einer gewissen Härte ausgeführt. Der Peitscheneffekt des WT kommt hier nicht vor. Ebenso geht durch die Kraft, mit der die Blocks ausgeführt werden, die Sensibilität für die nächste Reaktion des Gegners verloren. Die reflexartige Schnelligkeit, geschult durch WT-Chi-Sao, fehlt auch.

WT fasziniert durch schachspielartige Logik und Effektivität.

Die Betonung des Nahkampfes mit seinen logischen, schachspielartigen Techniken, resultierend aus dem intensiven Chi-Sao-Training, mit all ihrer Effektivität, fasziniert mich.

Im WT zeigt sich mir ein Weg zurück zum Ursprung der realen Kampfkunst

Peter L. Koenig

2. Dan Shorin-Ryu
Matsumura Seito Karate-Do
Arzt für Sportmedizin

Der Autor im Gespräch mit den Rektoren der Staatsuniversität Plovdiv, Prof. Dr. Saparev, und der Nationalen Sportakademie Sofia, Prof. Dr. Kaikov. Beide Wissenschaftler sind aktive Kampfkünstler, wobei Prof. Kaikov über zwanzig viel beachtete wissenschaftliche Veröffentlichungen über bestimmte Aspekte der Kampfkünste verfasst hat.

Zweifacher Deutscher Meister im Taekwondo über WT

1970 kam ich mit acht Jahren nach Deutschland. Als ich neun Jahre alt war, fing ich mit Kunstturnen und Karate an. Drei Jahre später – mit 12 – begann ich mit Taekwondo. Ich betrieb also drei Sportarten gleichzeitig, und das konnten meine Eltern nicht lange finanzieren. Ich musste deshalb nach fünf Jahren mit Karate aufhören. Seitdem betrieb ich nur noch Kunstturnen und Taekwondo. Seit 1984 bin ich in der türkischen Nationalmannschaft für Kunstturnen und habe mein Land in sechs Länderkämpfen erfolgreich vertreten. Im Taekwondo wurde ich zweifacher Deutscher Meister. Heute habe ich den 2. Dan.

Alles war in Ordnung, bis ich im Sommer 1986 von einem Freund auf das WT-System des WT aufmerksam gemacht wurde.
Kurz darauf besuchte ich in Kassel eine WT-Schule. Schon beim ersten Besuch stellte sich mein Sihing allen meinen Fragen und gab mir reichlich Gelegenheit, meine Techniken mit WT zu vergleichen.
Da erst begriff ich, dass alles, was ich über das sportliche Kämpfen gelernt hatte, im wirklichen Kampf nicht anzuwenden war. Diese Begegnung deprimierte mich sehr. Ich hatte geglaubt, ein guter Kämpfer zu sein, doch die weichen und fließenden WT-Bewegungen ließen es nicht zu. Mit ein paar Worten und körperlichen Beweisen wurden mir die Augen geöffnet. Ich wusste sofort, das war es, was ich so lange gesucht hatte. Ich sah die Realität und wollte mir nichts mehr vormachen müssen.

Ich begriff, dass alles, was ich über das sportliche Kämpfen gelernt hatte, im wirklichen Kampf nicht anzuwenden war.

Ich sah die Realität und wollte mir nichts mehr vormachen müssen.

Ich empfehle jedem Kampfkunst-Interessierten, WT zu betreiben, wenn er schlau ist. Bei aller Bescheidenheit muss ich sagen, dass ich in dieser Hinsicht sehr schlau bin.

Binay Sari

2. Dan Taekwondo

Türkischer Ringer-Champion über das WT-System des WT

1957 wurde ich in Istanbul (Türkei) geboren.
Seit 1972 bin ich Freistilringer und seit 1980 lebe ich in der Bundesrepublik Deutschland.

Ich habe unter anderem folgende Titel errungen:

- 1974 Türkischer Meister
- 1976 Militär-Meister
- 1978 in Ankara Meister und Vize-Militär-Meister
- Fünf Jahre lang Meister und 1. Plätze in der BRD, Schweden, Belgien.

Bisher hielt ich wenig von den so genannten Selbstverteidigungsmethoden. Aber gegen das WT-System habe ich richtige Probleme bekommen.

Ich betreibe immer noch Freistilringen. Vor eineinhalb Jahren wurde ich zum ersten Mal mit dem WT-System konfrontiert. Bisher hielt ich von den sog. Selbstverteidigungsmethoden wenig. Wenn ich auf der Straße auf jemanden einstürmte, hatte dieser nie eine Chance.

Aber gegen das WT-System habe ich richtige Probleme bekommen! Diese schnellen, aufeinander folgenden Ellbogen- und Knietechniken sind – wenn man sie kann – sehr gefährlich. Beim Ringen braucht man neben der Technik auch sehr viel Kraft, was man vom WT nicht behaupten kann.

Ich kann jedem, der eine *echte* Selbstverteidigung sucht, nur empfehlen, sich auch mal das WT-System bei einem guten Lehrer anzuschauen. Und vielleicht auch einmal mitzumachen. Ich habe nämlich auch mit anderen Kampfsportlern sehr realistische Vergleiche gemacht, wobei diese keine Chance gegen mich gehabt haben.

Mesuf Cengiz

Das Foto zeigt Meister Cengiz (rechts) beim traditionellen Ölringen (1982 in Berlin).
Bis zur Entscheidung vergingen acht Stunden!

Meisterringer Mesuf Cengiz beim Ölringen

Ein Meisterboxer über das WT

Seit frühester Jugend interessiere ich mich für den Boxsport. Im Alter von 12 Jahren meldete ich mich dann beim Box-Club 64 Harleshausen e.V. an.

Deutscher Meister

Mit 13 Jahren wurde ich Hessischer Schülerbester im Federgewicht. In den zwei darauffolgenden Jahren wurde ich Vize-Hessenmeister und Hessenmeister. Mit 16 Jahren boxte ich um die Südwestdeutsche Meisterschaft, wo ich aber nur zweiter wurde. Ein Jahr später wurde ich Südwestdeutscher Meister und qualifizierte mich für die Deutsche Meisterschaft. Weil es in meiner Gewichtsklasse keinen Gegner für mich gab, wurde ich kampflos Deutscher Meister. Ein Jahr später kam ich dann zu den Senioren, boxte wieder um die Deutsche Meisterschaft und schlug den Vorjahresmeister Peters aus Dillenburg in der ersten Runde k.o., danach widmete ich mich nur noch Turnierkämpfen. Mit 21 Jahren wechselte ich über zu Bodybuilding. Fünf Jahre später hörte ich auf wegen einer Schulterverletzung.

Den WT-Techniken ausgeliefert

Kurze Zeit später hörte ich von einem Bekannten vom WingTsun-System. Ich besuchte bei einem 3. Lehrergrad WT einen Einführungslehrgang. Da stellte ich fest, dass ich den WT-Techniken und -Angriffen hilflos ausgeliefert war, obwohl ich jahrelang selbst Kampfsport betrieben habe.

Nun möchte ich diese wissenschaftliche Kampfmethode, die nichts dem Zufall überlässt, erlernen.

Michael Griesel

Der Minister der Justiz und WT

Betr:
Ausbildung der Beamten des einfachen Justizdienstes in waffenloser Kampfesweise

Sehr geehrter Herr Leinenbach,

ich bestätige Ihnen, dass Sie in unserem Geschäftsbereich Beamte des einfachen Justizdienstes, zu deren Dienstaufgaben der Sitzungs-, Vorführungs- und Sicherheits- und Ordnungsdienst gehört, in waffenloser Kampfesweise ausbilden.

Im Hinblick auf die besonderen Dienstaufgaben der Justizwachtmeister wurde die von Ihnen gelehrte Kampfkunstart WT auch im Hinblick auf die geringe Verletzungsgefahr für die Auszubildenden als besonders geeignet angesehen, um den Beamten in dem erforderlichen Umfang angemessene Fertigkeiten zur Selbstverteidigung zu vermitteln.

Der Minister der Justiz

Saarland
i.A. Schneider

Ein Richter praktiziert WT

Ich war 42 Jahre alt und hatte nie eine Kampfsportart betrieben, als ich WT durch Herrn Leinenbach im Rahmen einer Informationsveranstaltung am Landgericht Saarbrücken kennenlernte.

Was mich vom WT überzeugt hat, ist Folgendes:

- WT vermittelt Techniken, die es auch einem sportlich Ungeübten ermöglichen, sich gegen Angriffe körperlich überlegener Personen zu verteidigen oder zumindest Zeit zur Flucht zu gewinnen
- diese Fähigkeit kann man bereits nach kurzer Zeit ohne intensives Training erwerben
- WT lehrt, wie man ohne Panik auf plötzliche Angriffe reagieren kann
- ich bin sicher, daß es z.B. heute niemand mehr gelingen würde, mich zu erwürgen, und dass dies bei jedem so wäre, der sich – wenn auch nur zwei Stunden – mit WT beschäftigt hat
- das System ist für körperlich schwache Menschen, insbesondere auch für Frauen, hervorragend geeignet

Ich betreibe WT weiter und habe inzwischen den ersten Schülergrad.

Ulrich Chudoba

Richter am Landgericht

Kripo-Beamte des Mobilen Einsatzkommandos nach einem WT-Halbjahreslehrgang

Gerne bestätige ich Ihnen, dass Sie uns in einem Halbjahreslehrgang mit WT vertraut gemacht haben.

Überzeugt von der Überlegenheit des WT

Alle sechs Beamten aus unserer Gruppe sind von der Überlegenheit des WT gegenüber anderen Selbstverteidigungsmethoden überzeugt.

Darüber hinaus führte Ihr Training zu einem ausgezeichneten körperlichen Wohlbefinden und positiven Einstellungen.

Hans Schäfer

Kriminalhauptkommissar
Mobiles Einsatzkommando VI
Gruppe 17

Stellungnahme eines Polizeiausbilders für Selbstverteidigung zum WingTsun-System

a) Das WT-System verzichtet auf Show-Techniken jeglicher Art und orientiert sich ungemein eng am praktischen Nahkampf. Überflüssige Bewegungen, hohe Tritte, zeitraubende und komplizierte Techniken fallen dabei völlig weg.

... äußerst logisch durchdacht

b) Nach meiner Ansicht ist die WingTsun-Methode insgesamt äußerst logisch durchdacht und wegen ihrer Gradlinigkeit so unwahrscheinlich wirksam.

c) Hervorstechendste Merkmale waren für mich die Gleichzeitigkeit von Abwehr und Gegenangriff, wobei die bekannte „starke" Blocktechnik aus dem Karate und Ju-Jutsu (mit schockartiger Anspannung der jeweiligen Muskelgruppe) nicht praktiziert wurde, und die Fesselung (im wahrsten Sinne des Wortes) der angreifenden Arme.

d) Die Kampftechniken und auch -taktiken sind äußerst flexibel, vielseitig und orientieren sich durchweg am Gegner.

Raffinierte, aber einfache Technik

e) Brutaler Krafteinsatz (z.B. bei einem starken Fauststoß) wird nicht mit brutaler Gegenkraft, sondern mit intelligent-logischer Taktik und raffinierter, aber einfacher Technik beantwortet.

f) Die Kraft des Gegners wird für die eigene Verteidigung entscheidend mitbenutzt.

Reaktion erfolgt nur bei ernstem Angriff

g) Finten und Täuschbewegungen werden durch eine spezielle Sensibilisierung der Arme (Spezialtraining) erkannt. Auf Finten und dergleichen wird somit nicht reagiert; Kraft wird dadurch gespart. Reaktionen eines WingTsun-Kämpfers erfolgen immer erst bei einem ernsten Angriff.

h) Das WT-Training ist auf reale Selbstverteidigung abgestimmt; beim Übungskampf wird leichter Kontakt bevorzugt.

i) WT-Methoden und -Techniken werden sparsam und effektiv eingesetzt. Man vergeudet weder Zeit noch Kraft durch überflüssige Bewegungen.

j) Die gesamte Methode hat einen logisch-theoretischen Unterbau, der auch „alte Hasen der Karate- und Selbstverteidigungsszene“ beeindruckt und der durchweg in die Praxis umsetzbar ist.

... relativ schnell erlernbar

k) WT ist meines Erachtens relativ schnell erlernbar und somit innerhalb ziemlich kurzer Zeit praktisch in der realen Selbstverteidigung einsetzbar.

l) Die Übungen des WT-Systems trainieren gleichzeitig den Muskelapparat und das Nervensystem und ermöglichen somit auch körperliche Fitness. Das Training verzichtet bewusst auf zeitraubende Aufwärmübungen und benutzt eigene, artspezifische Übungen und Techniken dazu, den Körper und seine Organe „aufzuheizen“.

m) Als Trainer und Übungsleiter fungieren nach meinem Wissen nur wirklich gut ausgebildete, qualifizierte WT-System-Experten, wobei viele dieses hauptberuflich praktizieren. Eine qualitativ hohe Leistung von Seiten des Trainers ist deshalb zu erwarten.

Regelmäßige Leistungskontrolle durch den Cheftrainer

n) Nach meinem Wissen findet das Training in relativ kleinen Gruppen statt, wodurch ein optimales Erlernen der Techniken und Taktiken gewährleistet ist. Regelmäßige Leistungskontrolle (sowohl des Übenden als auch des Trainers) durch den Cheftrainer ist Usus.

... überaus geeignet, den vorschnellen Schusswaffengebrauch in unübersichtlichen Stresssituationen zu verhindern.

Das Selbstvertrauen und die Sicherheit – durch die relativ schnell erlernbare Methode hervorgerufen – sind auf jeden Fall überaus geeignet, den vorschnellen Schusswaffengebrauch in unübersichtlichen Stresssituationen zu verhindern.
Durch die Sicherheit und das Vertrauen in die eigene körperliche Überlegenheit werden wesentliche Merkmale der polizeilichen Zielsetzung (sicheres angstfreies und ruhiges Einschreiten) somit erfüllt.

Aus meiner Sicht ist das WT für den Bereich Polizei/Grenzschutz überaus zu empfehlen.

Klaus Wucherpfennig
Kriminaloberkommissar

U.S. Department of Justice

Federal Bureau of Investigation

In Reply, Please Refer to
File No.

FBI Academy - HRT
Quantico, Virginia 22135
February 4, 1992

Keith Kernspecht
SCHLOB LANGENZELL-Langenzell Castle
6901 Wiesenbach-Langenzell Germany

Dear Mr. Kernspecht:

During the week of January 13 - 17, 1992, Special Agents (SAs) Douglas R. Kane and Michael R. Maurer attended a weaponless defense conference in Goppingen, Germany. It is my understanding you along with several of your instructors conducted a two (2) day Wing-Tsun Seminar during this period.

SAs Kane and Maurer have over twenty (20) years of martial arts and law enforcement weaponless defense training between them. Both are experienced instructors in their respective disciplines and readily identify useful and effective techniques. Upon returning from Germany, they were extremely complimentary of your instruction and advised they saw several techniques which would benefit our current training and overall mission.

Wing-Tsun was explained to me as a simplistic but effective way of controlling an individual without having to use unnecessary force. This appears to parallel our other training responsibilities and is compatible with United States laws regarding reasonable force by law enforcement officers.

I hope to expose other operators of the FBI Hostage Rescue Team (HRT) to this type of self defense training in the near future.

Sincerely,

Richard M. Rogers

Richard M. Rogers
Assistant Special Agent in Charge

Commander - Hostage Rescue Team

DRUG FREE AMERICA
THE RIGHT CHOICE

Übersetzung:

4.2. 1992

Sehr geehrter Herr Kernspecht,

In der Woche vom 13. bis 17. Januar 1992 besuchten die Spezial-Agenten Douglas R. Kane und Michael R. Maurer eine Konferenz für waffenlose Selbstverteidigung in Göppingen, Deutschland. Mir wurde berichtet, dass Sie zusammen mit mehreren Ihrer Instruktoren ein zweitägiges WingTsun-Seminar während dieser Zeit durchführten.

Die Spezial-Agenten Kane und Maurer haben beide über 20 Jahre Erfahrung in Kampfkünsten und in waffenlosem Training zur Durchsetzung des Gesetzes. Beide sind erfahrene Lehrer in ihren entsprechenden (Kampf-)Disziplinen, so dass sie nützliche und wirkungsvolle Techniken sehr schnell erkennen können.
Als sie aus Deutschland zurückkehrten, haben sie sich sehr begeistert über Ihren Unterricht geäußert und uns mitgeteilt, dass sie verschiedene Techniken gesehen haben, die uns bei unserem Ausbildungsprogramm und bei unserer Aufgabe helfen können.

WingTsun wurde mir erklärt als eine einfache, aber effektive Art, eine Person zu kontrollieren, ohne dass man unnötige Kraft benutzen muss. Dies entspricht offensichtlich unseren übrigen Ausbildungsvorschriften und kommt dem amerikanischen Gesetz entgegen, das von den Polizeibeamten verlangt, dass die Verhältnismäßigkeit der (eingesetzten) Mittel beachtet wird.

Ich hoffe, dass ich sehr bald noch weitere Mitarbeiter des Geiselbefreiungsteams (HRT) des FBI zu einem solchen Selbstverteidigungstraining schicken kann.

Mit freundlichen Grüßen

gez. Richard M. Rogers

Stellvertretender Spezial-Agent vom Dienst
Befehlshaber des Geiselbefreiungsteams

SPEZIALEINSATZKOMMANDO DER POLIZEI DES LANDES BADEN-WÜRTTEMBERG

Göppingen, 21.02.92

WT als Selbstverteidigungssystem in Spezialeinheiten!

In einer Einheit, deren Hauptaufgabe die Bekämpfung des Terrorismus und der Gewalt- und Schwerstkriminalität ist, nimmt naturgemäß die Selbstverteidigung einen hohen Stellenwert ein.

Als Verantwortlicher für die Aus- und Fortbildung dieser Einheit, hatte ich, durch Initiative unseres SV - Ausbilders, 1990 erstmals die Gelegenheit, das Kampfkunstsystem WT in Theorie und Praxis kennenzulernen.

Sifu Kernspecht und seinen Mitarbeitern ist es dabei in kurzer Zeit gelungen, die Vorteile des WT überzeugend zu demonstrieren.

In der Theorie logisch und intelligent, in der Anwendung gradlinig, effektiv und im wahrsten Sinne des Wortes umwerfend, ist das WT - Kampfsystem zwischenzeitlich ein wesentlicher Bestandteil des SV - Trainings in dieser Einheit.

D. Schmidt

Polizeihauptkommissar
Leiter der Führungsgruppe
beim SEK BW

LANDESKRIMINALAMT
Baden-Württemberg
Der Präsident

Landeskriminalamt Baden-Württemberg
Postfach 500729 70337 Stuttgart

Herrn
Keith R. Kernspecht
Schloß Langenzell

69257 Wiesenbach

Telefon 0711-5060-1
Telefax 5060-2859

Aktenzeichen	**Sachbearbeiter(in)**	**Durchwahl**	**Stuttgart**
624	Fuß	-2865	18.12.1998

Sehr geehrter Herr Kernspecht,

durch meine Mitarbeiter wurde mir berichtet, daß Sie uns in einer sehr bedeutsamen Angelegenheit unterstützen.

Durch die vertrauensvolle und umfassende Zusammenarbeit mit Ihren engsten Mitarbeitern konnten wesentliche Voraussetzungen für einen sehr wichtigen Einsatz geschaffen werden.

Für diese außergewöhnliche Bereitschaft möchte ich mich auf diesem Wege herzlich bedanken.

Mit meinen besten Wünschen zum Weihnachtsfest und
freundlichen Grüßen

Schürholz
Präsident

Kommando Spezialkräfte der Bundeswehr

Kommandeur Einsatzkräfte

Referenzbescheinigung

Sehr geehrter Herr Kernspecht,

die Fähigkeit zum waffenlosen Kampf stellt auch in militärischen Spezialeinheiten eine zentrale Schlüsselfähigkeit dar. Sie bekommt regelmäßig dann eine wichtige Funktion, wenn in einer gegebenen Lage der primäre Waffeneinsatz unverhältnismäßig ist, bzw. zu erwartende Kollateralschäden dies von vorneherein ausschließen.

Wir messen in unserem Verband deshalb der Ausbildung dieser Qualifikation eine besondere Bedeutung zu, da zum einen durch die Anwendung der entsprechenden Techniken die Handlungssicherheit des Soldaten bei der Beherrschung entsprechender Lagen erhöht und zum anderen durch die ständige, konsequente Ausübung in der laufenden Ausbildung eine deutliche Verbesserung der motorischen Allgemeinfähigkeiten erreicht wird.

Im Vorfeld hat sich nach intensiver Sondierung des Bereiches der Kampfsportarten und Kampfkünste für uns eindeutig das Konzept des Leung Ting WingTsun (WT) in Verbindung mit dem EWTO – Escrima als optimal für unsere besonderen Bedürfnisse herausgestellt. In der Praxis der letzten vier Jahre hat es sich bewährt. Aus diesem Grund ist ein Basisblock Nahkampf aufbauend auf den Techniken des WT schon integraler Bestandteil der Ausbildung zum Kommandosoldaten.

Unser besonderer Dank gilt Ihnen und Ihrem stellv. Schulleiter Herrn Andreas Gross, der uns von Anfang an bei der Planung und Entwicklung unseres Schulungskonzeptes mit seinem Fachwissen und großem Engagement unterstützend zur Seite steht. Wir würden uns auf eine längerfristige und weiterhin erfolgreiche Zusammenarbeit mit Ihnen freuen.

Calw, im Juni 2002

GAWELLEK
Oberstleutnant

Nahkampfausbildung im Kommando Spezialkräfte

Seit 1998 ist das Kommando Spezialkräfte der Bundeswehr (KSK) einsatzbereit. Die Nahkampfausbilder werden seit 2000 an der Trainerakademie Schloss Langenzell unterrichtet.

Allgemeines

Neben einer sehr umfangreichen Ausbildung in den Bereichen Fallschirmspringen, Schießen, Sprengen, Tauchen kommt auch der Fähigkeit zum waffenlosen Kampf eine zentrale Schlüsselrolle in militärischen Spezialeinheiten zu. Wichtig wird sie immer dann, wenn in einer bestimmten Situation der Einsatz von Waffen unverhältnismäßig wäre oder die Verletzung von unbeteiligten Personen zu befürchten wäre.

Kommando-Soldaten erlernen effektive WingTsun-Techniken, um auch in Extremsituationen mit größtmöglicher Verhältnismäßigkeit agieren zu können.

Beim KSK hat deshalb die Nahkampfausbildung eine besondere Bedeutung. Einerseits erhöht sich durch die Anwendung entsprechender Techniken die Handlungssicherheit der Kommandosoldaten. Zum anderen verbessern sich durch ständiges und konsequentes Training ihre motorischen Fähigkeiten.

Bei der Suche nach einer geeigneten Kampfsportart wurden zunächst viele der existierenden Kampfsportarten und Kampfkünste betrachtet. Letztendlich erwies sich das Konzept des WingTsun (WT) in Verbindung mit dem EWTO-Escrima als optimal für unsere besonderen Bedürfnisse. In der Praxis der letzten Jahre hat es sich bewährt. Aus diesem Grund ist eine Nahkampfausbildung, aufbauend auf den Techniken des WT, integraler Bestandteil der Ausbildung zum Kommandosoldaten.

Historie

- Bereits kurz nach der Aufstellung des KSK im Spätsommer 1996 fiel die Entscheidung, dass Nahkampf ein integraler Bestandteil der Ausbildung zum Kommandofeldwebel werden soll. So erhielt ich zusammen mit einem weiteren Soldaten des Calwer Ausbildungs- und Versuchszentrums die Aufgabe, die Nahkampfausbildung konzeptionell zu erarbeiten und mit der Ausbildung der Kommandofeldwebel zu beginnen.

- Im Dezember 1996 wurden wir beim Bundesgrenzschutz in Bad Endorf zum „Einsatztrainer BGS“ ausgebildet. Grundlage war dort das Ju-Jutsu.
- Auf dieser Grundlage folgte die Planung des ersten Pilot-Lehrgangs „Nahkampf KSK”. Zeitgleich sammelten wir Erkenntnisse aus verschiedenen anderen Kampfsystemen. Neben der Betrachtung ziviler Selbstverteidigungstechniken tauschten wir uns auch mit der Polizei aus.
- Beim Spezialeinsatzkommando (SEK) Baden-Württemberg stießen wir erstmals auf das WingTsun-System (WT). Der Selbstverteidigungsbeauftragte des SEK führte uns damals das System vor und unterstützte uns auch in den Folgejahren in vielen Fachfragen.
- Im März 1997 fand im KSK schließlich der erste Pilot-Lehrgang auf der Grundlage des Ju-Jutsu statt. Bestimmte Abfolgen ergänzten wir experimentell mit WT-Techniken. Zu unserer Überraschung stellten wir fest, dass sich diese Abfolgen von den Teilnehmern effektiver und schneller umsetzen ließen.
- Im Mai 1997 entstand dann der erste Kontakt zur EWTO, bei dem es um die Frage einer möglichen Ausbildung des Nahkampfausbilderpersonals KSK ging.
- Im Zeitraum von 1998 bis 1999 nahmen wir an der Ausbildung der EWTO an der Trainerakademie auf Schloss Langenzell teil. Ich nutzte auch das Angebot, in meiner dienstfreien Zeit an der Ausbildung teilzunehmen. Aufgrund der Erkenntnisse, die das KSK bei Einsätzen sammelte, entwickelten wir das Nahkampf-Ausbildungsprogramm ständig weiter.
- Bis zum April 2000 wurden wir offiziell zum Übungsleiter WT auf Schloss Langenzell ausgebildet. In dieser Zeit begann ich, ein Konzept für die Nahkampfausbildung im KSK zu erarbeiten, welches schließlich auch offiziell genehmigt wurde. Das Nahkampfkonzept beschreibt Aufbau und Ablauf der Ausbildung, die Inhalte, die Infrastruktur und das benötigte Ausbilderpersonal. Von nun an war ich hauptamtlich damit beauftragt, die Nahkampfausbildung im KSK als Nahkampftrainer durchzuführen.
- Im April 2000 ermöglichte uns die EWTO die kostenfreie Ausbildung für das Ausbilderpersonal des KSK. Für diese unbürokratische, außergewöhnliche Unterstützung möchte ich mich an dieser Stelle im Namen meines Verbandes beim Chef der EWTO, Dr.

WingTsun ermöglicht den KSK-Soldaten beides: Sowohl wirksames Agieren im waffenlosen Nahkampf als auch den Einsatz vergleichsweiser „sanfter Mittel“.

Kernspecht (10. Grad), und dem stellvertretenden Schulleiter der EWTO, Herrn Andreas Gross (7. PG), herzlichst bedanken.

- Bis zum heutigen Tag wird die Nahkampfausbildung an den Bedarf des KSK angepasst und weiterentwickelt. Seit 2003 steht uns für Ausbildung und Training eine spezielle Nahkampfausstattung zur Verfügung. Geplant ist darüber hinaus der Bau einer Nahkampf-Ausbildungseinrichtung, die mit einer Grundfläche von 1100 m^2 alle nur erdenklichen Trainingsmöglichkeiten bietet.

Warum WT und Escrima?

WT ist für das KSK aufgrund folgender Faktoren besonders gut geeignet:

Vollkontakttraining mit Schutzausrüstung

- Die Techniken und Prinzipien lassen sich flexibel in alle Nahkampfszenarien mit und ohne Waffen einbinden. Sie harmonieren gut mit den Grundsätzen des Kommandokampfes im KSK, in einigen Fällen fördern sie diese sogar.
- WT- und Escrima-Techniken sind in ihrer Umsetzung logisch und entsprechen dem normalen Bewegungsmuster eines Menschen.
- Sie erfordern keine größere Akrobatik, wie z.B. hohe Tritte, und sind außerdem schnell durch die Kommandosoldaten erlernbar.
- Oftmals entsprechen sie genau den Bewegungsmustern und Vorgehensweisen, die ein Kommandosoldat auch bei anderen Tätigkeiten, z. B. der Handhabung von Schusswaffen, ausführt.
- Die konsequente Ausübung der Techniken fördert die gesamtmotorische Entwicklung der Kommandosoldaten.
- Durch das spezielle WT-Chi-Sao-Training wird die taktile Wahrnehmung für das Kämpfen gefördert.
- Da Kommandosoldaten bei ihren Einsätzen oft mit Sichteinschränkungen konfrontiert sind und häufig auf kurze Entfernungen kämpfen, steigert gerade die taktile Wahrnehmungsfähigkeit ihre Kampfkraft immens.
- Da WT ein situativ anpassungsfähiges Kampfsystem ist, ist es gerade für unsere Zwecke sehr wertvoll. In manchen Situationen ist der Kommandosoldat in seiner Handlungsfähigkeit eingeschränkt. Mit WT-Vorgehensweisen wird seine Handlungsfähigkeit erweitert – er kann so flexibler und stressfreier operieren.

- Die Nahkampfausbildung kann auf der Grundlage von WT und Escrima logisch aufgebaut werden, so dass auch die höheren Ausbildungsprogramme denen der unteren Level gleichen. Dies bedeutet, dass der Fortgeschrittene die gleichen Techniken einsetzt wie der Anfänger, nur etwas abgewandelt. Ob der Kommandosoldat mit dem Tonfa, Schlagstock oder ohne Hilfsmittel kämpft, ist daher nicht wesentlich. Er kann diese Techniken auch mit seiner Schusswaffe einsetzen.

Im militärischen Einsatz geht es im waffenlosen Kampf nicht nur um die rasche Ausschaltung des Gegners (dafür stehen meist eine Vielzahl effizienter Mittel zur Verfügung), sondern um eine weitestgehende Schonung von Leib und Leben.

Somit verfügt das KSK über eine individuelle Ausbildungs- und Trainingsmöglichkeit, die folgende Faktoren berücksichtigt und begünstigt:

- Standardisierte, leicht erlernbare Nahkampfausbildung für alle Kommandosoldaten
- Individuelles Training je nach Leistungsstand und Anforderungsprofil
- Spezielles Training für besondere Lagen
- Auch gemischte Ausbildungs- und Trainingsgruppen können unterrichtet oder trainiert werden
- In der Umsetzung der Technik gleichen sich waffenloser Kampf und Waffenkampf
- Die Leistungsentwicklung kann durch das Ausbilderpersonal gut überwacht werden

Die infrastrukturellen Gegebenheiten

Ein weiterer wichtiger Vorteil für das KSK sind die infrastrukturellen Gegebenheiten, die die EWTO aufweist:

- Standardisierte und langfristig gesicherte Ausbildung der Nahkampftrainer und der Nahkampfausbilder im KSK
- Gute Verbindungen und Erfahrungen in der Ausbildung sowie Unterstützung von Trainern anderer Spezialeinheiten
- Spezialisierte Ausbildung in den besonderen Bereichen für die Spezialkräfte
- Ausbildungsunterstützung von WT- und Escrimalehrern, die bei Bedarf auch im Standort Calw durchgeführt wird.

Ziele der Nahkampfausbildung KSK

Das wesentliche Ziel der Nahkampfausbildung ist es,

dem Kommandosoldaten die Fähigkeit zu vermitteln, neben seiner Schusswaffe auch andere Alternativen einsetzen zu können. So hat er in jeder Situation eine auf die Lage bezogene Handlungssicherheit.

Um die Fähigkeit dieser erweiterten Handlungsmöglichkeit zu vermitteln, gibt es verschiedene Ausbildungsprogramme mit unterschiedlichen Zielen. Diese sind u. a.:

- Waffenbesitzwehr (= Abwehr von Störern, die einem Soldaten an die Waffe greifen)
- Der militärische Nahkampf „Mann gegen Mann" für Spezialkräfte
- Der militärische Messerkampf für Spezialkräfte
- Der Gebrauch unterschiedlicher nichtletaler Waffen, wie z. B. Tonfa oder Teleskopschlagstock
- Das Kontrollieren, Zubodenbringen, Fixieren und Durchsuchen von Personen
- Taktische Eigensicherung
- Spezielle Einsatzlagen

Chi-Sao-Training in luftiger Höhe

Grundsätzlich werden beim Nahkampf Techniken und Prinzipien des WT und des Escrima angewandt. Nur so ist ein einheitliches, überschaubares und koordiniertes Vorgehen gegen Personen in der Gruppe möglich.

Die Ausbildung unterteilt sich in waffenlosen Kampf und Waffenkampf mit insgesamt sechs Modulen. In den ersten beiden werden Basistechniken erlernt, die folgenden vier vermitteln dann die besonderen Techniken für Kommandosoldaten.

Schwerpunkt ist das Vermitteln von Techniken und Theorien. Zwischen und nach den Ausbildungsblöcken findet einmal wöchentlich ein Training mit 3 Zeitstunden statt. Hier liegt der Schwerpunkt auf dem Eintrainieren der vorher vermittelten Techniken.

Im Rahmen der zweijährigen Ausbildung zum Kommandofeldwebel, die im Ausbildungs- und Versuchszentrum des KSK stattfindet, wird die Nahkampfausbildung mit einem Umfang von insgesamt 308 Zeitstunden durchgeführt. Neben dem militärischen Anteil werden auch klassische WT-Ausbildungsprogramme unterrichtet. In festgelegten Abständen werden Wissen und Fähigkeiten abgeprüft.

Grundsätzlich unterscheiden sich die klassischen Ausbildungsprogramme von den militärischen. Bei den militärischen Ausbildungsprogrammen werden hauptsächlich besondere Situationen trainiert, die unter ganz bestimmten Rahmenbedingungen ablaufen.

Nach ihrer zweijährigen Ausbildung werden die Kommandosoldaten in eine der Kommandokompanien versetzt. Auch dort wird das Nahkampftraining permanent fortgeführt. Jede Kommandokompanie hat dafür einen eigenen Nahkampfausbilder, der unter anderem immer wieder Weiterbildungen für die Soldaten durchführt.

Die Nahkampfausbilder der Kompanien werden ihrerseits gesondert in Kleingruppen trainiert. Durch diesen kompanieübergreifenden Austausch sowie das Training entsteht ein ständiger Informationsfluss, der für die Weiterentwicklung der Nahkampf-Ausbildungsprogramme im KSK äußerst wichtig ist.

Calw im Oktober 2004
Der Nahkampftrainer KSK
Fotos: KSK

Kernspecht als Kempo-Lehrer (ca. 1968)

Kernspecht mit 97 kg (1979)

Der Autor drückt 200 kg.

Über den Autor

Keith R. Kernspecht wurde 1945 geboren, machte sein Abitur am Abendgymnasium und studierte Englisch, Spanisch, Latein und Altgriechisch sowie Philosophie, Pädagogik und Rechtswissenschaften und Kriminologie.

Zunächst arbeitete er als Dolmetscher und wurde dann Polizeibeamter. Nach seinem Universitätsstudium war er acht Jahre als Lehrer für Wirtschaftsenglisch an einer Wirtschaftsoberschule tätig. Außerdem unterrichtete er Deutsch, Englisch und Sport an einer Realschule. Gleichzeitig erfüllte er einen Lehrauftrag der philosophischen Fakultät der Universität Kiel.

Ende der 50er Jahre begann er mit dem Studium der verschiedenen westlichen und östlichen Kampfmethoden. Er begann mit dem Ringen, in das ihn ein Onkel einführte. Aushilfsweise arbeitete er für einen Pastor, der eine Berufsringer-Truppe führte. Mit diesem Fundament kam Kernspecht zum Ju-Jutsu, Judo, Kempo, Shaolin-Kung-Fu, Shotokan- und Wado-ryu-Karate (*Sensei Popp*, *Suzuki*), Kobudo (asiatische Waffen), Taekwondo (*Hunkel*), Aikido, Escrima (*René Latosa*, 10. Grad, und *Bill Newman*, 10. Grad). Im Escrima erhielt er den 5., im Karate den 3. und im Kempo und Judo den 2. Grad (Dan) zugesprochen. Im Hapkido wurde er zum 6. Dan ernannt. Im Yang Tai Chi wurde er 2008 mit dem Meistertitel geehrt.
Sein Freund *Santhas Supastrapong* machte ihn schon 1978 mit den diversen thailändischen Kampfkünsten bekannt und veröffentlichte zusammen mit ihm das erste (bei EWTO Books & Videos erhältlich) deutsche Buch über thailändische Kampfkunst *„Der thailändische Sportkampf"*. 1967 gründete Kernspecht in den Räumen des Abendgymnasiums Kiel den legendären *Budo Zirkel e.V.*, die Keimzelle für WingTsun, Escrima (und zum Teil auch thailändische Kampfkünste) in Deutschland und vielleicht der westlichen Welt. Der *Budo Zirkel e.V.* war wahrscheinlich der erste deutsche Kampfsportverein, der sich in der Zeit der Scharlatane dem authentischen chinesischen Kung-Fu widmete.

Mit seinem Freund Santhas Supastrapong, der ihn in die thailändischen Kampfkünste einführte.

Mit R. Latosa

Ca. 1970 hatte der Autor die ersten Berührungen mit einer Variante des Wing Tsun, dem Wing Chun, das er u.a. im Londoner China-Viertel als wahrscheinlich zweiter Europäer von Sifu Cheng Chung lernte.

Auf Empfehlung von Cheng Chung wandte er sich 1975 an Großmeister Leung Ting, 10. Grad Wing Tsun (WT), den sein Meister Yip Man mit der Nachfolge als Kung-Fu-Lehrer der Ving Tsun Athletic Association Hong Kong betraut hatte. 1976 besuchte Prof. Leung Ting, damals ein junger chinesischer Literaturwissenschaftler, auf Einladung von Kernspecht zum ersten Mal Deutschland und den Westen überhaupt. Die erste Einführungsveranstaltung fand im Audimax der Universität Kiel statt (diese Veranstaltung und die Geschichte des Budo Zirkels wird in einem über diesen Verlag erhältlichen Video „Vom Budo Zirkel zur EWTO“ gezeigt).

Seit 1976 lädt Kernspecht, Leiter und Cheftrainer der europäischen Sektion (EWTO/IWTO) des chinesischen Dachverbandes (IWTA), seinen Meister jedes Jahr nach Deutschland und Europa ein, wo sie gemeinsam Lehrgänge durchführen, die den Höhepunkt des WingTsun-Jahres darstellen.

Zur Vervollständigung seines Wissens und mit Zustimmung seines Meisters studierte der Autor von 1979 bis 1981 in den USA und Deutschland die ursprüngliche Lehre Bruce Lees von seinem ersten Assistenten und kampfstärksten Schüler Jesse Glover.

Internationale Fachzeitschriften nannten Kernspecht schon in den 80er Jahren den „Vater des Wing Tsun im Westen“, das renommierte amerikanische „Black Belt“-Magazin wegen seines Erfolges sogar den „Kaiser des Kung-Fu“. Diese Ehrentitel haben dadurch ihre Berechtigung, dass 95% aller WT-Nationaltrainer weltweit durch Kernspechts Schule, die Kampfkunst-Akademie Schloss Langenzell bei Heidelberg gingen, wo von Dienstag bis Sonntag täglich ca. sechs Stunden lang Kernspechts Assistenten WT (und Escrima) unterrichten.

Kernspecht und seine Meisterschüler gründeten und betreuen WT-Schulen in über 50 Ländern. Allein in

Waffenkampf im Schloss

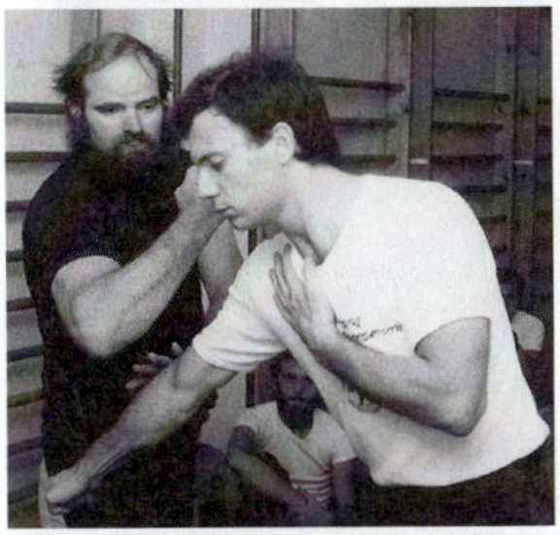

Der Autor 1984 (Spanien)

Kernspecht mit 72 kg (1998)

Der Autor trainiert FBI-Agenten in BlitzDefence.

Europa gibt es ca. 2.000 WT-Ausbildungsstätten mit vom Autor regelmäßig geprüften und geschulten Lehrern.

Alle deutschsprachigen Mitglieder werden neben dem Unterricht in ihrer lokalen EWTO-Schule durch regelmäßige Lehrgänge, Rundschreiben und eine Fachzeitschrift, die *„WingTsun-Welt"*, die auch für Nichtmitglieder erhältlich ist, versorgt.

Da aber Kernspechts Meisterschüler auch Cheftrainer in den USA, Südamerika, Australien und Afrika sind, bereist der deutsche *„Professor der Kampfkunst"* auch diese Länder.

In der Ausgabe 50 vom Dezember 1999 berichtete das renommierte Nachrichtenmagazin *„Der Spiegel"* unter *„Personalien"*:
„Keith Kernspecht, deutscher Guru der Selbstverteidigungsszene, erhielt den weltweit ersten Titel eines 'Doktors der Kampfkunst'.
Für seine Verdienste um die Entwicklung der Selbstverteidigung würdigte die bulgarische Staatsuniversität in Plovdiv den gebürtigen Schleswig-Holsteiner am Dienstag vorvergangener Woche mit dieser Ehre.
Der gelernte Anglist und Meister vieler Kampftechniken hatte den zuvor ausschließlich von Chinesen praktizierten Kung-Fu-Stil namens WingTsun (WT) Mitte der 70er Jahre nach Europa gebracht und über die Jahre zu einer der effektivsten Formen der Selbstverteidigung verfeinert.
Heute üben sich Polizei- und Militärspezialeinheiten in dem aggressiven WT; auch so mancher Personenschützer deutscher Politik-Prominenz hat beim Dr. der Faust gelernt."

Kernspecht hat sein ganzes Leben der Forschung und Lehre der Selbstverteidigung gewidmet. Dabei war ihm auch seine wissenschaftliche Ausbildung nützlich. Er selbst hatte Karate an der Universität Kiel trainiert und den Siegeszug dieser japanischen Kampfsportart maßgeblich auf die Verbreitung an den Universitäten zurückgeführt.

Als er von seinem Freund und Chi Kung-Lehrer, Prof. Chu, erfuhr, dass sich in Bulgarien die einzige

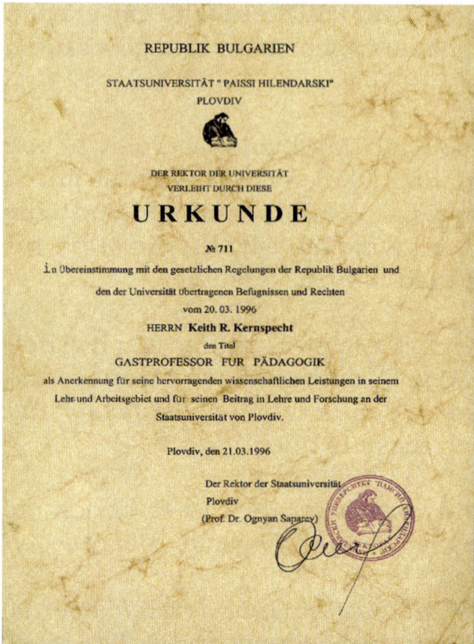
REPUBLIK BULGARIEN

STAATSUNIVERSITÄT " PAISSI HILENDARSKI"
PLOVDIV

DER REKTOR DER UNIVERSITÄT
VERLEIHT DURCH DIESE

URKUNDE

№ 711

In Übereinstimmung mit den gesetzlichen Regelungen der Republik Bulgarien und den der Universität übertragenen Befugnissen und Rechten
vom 20. 03. 1996
HERRN Keith R. Kernspecht
den Titel
GASTPROFESSOR FUR PÄDAGOGIK
als Anerkennung für seine hervorragenden wissenschaftlichen Leistungen in seinem Lehr-und Arbeitsgebiet und für seinen Beitrag in Lehre und Forschung an der Staatsuniversität von Plovdiv.

Plovdiv, den 21.03.1996

Der Rektor der Staatsuniversität
Plovdiv
(Prof. Dr. Ognyan Saparev)

1996 wurde der ehemalige Gymnasiallehrer und Lehrbeauftragte der Universität Kiel zum „Gastprofessor für Pädagogik“ ernannt.

1999 verlieh die Staatsuniversität Plovdiv dem Gründer, Leiter und Cheftrainer der IWTO/ EWTO den Ehrentitel eines „Doktors der Kampfkunst“.

The University of Plovdiv
"PAISSII HILENDARSKI"
In Recognition
of his Achievements
in the Science
of Martial Arts
Confers the degree of
Doctor Honoris Causa
on Professor
Keith R. Kernspecht
and with its Seal
and Authorized Signatures
Certifies the Authenticity
of this Diploma

30 November 1999
Plovdiv
Rector:

Der Autor bei seiner Doktor-Rede, rechts der Rektor der Universität Plovdiv

stattliche Universität befindet, die eine Art Kampfkunst-Fakultät aufzuweisen hat, begab er sich sofort dahin und wurde aufgrund seiner wissenschaftlichen Vorbildung als ehemaliger Lehrbeauftragter der Universität Kiel zum Professor für Pädagogik ernannt und mit der Ausbildung der Studierenden der Staatsuniversität Plovdiv betraut. Zusätzlich ist Kernspecht auch noch Gastprofessor für Sportwissenschaften der „Nationalen Sportakademie" in Sofia, einer der erfolgreichsten und größten Sportuniversitäten der Welt.

Keith R. Kernspecht wird zum Professor der Pädagogik ernannt.

In dieser Eigenschaft schult er die Trainer der bulgarischen National- und Olympiamannschaft in vom WT abgeleiteten Techniken, die nach Aussage der bulgarischen Trainer maßgeblich dazu beitrugen, dass die Bulgaren nach 26 Jahren 1999 zum ersten Mal wieder die Europameisterschaft im Ringen gewinnen konnten.

Im Juni 2000 erhält Keith R. Kernspecht als beispiellose Anerkennung für seine Leistungen aus den Händen seines chinesischen Lehrmeisters die Urkunde zum 10. Großmeistergrad im Wing Tsun, den bisher weltweit nur Prof. Leung Ting selbst besaß.
Den Ehrenprofessortitel auf Lebenszeit bekam Großmeister Kernspecht am 10.11.2006 von der Nationalen Sportakademie Sofia zugesprochen.
Im Jahre 2009 wurde Keith R. Kernspecht in Bulgarien zum „Doktor der Wissenschaft" promoviert, was in Deutschland der Habilitation entspricht.

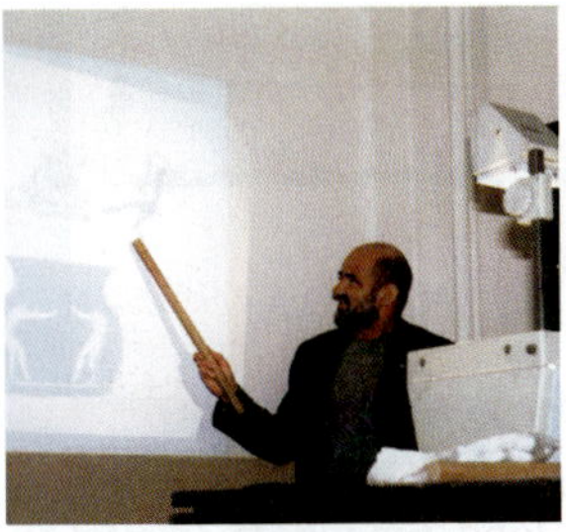

Antrittsvorlesung zur Geschichte der Kampfkünste

Anmerkung:
Manchem neu dazugekommenem Leser mag die Zurschaustellung von Urkunden als Nachweis erworbener Fähigkeiten fremd und seltsam erscheinen. Aber da sich auf dem Gebiet der Kampfkünste viele Scharlatane tummeln, geben Urkunden anerkannter internationaler Verbände die Bestätigung einer gewissen Authentizität.

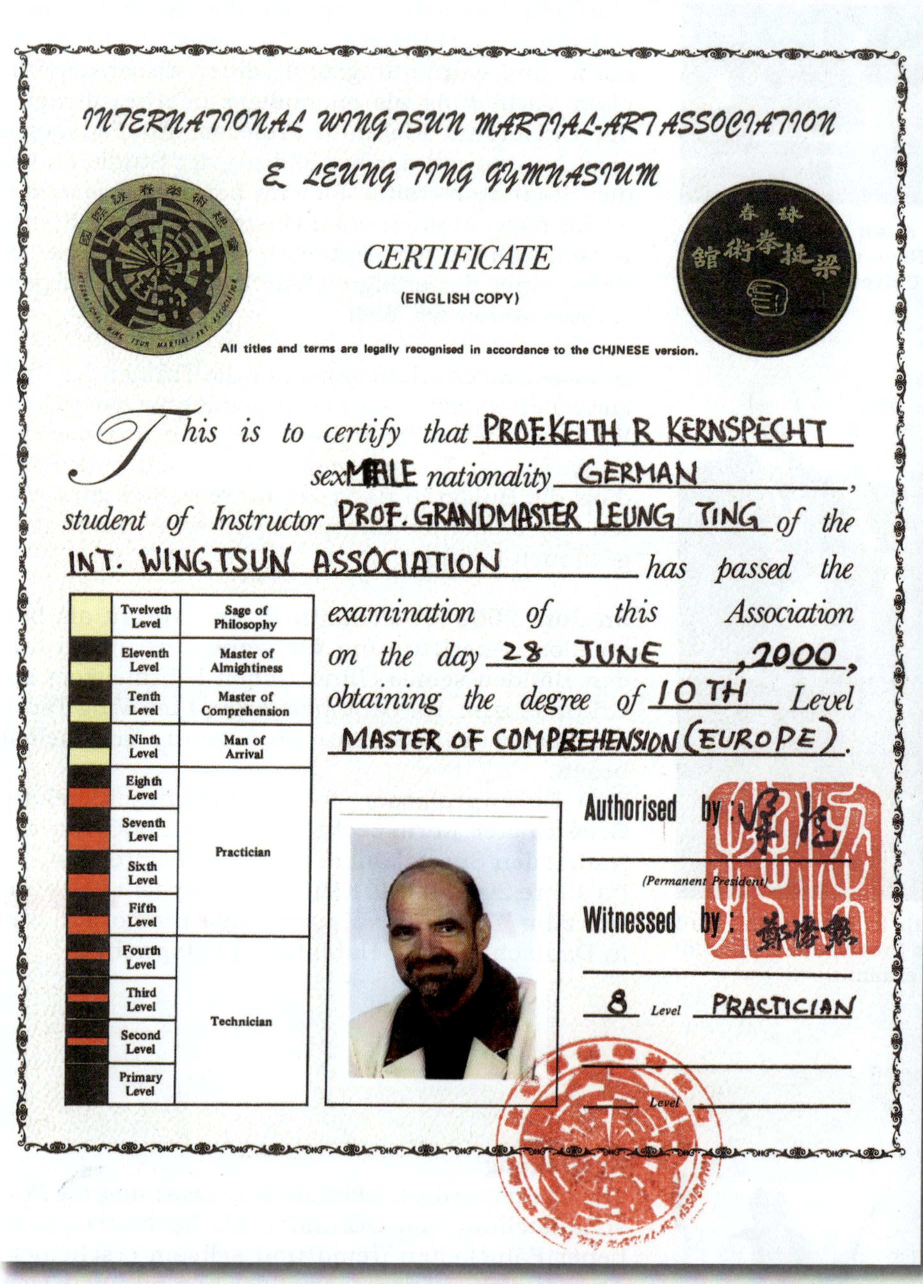

INTERNATIONAL WINGTSUN MARTIAL-ART ASSOCIATION

& LEUNG TING GYMNASIUM

CERTIFICATE

(ENGLISH COPY)

All titles and terms are legally recognised in accordance to the CHINESE version.

This is to certify that PROF. KEITH R KERNSPECHT sex MALE nationality GERMAN, student of Instructor PROF. GRANDMASTER LEUNG TING of the INT. WINGTSUN ASSOCIATION has passed the examination of this Association on the day 28 JUNE, 2000, obtaining the degree of 10TH Level MASTER OF COMPREHENSION (EUROPE).

Twelveth Level	Sage of Philosophy
Eleventh Level	Master of Almightiness
Tenth Level	Master of Comprehension
Ninth Level	Man of Arrival
Eighth Level	Practician
Seventh Level	
Sixth Level	
Fifth Level	
Fourth Level	Technician
Third Level	
Second Level	
Primary Level	

Authorised by:

(Permanent President)

Witnessed by:

8 Level PRACTICIAN

Level

Die weltweit erste und im Bereich der IWTO einzige 10. Meistergrad-Urkunde, die Großmeister Leung Ting ausgestellte – und weitere Rarität: Er schrieb sie per Hand, um jedem Zweifel an ihrer Echtheit zuvorzukommen. Die zweite Unterschrift ist die von Meister Cheng Chuen Fun – damals Inhaber des 8. Meistergrads.

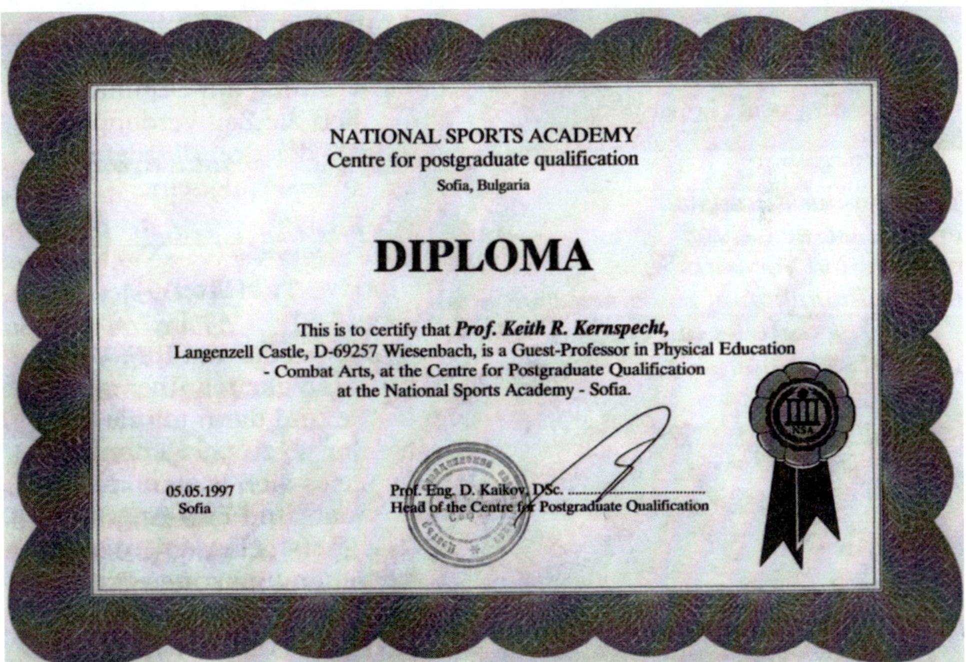
NATIONAL SPORTS ACADEMY
Centre for postgraduate qualification
Sofia, Bulgaria

DIPLOMA

This is to certify that ***Prof. Keith R. Kernspecht,***
Langenzell Castle, D-69257 Wiesenbach, is a Guest-Professor in Physical Education
- Combat Arts, at the Centre for Postgraduate Qualification
at the National Sports Academy - Sofia.

05.05.1997
Sofia

Prof. Eng. D. Kaikov, DSc. ....
Head of the Centre for Postgraduate Qualification

Gastprofessor für Kampfsport an einer der größten und erfolgreichsten Sporthochschulen der Welt, der Nationalen Sportakademie in Sofia, der Weltmeisterschmiede

詠春體育會

VING TSUN ATHLETIC ASSOCIATION

CERTIFICATE

證書

茲証明簡基富師傅於一九八八年十二月一日至一九九一年十一月卅日之期間内登記爲本會認可之詠春拳術教練。

This is to certify that Sifu KEITH R. KERNSPECHT

is registered a recognized Ving Tsun Kungfu instructor

between the date 1st. December. 85 to November 31st 1991

個人資料

武館名稱 Title of the School:

EUROPEAN WING TSUN ORGANISATION (EWTO)

of. I.W.T.M.A.A.

武館地址 Address of the School:

LANGENZELL CASTLE, 6901 WIESENBACH

WEST-GERMANY

曾受業於 Received Training From:

GRANDMASTER LEUNG TING 梁挺

(證實/XXXXX) (Proved/XXXXXXX)

館中職位 Position in the School:

CHIEF-INSTRUCTOR EUROPE

教授年期 Teaching Experience:

20 YEARS 廿年

* 每會祗認可在上述期間内登記之資料。凡更换証書或作任何更改資料事宜應從速向本會登記。

** These personal information is only good for the recognization of the association during the above issuing period. Renewal of this certificate or any change of personal information must be registered immediately to the association without delay.*

簽發人
Authorized By:

President: 徐尚田
（當屆會長）

Chairman: 黃信樑
（當屆主席）

(Executive Directors of the Current Year)

VING TSUN ATHLETIC ASSOCIATION 詠春體育會

Anerkennung als Lehrer mit damals 20-jähriger WingTsun-Unterrichtserfahrung – inzwischen sind es insgesamt über 42 Jahre

IWTO/EWTO

Ausbildung

allgemein

WingTsun (WT)
- klassisches Vollstudium
- *Blitz*Defence
- *Blitz*Combat

Escrima

ChiKung

Gewaltprävention

Ausbildungszentralen

Trainerakademie Heidelberg
- WT, Escrima, Chi-Kung

Trainerakademie München
- WT, Escrima, Chi-Kung

Nordeuropäische Akademie
Kiel, Deutschland

Südeuropäische WT- & Escrima-Akademie
Livorno, Italien

speziell

Spezialausbildung
- int. Elite-Einheiten der Polizei und der Bundeswehr (KSK)
- Geiselbefreiungsteams usw.

Forschung und Lehre an Universitäten in Bulgarien und England
Studiengänge zum Bachelor, Magister, Doktor in Sportpädagogik bzw. Kampfkunst mit Schwerpunkt WingTsun

Public Relations

Versand
- Bücher, Videos
- Trainingsbekleidung
- Freizeitbekleidung

EWTO-Verlag
- Zeitschrift „WingTsun-Welt“
- Bücher
- Film-, Videoproduktionen

Demo-Team

Internet
- Homepage
- WingTsun-Welt-online
- Online-Shop

Beratung

Schlagwortregister

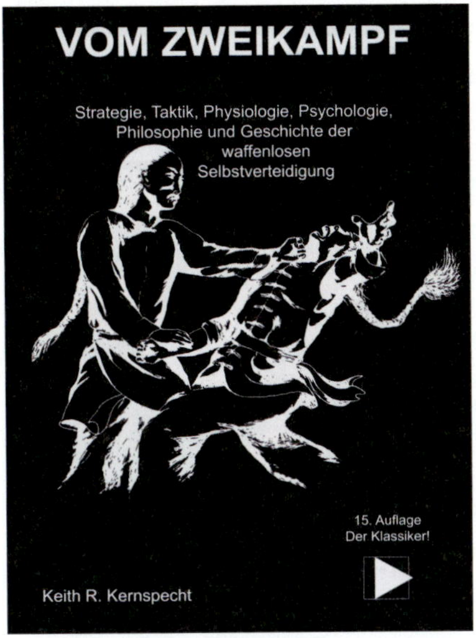

Einmalige Beschreibung des WingTsun-Systems und des Phänomens Zweikampf durch Großmeister Kernspecht.

A5, 409 Seiten 24,40 €

Von der Deeskalation im Vorfeld bis zur schlagartigen Beendung einer Situation deckt das Buch alle Bereiche ab.

A5, 202 Seiten 17,75 €

Die Fortsetzung von „Angriff ist die beste Verteidigung". Enthält die *Blitz*Defence-Programme für die Schülergrade 4 und 5.

A5, 190 Seiten 17,75 €

Die einmalige Sammlung der Editorials, die Großmeister Kernspecht monatlich für die WT-Welt online verfasst.

A5, 276 Seiten 19,75 €

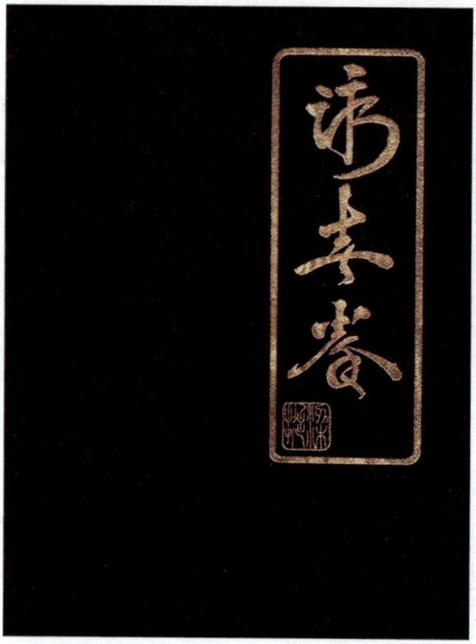

Das Standardwerk von Großmeister Leung Ting gilt als die „Bibel" des WingTsun.

A4, 400 Seiten 44,80 €

Großmeister Leung Ting stellt die Wurzeln des WingTsun vor.
In englischer Sprache.
A4, über 400 Seiten 63,75 €

Anlässlich des 100. Geburtstages von GM Yip Man zusammengestellte Beiträge von vielen ehemaligen Schülern.
A4, 120 Seiten 18,50 €

Lehrbuch von Großmeister Leung Ting mit dem Ziel, einen aggressiven Kämpfer innerhalb von 6 Monaten auszubilden.
A5, 234 Seiten 18,25 €

Die erste Form des WingTsun detailliert beschrieben und reichhaltig bebildert.

A5, 130 Seiten 16,80 €

Die zweite Form des WingTsun in Theorie und Praxis mit vielen Bildern und ausführlichen Erläuterungen.

A5, 168 Seiten 16,80 €

Die dritte Form des WingTsun mit ausführlichen Erläuterungen und zahlreichen Bildern. In engl. Sprache.

A6, 162 Seiten 16,80 €

Großmeister Leung Ting erläutert die erste Sektion der Chi-Sao-Partnerformen.
In englischer Sprache

A6, 120 Seiten 20,80 €

Großmeister Leung Ting erläutert die zweite Sektion der Chi-Sao-Partnerformen.
In englischer Sprache
A6, 130 Seiten 20,80 €

Englands Türsteher-Legende erklärt das Phänomen Angst und zeigt Techniken, mit ihr umzugehen.
A5, 192 Seiten 15,20 €

116 mal Geheimnis und Mythos. In diesem Buch wird Geheimnis Wissen. Die gesamte Holzpuppenform in Bild und Text.
A5, 120 Seiten 18,80 €

Aufschlussreiche Biographie eines Mannes, der durch die harte Schule des Lebens gegangen ist.
A5, 320 Seiten 19,80 €

Online bestellen unter: www.wushu-verlag.com

Das vielleicht berühmteste Türsteher-Buch vom wahrscheinlich bekanntesten Türsteher Englands.
A5, 233 Seiten 12,90 €

Geschichte, Konzepte und das Übungsprogramm des Newman-Escrima in einmaliger Themen- und Bildervielfalt.
A4, 295 Seiten 44,80 €

Der Ratgeber zeigt Wege der bewussten Kommunikation und hilft ein gewaltfreies Leben zu führen.
A5, 288 Seiten 35,50 €

Seit vielen Jahren der Klassiker auf dem Gebiet des Krafttrainings im Kampfsportbereich.
A5, 266 Seiten 16,20 €

Das Selbstverteidigungsbuch für Frauen vereint anschaulich theoretisches Wissen und praktische Techik. Mit DVD!
Sonderformat, 140 Seiten 19,95 €

Umfangreicher Einblick in die Geschichte, Aufgaben und Einsätze von Europas Polizei-Spezialeinheiten.
Sonderformat, 287 Seiten 35,90 €

Poster

Siu-Nim-Tau	**8,65 €**
Cham-Kiu	**8,65 €**
Mok-Yan-Chong	**8,65 €**
Biu-Djie	**8,65 €**
Anwendungen	**8,65 €**
Poster-Komplettsatz	**33,- €**

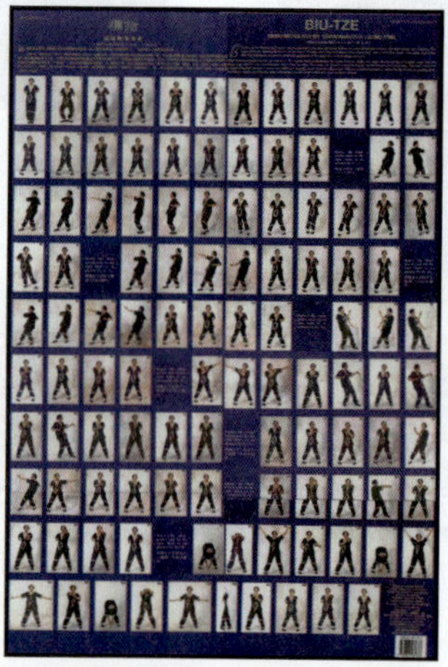

Videos

Authentic WingTsun
DVD in engl. Sprache

40,- €

Dynamic WingTsun
Video in engl. Sprache

40,- €

30 Jahre Budo-Zirkel
Video in deut. Sprache

40,- €

25 Jahre EWTO
Video in deut. Sprache

40,- €

WingTsun Leung Ting
Video in engl. Sprache

40,- €

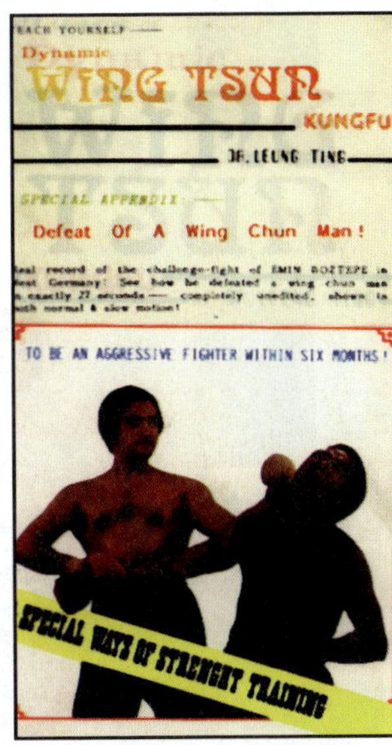